PRAGMATISME ET ÉDUCATION

PHILOSOPHIE DE L'ÉDUCATION

Directeur : Alain VERGNOUX

PRAGMATISME ET ÉDUCATION

James, Dewey, Rorty

par

Brigitte FRELAT-KAHN

PARIS
LIBRAIRIE PHILOSOPHIQUE J. VRIN
6, Place de la Sorbonne V[e]

2013

ISSN 1765-8055
ISBN 978-2-7116-2489-8

www.vrin.fr

INTRODUCTION

Si le pragmatisme trouve aujourd'hui, en France, un écho et une influence inédits, c'est entre autres raisons pour ce qu'il peut apporter de nouveau à la compréhension de l'éducation et des institutions d'éducation dans nos sociétés développées contemporaines. Ces raisons, de fait, tiennent à un processus de sécularisation de la culture, d'individualisation et de privatisation de la vie sociale, qui marque l'histoire des sociétés européennes. De la sorte, l'intérêt pour le pragmatisme se verrait croître à mesure que la globalisation se verrait confondue avec l'extension d'un processus de démocratisation que l'on assimile vite à la vision américaine. La question est alors de comprendre en quoi le pragmatisme peut rencontrer cette exigence démocratique et peut alors, comme philosophie, contribuer à une reconstruction de l'éducation. Sur ce point on peut accorder que cette philosophie est proclamation, avec la priorité de l'action et de l'activité, de la liberté; elle se situe dans l'horizon du libéralisme, même s'il conviendra de préciser en quel sens. Les pragmatistes, du moins pour ceux qui sont l'objet d'une attention particulière dans ce livre – William James, John Dewey et Richard Rorty –, proclament tous l'importance et la supériorité de la démocratie, et se sont tous attachés avec un engagement public plus ou moins retentissant, à la défense des libertés. Tous, même si c'est à des degrés divers, se montrent progressistes et font de l'ouverture et de la compréhension la plus large, un critère d'acceptabilité d'un système de pensée ou d'une société. Dans cette perspective on a pu penser, et peut-être le peut-on encore, que le pragmatisme est une philosophie sinon proprement américaine, du moins fortement marquée par l'Amérique.

Et en cela, John Dewey incarne le mouvement : il est le philosophe qui s'inscrit dans la vie politique américaine, se pense comme américain et produit pour les États-Unis d'Amérique, dans la ville qui symbolise la nouvelle Amérique et les nouveaux Américains, Chicago, une philosophie de l'éducation qui va se constituer en tradition. Rien d'étonnant alors à ce que, entre tous les philosophes pragmatistes d'hier, ce soit Dewey qui fasse l'objet d'une attention particulière de la part de ceux qui aujourd'hui, en France, entendent penser une philosophie de l'éducation. C'est donc l'auteur qui sera au centre de notre ouvrage, auteur que nous encadrons, par deux autres, très proches et complémentaires : William James d'un côté ; Richard Rorty de l'autre. Tous trois, à la différence d'autres représentants du pragmatisme tels Pierce, Schiller ou Royce par exemple, partagent cette conviction d'un tournant de la démocratie en Amérique. Tous trois, par ailleurs, sont inscrits dans leur temps, y font écho et y trouvent un écho. James et Dewey ont fait l'objet d'une immense notoriété ; voyageurs actifs, ils étaient en relation avec bon nombre d'intellectuels de leur temps. Quant à Richard Rorty, qui voit dans James et Dewey « les grands auteurs pragmatistes »[1], on lui doit à bien des égards le renouveau du pragmatisme, la réhabilitation en quelque sorte de la philosophie de James et de Dewey dans l'institution philosophique américaine. Rorty qui se pense dans la filiation de Dewey nous convie ainsi à revisiter sa philosophie. Un point est commun à nos trois philosophes, parti-pris qui par ailleurs les singularisent. Tous trois récusent que l'on puisse séparer nettement ce qui relève du champ des propositions scientifiques et ce qui regarde les valeurs. Pour James, Dewey et Rorty, l'enquête emporte d'un même élan la connaissance et la politique. Rien d'étonnant alors que ces philosophes puissent aider une réflexion qui porte sur l'éducation, laquelle concentre des exigences de transmission du savoir et de constitution du lien social. C'est bien dans cette perspective que le pragmatisme nous aide à comprendre les conditions d'une reconstruction de la philosophie de l'éducation. C'est en tout cas ce que nous nous attacherons à montrer dans cet ouvrage.

Difficile en effet de ne pas évoquer Dewey sitôt qu'on aborde la question de l'éducation au vingtième siècle, et difficile de ne pas l'associer à l'école aux États-Unis et aux réformes du plan Dalton. Philosophe engagé dans les affaires du monde, Dewey voyait dans l'éducation le sens même de la philosophie. L'éducation, montre-t-il, peut apparaître comme le problème et comme la forme politique du fonctionnement démocratique. Et Dewey indiquait à cela une double raison, résultat d'une double dynamique. D'une part « l'éducation est le laboratoire où les distinctions philosophiques, théoriques, prennent corps et sont mises à l'épreuve »[2]. Réciproquement, « Si une théorie n'affecte pas l'éducation, elle est certainement artificielle ». Et il ajoutait : « Le point de vue éducatif nous

1. R. Rorty, « Pragmatisme et philosophie », dans *Conséquences du Pragmatisme*, trad. fr. J.-P. Cometti, Paris, Seuil, 1993, p. 19.

2. J. Dewey, *Démocratie et éducation*, trad. fr. G. Deledalle, Paris, Armand Colin, 2011, p. 423.

permet d'envisager les problèmes philosophiques là où ils naissent et se développent, où ils sont chez eux et où le fait de les accepter ou de les rejeter change tout dans la pratique»[1]. Argument pragmatiste pour un philosophe qui s'attacha toujours à ce que sa pensée soit action. «Ma conviction que la fonction essentielle de l'intelligence est de reconstruire d'une manière continue la vie et l'expérience résume assez fidèlement ma propre vie et ma propre expérience»[2].

Impliqué dans les affaires de son temps, Dewey ne laissait pas indifférent. Il est un voyageur au service d'une reconstruction des systèmes éducatifs dans un monde en changement. L'une des raisons essentielles de son travail sur et pour l'éducation tient à la situation sociale de l'Amérique et du Chicago qu'il connaît. S'il fait de la question de l'éducation la question philosophique centrale, c'est qu'il a à cœur de s'attacher aux problèmes que posent à la société américaine une transformation radicale du mode de production, et l'arrivée massive de nouveaux immigrants, de nouveaux citoyens. Ceux-ci, à défaut d'emporter leurs terres et leurs cimetières, mais gros de leurs langues et de leurs modes culturels, devaient se délester de leur pauvreté et de leur ignorance pour se tourner vers la construction d'un avenir. Plus tard, proche d'une gauche américaine, Dewey sera appelé à dénoncer le totalitarisme soviétique et à présider le contre-procès Trotsky. Comme le remarque Gérard Deledalle, Dewey, au centre pendant plus d'un demi-siècle de tous les débats qui animaient la philosophie américaine, «fut aussi, à la manière européenne, française surtout, un philosophe politiquement engagé» En cela, note-t-il, «Il est une exception en Amérique» comme Bertrand Russell en Angleterre. «De 1914 à sa mort, Dewey fut aussi bien en politique intérieure qu'en politique étrangère la "conscience de l'Amérique"»[3].

L'école laboratoire qu'il crée à Chicago témoigne de l'importance qu'il accorde à une philosophie qui entend «faire une différence». Ses conceptions inspireront aux États-Unis des formes et des réformes qui, à son grand dam, feront de ses thèses des principes et des instruments. Or ce sont ces réformes qui sont explicitement la cible des critiques de Hannah Arendt quand elle s'attaque à l'éducation aux États-Unis. Pour Hannah Arendt, si la situation de l'éducation est pire aux États-Unis qu'en Europe, cela tient grandement à ce que «Sous l'influence de la psychologie

1. *Ibid.*, p. 422.

2. Cité par Jane M. Dewey dans *The philosophy of John Dewey*, Paul A. Schlipp (éd.), New York, Tudor Publishing Co., 1939, p. 44-45, cité par G. Deledalle, «La pédagogie de John Dewey», Préface à la traduction française de *Démocratie et Éducation*, *op. cit.*, p. 47.

3. G. Deledalle, «La Pédagogie de John Dewey», *op. cit.*, p. 48.

moderne et des doctrines pragmatiques, la pédagogie est devenue une science de l'enseignement en général, au point de s'affranchir complètement de la matière à enseigner ». Et de préciser :

> c'est une théorie moderne sur la façon d'apprendre qui a permis à la pédagogie et aux écoles normales de jouer ce rôle pernicieux dans la crise actuelle. Cette théorie était simplement l'application de (...) l'idée qui a été celle du monde moderne pendant des siècles et qui a trouvé son expression conceptuelle systématique dans le *pragmatisme*. Cette idée de base est que l'on ne peut savoir et comprendre que ce qu'on a fait soi-même [1].

Caricature certes, mais en un certain sens, on ne prête qu'aux riches. Et cette critique, injuste à l'égard du pragmatisme lui-même, témoigne de l'importance qu'il a pu avoir dans la société américaine d'avant la seconde Guerre Mondiale. Ainsi encore, trace de son rayonnement intellectuel et public, « dans *Un roi à New York*, réalisé par Charlie Chaplin en 1957, le roi Shadow visite, au début du film, un établissement d'éducation ultramoderne : il s'agit, et cela n'est pas le fruit du hasard, de l'une des nombreuses écoles "Dewey" » [2].

On peut ajouter, bien avant, davantage même que la seule influence, l'effet de l'œuvre de Dewey dans les premières années de la Russie révolutionnaire et son impact dans la formation des maîtres et les réformes éducatives de la Chine du Kuomintang.

Dewey semble incarner, dans le champ de la philosophie de l'éducation, le pragmatisme. Et pourtant, il n'est pas le seul fondateur de ce courant. Plus encore, il semble se détacher de l'appellation pour lui préférer parfois celle d'« instrumentalisme ». Sans compter qu'il fut longtemps cantonné, en particulier en France, au champ de la pédagogie, et que les déterminations du pragmatisme qui constituent le fond de sa philosophie ont été négligées voire ignorées. Car à quelques exceptions près, il faut attendre la toute fin du vingtième siècle pour que l'on découvre en France l'ampleur de cette philosophie, et que sous l'impulsion de Jean-Pierre Cometti en particulier, on reprenne le travail entrepris par Gérard Deledalle, et que l'on commence à traduire systématiquement les œuvres de Dewey.

Il est vrai que le pragmatisme, pour être, en effet, soutenu aux États-Unis, n'a pas toujours trouvé dans cet espace-même la dimension qu'on lui suppose. Important de fait au début du XXe siècle, dans les universités

1. H. Arendt, « La crise de l'éducation », dans *La crise de la culture*, Paris, Folio-Gallimard, p. 234. Souligné par nous.

2. J.-P. Cometti, *Qu'est-ce que le pragmatisme*, Paris, Folio-Gallimard, 2010, p. 149.

américaines, et devrions-nous ajouter dans les universités nouvelles, il va se heurter, au moment de la seconde Guerre Mondiale à l'arrivée dominante des philosophes européens surtout de langue allemande, représentants du néo-positivisme et de la philosophie analytique. Rorty décrit ce passage, en particulier dans «La philosophie américaine aujourd'hui» texte écrit en 1981 et repris un an après dans *Conséquences du Pragmatisme*. Situant au début des années 1950, l'extension du «règne» de la philosophie analytique sur les départements de philosophie aux États-Unis, il rappelle comment les grands noms de la philosophie européenne, «comme Carnap, Hempel, Feigl, Reichenbach, Bergmann, Tarski», contraints à l'exil, dominèrent peu à peu dans les universités américaines les plus prestigieuses. De la sorte, c'est un nouveau paradigme qui est en place autour de 1960. «Dans les universités, un nouveau genre d'éducation philosophique était désormais implanté, une éducation qui privait de lecteurs les héros de la génération précédente, Dewey et Whitehead»[1].

Il faudra ainsi attendre la toute fin des années soixante pour que l'œuvre de Dewey soit de nouveau l'objet d'un traitement éditorial et universitaire aux États-Unis. En 1967 l'édition complète de ses œuvres sous la direction de Jo Ann Boydston, Carbondale, Southern Illinois Press, présente 37 volumes répartissant l'ensemble des textes chronologiquement. Elle n'est cependant pas suivie immédiatement d'une diffusion en langue française. Une exception : Gérard Deledalle, à qui il convient de faire une place particulière.

Gérard Deledalle, en effet, avait publié en 1966 une traduction de *Logique : la théorie de l'enquête*[2]. Il publiera en 1975 une traduction de *Démocratie et éducation*[3] et quelques ouvrages importants qu'il rédige sur le pragmatisme[4]. Approche universitaire, l'analyse de Gérard Deledalle est proprement philosophique. Principal vecteur de la diffusion de la pensée des pragmatistes, il poursuivra son travail de traduction et de lecture des philosophes pragmatistes jusqu'à la fin de sa vie. Il publiera ainsi en 1983 *La philosophie américaine*[5], *Charles S. Pierce,*

1. R. Rorty, *Conséquences du Pragmatisme*, *op. cit.*, p. 380

2. J. Dewey, *Logique*, *La théorie de l'enquête*, trad. fr. G. Deledalle, Paris, P.U.F., 1967.

3. J. Dewey, *Démocratie et éducation*, *op. cit.*

4. G. Deledalle, *Histoire de la philosophie américaine*, Paris, P.U.F., 1954, *La Pédagogie de John Dewey*, Paris, Édition du Scarabée, 1965, *L'Idée d'expérience dans la philosophie de John Dewey*, Paris, P.U.F., 1967, *Le Pragmatisme, Textes choisis*, Paris, Bordas, 1971.

5. G. Deledalle, *La philosophie américaine*, Lausanne, L'Âge d'homme, 1983.

phénoménologue et sémioticien[1] en 1987, *John Dewey*[2] en 1995, sans compter de nombreux articles. Et pourtant, il semble qu'il ait fallu attendre en France, les contributions et les apports des néo-pragmatistes tels Richard Rorty et Hilary Putnam pour que ce courant, et surtout la lecture de Dewey reprennent quelque intérêt. Ainsi Jean-Pierre Cometti qui prend le relais dans les années 1990 avec Joëlle Zask des études pragmatistes et deweyiennes françaises, dédie à Richard Rorty son livre de 2010 sur le pragmatisme, *Qu'est-ce que le Pragmatisme*: «Ce livre est dédié à Richard Rorty, à qui l'on doit la plus forte impulsion en faveur du pragmatisme et de son renouveau depuis la parution de *Philosophy and the Mirror of Nature* en 1979»[3].

Voilà ce qu'il nous faut comprendre : les réticences en même temps que la transformation du regard que l'on porte sur ces philosophes que l'on dit pragmatistes.

Dans cette transformation, les implications en matière d'éducation ne sont pas une préoccupation annexe, même s'il est vrai que seul Dewey en fit un objet explicite, objet d'enquête et espace de construction démocratique.

Longtemps en effet le pragmatisme fut mal accueilli en France. Encore faudrait-il largement nuancer et distinguer. Car la réception de ce courant est à l'image de la diversité des représentants qu'on lui attribue.

Il n'existe pas en effet à proprement parler de philosophie pragmatiste. Au point d'ailleurs que Pierce, auquel on doit le nom même de ce mouvement, préfèrera très vite adopter le terme de «pragmaticisme» pour se distinguer de James en particulier; terme suffisamment déplaisant, dit-il, pour ne pas être récupéré par d'autres. Au point aussi que Dewey désignera lui-même ses conceptions comme «instrumentalistes» et dira ses hésitations à faire usage du mot «pragmatisme» : «tant d'incompréhensions et de controverses relativement futiles sont nées de ce mot qu'il a semblé prudent d'en éviter l'usage». Mais Dewey n'y renonce pas pour autant. Il suffit de le manier avec précaution et pertinence :

> si l'on interprète correctement "pragmatique" comme la fonction des conséquences servant d'épreuves nécessaires de la validité des propositions, *pourvu que* ces conséquences soient produites opérationnellement

1. G. Deledalle, *Charles S. Pierce, phénoménologue et sémioticien*, Amsterdam, Benjamins, 1987.

2. G. Deledalle, *John Dewey*, Paris, P.U.F., 1995.

3. J.-P. Cometti, *Qu'est-ce que le pragmatisme*, *op. cit.*, p. 15.

> et soient telles qu'elles résolvent le problème spécifique qui provoque les opérations, le texte qui suit est pragmatique d'un bout à l'autre[1].

L'écho que trouveront, en France, les trois grands noms de la constitution du pragmatisme américain sera différencié : très technique et cantonné à la professionnalité des philosophes pour Pierce. Très large, mais sans doute accompagné de beaucoup d'incompréhension pour James. Très important mais tronqué et ignoré dans ses développements philosophiques pour Dewey. Hans Joas le note : à insister sur les points communs, on a tendu en France à le tirer du côté des philosophies de la vie. Ainsi s'expliquerait qu'on se soit attaché à James en négligeant Pierce et que « la connaissance de John Dewey se limite à ses travaux pédagogiques et celle de Georges Herbert Mead à une psychologie sociale d'orientation sociologique »[2].

L'un des meilleurs passeurs du pragmatisme en France, Emile Durkheim, témoigne de l'importance de ce courant de pensée et du poids qu'il put avoir à l'époque, en lui consacrant son cours de 1913-1914. Mais, en dépit de l'estime qu'il témoigne en particulier à Dewey, il dessine le paysage d'une résistance à cette philosophie. C'est qu'il existe à ses réticences, outre des raisons générales et philosophiques, un « intérêt national ».

> Toute notre culture française est à base essentiellement rationaliste. Ici le XVIIIe siècle prolonge le Cartésianisme. Une négation totale du rationalisme constituerait donc un danger : ce serait un bouleversement de toute notre culture nationale. C'est tout l'esprit français qui devrait être transformé si cette forme de l'irrationalisme que représente le Pragmatisme devait être admise[3].

Et nous voici peut-être, avec cette critique de Durkheim, au cœur des facteurs qui rendent compte des réticences, certes, en Europe, mais particulières en France, à admettre les orientations des pragmatistes. Trop américains, ils représenteraient une culture qui mettrait en question ce rationalisme constructiviste qui fait, selon Hayek, le fond de la pensée en France[4]. Et ce n'est pas une moindre chose que le texte fondateur du

1. J. Dewey, *Logique, La théorie de l'enquête*, trad. fr. G. Deledalle, Paris, P.U.F., 1967, *Préface*, p. 52.

2. H. Joas, « Durkheim et le pragmatisme. La psychologie de la conscience et la constitution sociale des catégories », *Revue française de sociologie*, n°25-4, 1984, p. 560.

3. E. Durkheim, *Pragmatisme et sociologie*, Paris, Vrin, 1955, p. 28.

4. Pour un développement de cet aspect je renvoie à un précédent ouvrage, B. Frelat-Kahn, *L'École en France et la pensée libérale*, Paris, Ellipses, 1999.

pragmatisme, *Comment rendre nos idées claires*, écrit directement en français en 1877 par Charles Pierce un an après sa publication en anglais, et publié en 1879 dans *La Revue philosophique de la France et de l'étranger* que venait de fonder Théodore Ribot, s'instaure contre Descartes. Comme le résume Hans Joas : « le pragmatisme commence par un doute sur le sens du doute cartésien »[1]. L'enquête se distinguant du doute, met en jeu une totalité et non une atomisation des éléments du savoir. Elle privilégie les processus et les démarches par rapport aux contenus. Elle détermine des normes et les processus d'évolution de la rationalité, au lieu de s'attacher à l'énoncé de facultés. Elle s'intéresse aux conditions effectives de la connaissance plutôt que de penser les principes *a priori* de la possibilité de la certitude. Elle considère que la conception de tous les effets pratiques « que nous pensons pouvoir être produits par l'objet de notre conception », est « la conception complète de l'objet », et rejette ainsi que l'on cherche dans la distinction et la séparation, objet d'évidence, le critère d'une connaissance élémentaire certaine. Elle cherche la clarification de nos idées plutôt que la discrimination du simple et du clair.

Gérard Deledalle, le remarque : la raison des réticences à l'égard du pragmatisme en France et dans la tradition de la vieille Europe tient à son caractère américain.

> On ne renverse pas du jour au lendemain une échelle de valeurs dont la pensée pure constitue le plus haut degré, et dont l'activité manuelle – fût-elle celle des enlumineurs de manuscrits et des constructeurs de cathédrales –, ne forme pas l'échelon le plus humble.

Et de poursuivre, explicitant la caricature. Il est plus facile en effet de réduire le pragmatisme au mercantilisme et à l'esprit de l'argent et de la banque dont l'Amérique serait le lieu par excellence. « Qui eût osé sans cela nier qu'une pensée sans action est une âme sans corps, une intention sans volonté de la réaliser, conceptions que condamnent également la religion, la morale et la science »[2].

Russell a cédé à cette critique, qui pensait mieux porter atteinte à James en particulier, en affirmant que « l'amour de la vérité est masqué en Amérique par le commercialisme dont le pragmatisme est l'expression philosophique », tandis que l'amour du prochain, l'autre qualité qu'il tenait, avec l'amour de la vérité, « pour les plus importantes », est en

1. H. Joas, « Durkheim et le pragmatisme. La psychologie de la conscience et la constitution sociale des catégories », *op. cit.*, p. 566.

2. G. Deledalle, « Les pragmatistes et la nature du pragmatisme », *Revue philosophique de Louvain*, 4e série, t. 77, n°36, 1979, p. 474-475.

Amérique « entravé par la morale puritaine »[1]. Dewey ironise : cette affirmation est aussi légitime que de dire dans cet ordre d'idée

> que le néo-réalisme anglais est le reflet du snobisme aristocratique des Anglais, la tendance au dualisme de la pensée française l'expression d'une inclination gauloise présumée du Français à entretenir une maîtresse en plus de sa femme légitime, et l'idéalisme de l'Allemagne la manifestation de l'aptitude de l'Allemand à placer la bière et la saucisse dans une synthèse supérieure aux côtés des valeurs spirituelles que représentent Beethoven et Wagner[2].

Sans donner dans une telle simplification et dans une telle caricature, on ne saurait éliminer cette idée d'une inscription américaine du pragmatisme. Pour reprendre les analyses de Jean-Pierre Cometti, le pragmatisme est le courant de pensée le plus « enraciné dans la culture américaine ». Ses origines sont proprement américaines et « les liens étroits du pragmatisme et de l'Amérique ont contribué à l'image qui en a été forgée »[3].

Et Rorty nous y invite, auquel le pragmatisme doit en grande partie de revivre aujourd'hui, et de jouir, en France, d'une audience et d'une importance qu'il n'a pas eues depuis la seconde Guerre Mondiale. Plus encore, Rorty revendique et proclame le caractère américain du pragmatisme. Cette inscription, en tout cas, nous aide à comprendre les raisons des réticences que l'on a eu, en France en particulier, à saisir la portée des positions philosophiques de James ou de Dewey, en cantonnant le premier dans la psychologie et le second dans la pédagogie ; en réduisant le premier au spiritualisme et à la religion, et le second au laisser-faire, destructeur de l'autorité pédagogique de la tradition.

Nous examinerons ainsi les raisons de l'importance et de l'audience de Dewey dans le champ de la pédagogie en même temps que le refus dont il fut l'objet, et l'oubli qu'il rencontra lorsque la critique de l'éducation et de l'école se trouvait dominée par la pensée marxiste. C'est sans doute que l'on s'est mépris sur la portée que Dewey attribuait à l'éducation et aux enjeux qu'il assignait à la philosophie. En ce sens très fort donc, le pragmatisme – du moins sous la figure de nos trois auteurs, William James, John Dewey, et Richard Rorty – parce qu'il articule étroitement réflexion sur la connaissance et théorie politique, aide à fournir les bases d'une

1. B. Russell, in *The Freeman*, cité par J. Dewey *in* « PragmaticAmerica » cité par J.-P. Cometti, *Qu'est-ce que le pragmatisme*, *op. cit.*, p. 44.

2. J. Dewey, *Characters and Events*, 1929, vol. II, p. 543, cité par G. Deledalle, « Les pragmatistes et la nature du pragmatisme », *op. cit.*, p. 475.

3. J.-P. Cometti, *Qu'est-ce que le pragmatisme*, *op. cit.*, p. 43-44.

philosophie de l'éducation qui puisse répondre aux exigences d'une culture sécularisée et à la nature des rapports sociaux en démocratie.

Après avoir analysé dans une première partie, les obstacles constitutifs de la réception de Dewey en France, nous dégagerons les déterminations de la philosophie du pragmatisme qui peuvent en rendre compte. Deux traits seront ainsi posés comme caractéristiques de la vision pragmatiste du monde, trait commun profond entre nos trois auteurs : le rejet du dualisme et l'affirmation du pluralisme.

La deuxième partie de cet ouvrage réfléchira ainsi à la critique du dualisme tant métaphysique que cognitif, et à l'élimination de toute conception « représentativiste » du savoir et du pouvoir. On montrera alors en quoi cette critique vient rendre compte de concepts, de processus et de dispositifs qui sont centraux dans la pédagogie deweyienne.

Une troisième partie explorera les conséquences sur la philosophie de l'éducation, de l'affirmation du pluralisme quand cette position conjugue approche logique et principe politique. Une fois encore l'articulation entre théorie de la connaissance et philosophie politique sera convoquée, en essayant de situer les difficultés d'une conception « libérale » du savoir qui puisse se garder du relativisme, et d'une affirmation du pluralisme culturel qui puisse se prémunir contre la fragmentation communautaire.

De la sorte pouvons-nous espérer établir la force du pragmatisme pour repenser un lien entre démocratie et éducation qui puisse dépasser à la fois l'absolutisme et l'individualisme, l'obsession de l'unité et l'atomisation de la pluralité. De la sorte pourrons-nous saisir les raisons de l'intérêt que suscitent, en France, depuis la fin du XXe siècle, la lecture de Dewey et les thèses et développements contemporains du pragmatisme.

PREMIÈRE PARTIE

LA RÉCEPTION DU PRAGMATISME EN FRANCE OU LE MALENTENDU DES PÉDAGOGUES

Dans la France du début du XXe siècle on trouve certes quelques textes philosophiques qui font écho à la pensée pragmatiste, mais la plupart concernent la pensée de James, parfois étendue à d'autres penseurs pragmatistes au rang desquels Pierce, Schiller et parfois Royce. Si Dewey est évoqué, il s'agit bien plus souvent d'une citation ou d'une mention [1].

On trouve certes quelques exceptions parmi lesquelles l'analyse que Durkheim a consacré au pragmatisme pendant l'année universitaire 1913-1914, et laquelle n'a été publiée que bien tardivement, en 1955. On note aussi une étude de René Berthelot datant de 1922 (*Un romantisme utilitaire. Etude sur le mouvement pragmatiste*, Paris, Felix Alcan en 3 volumes). Mais l'accès du monde francophone à la pensée de Dewey est passé, jusque dans les années d'après la seconde Guerre Mondiale, par la pédagogie, et plus encore par le courant de l'Éducation nouvelle. Cela va marquer fortement la perception de ce philosophe.

On se rappelle que, pour Dewey, la philosophie pragmatiste devait, certes, devenir une « théorie générale de l'éducation ». En France, il semble qu'on en soit resté longtemps à une vision simplifiée de cette affirmation, en cantonnant sa pensée dans ses seules implications pédagogiques.

Longtemps aussi les textes de Dewey offerts à un public francophone étaient non seulement liés à la pédagogie mais encore peu nombreux et partiels. On trouve bien ici ou là une allusion à la portée ontologique de la

1. Parmi ces textes, on retiendra deux articles que Lalande consacre au pragmatisme dans la *Revue philosophique de la France et de l'étranger*. Le premier intitulé « Pragmatisme et pragmaticisme », publié en février 1906 (p. 121 *sq.*) ; le second « Pragmatisme, humanisme et vérité » en Janvier 1908.

philosophie de Dewey, mais cela est exceptionnel et vite oublié. Dommage ! Car le développement de cet aspect aurait sans doute permis de saisir toute la portée de sa pensée. Ainsi en 1883 la *Revue philosophique de la France et de l'étranger* publie, sous le titre « John Dewey : Les hypothèses du matérialisme », un compte-rendu anonyme d'un texte de Dewey *Les hypothèses du matérialisme* paru en avril 1882 dans le *Journal of SpeculativePhilosophy* de New York. Il y est en effet question, et cela est d'importance, de philosophie de la connaissance et de ses implications en matière d'ontologie. Le compte rendu remarque que, à la différence de la tendance ordinaire à réduire les discussions sur le matérialisme aux approches physiologique et psychologique, Dewey prend en compte la portée métaphysique. Et d'en évoquer les conclusions :

> pour établir un monisme strict le matérialisme part de l'hypothèse d'un dualisme originel insoluble. Pour établir que l'esprit est un phénomène de la matière, il est obligé de supposer une substance qui donne la connaissance de cette matière. Pour prouver qu'elle est en effet de la matière, il est obligé de supposer ou un pouvoir d'intuition de l'esprit ou que l'esprit lui-même est une cause : hypothèses qui l'une et l'autre détruisent le matérialisme [1].

En matière de pédagogie même, à l'exception de la Russie, l'influence de Dewey en Europe, s'est exercée moins remarquablement qu'en Asie et en Amérique. Comme le remarquait Ou Tsuin-Chen dans *La Doctrine pédagogique de John Dewey*, cela tient probablement à ce qu'en Europe ce qui touche à l'institution scolaire et à la pédagogie est fortement enraciné, de sorte que toute perspective de changement, *a fortiori* un changement radical tel celui de Dewey, se heurte à une grande résistance. Cela, ajoute-t-il, vaut particulièrement en France. Toutefois « si la doctrine de Dewey y a affecté à un moindre degré la pratique éducative, elle n'a néanmoins pas manqué de susciter un grand intérêt théorique » [2].

De fait, ce qui a permis et favorisé la diffusion des idées de Dewey dans le monde francophone est incontestablement le mouvement de la réforme éducative et l'Éducation nouvelle, et cela va marquer durablement la relation de la philosophie française et de l'histoire de l'éducation en France, avec Dewey et le pragmatisme. Admiration et révérence dans un premier temps, défiance politique et désaccord de principe dans un second,

1. *Cf.* J. H. Schneider, « John Dewey in France », *Studies in Philosophy and Éducation*, 19, 2000, p. 69-82, cité p. 78-79.

2. Ou Tsuin-Chen, *La Doctrine pédagogique de John Dewey*, Paris, Vrin, 1958, p. 241-243.

les relations avec l'Éducation nouvelle ont suivi les transformations des affiliations et des sensibilités politiques et idéologiques de ce mouvement. Une constante : une vision réductrice de la pensée de Dewey à la pédagogie et une mécompréhension du pragmatisme.

On peut dégager trois temps du rapport de Dewey avec la pensée française, ou plus proprement de l'Europe francophone :

Dans un premier moment l'œuvre de Dewey, attachée à ses implications sur l'éducation, est liée au mouvement de l'Éducation nouvelle. Temps de traductions partielles et limitées qui, au début du XXe siècle, va englober et enjamber la Première Guerre mondiale.

Dans un second temps, le mouvement de l'Éducation nouvelle, en quelque manière, change de main et d'orientation. Dewey, pour être parfois évoqué, n'apparaît plus comme devant être écouté. Le marxisme et surtout le lien de nombre de leaders de l'Éducation nouvelle avec le parti communiste français, vont jeter un autre regard sur la pensée de Dewey. Pourtant, dans le même temps, une exception que nous avons évoquée : le premier universitaire français à consacrer son travail au pragmatisme et à la philosophie américaine, Gérard Deledalle, traduit des œuvres majeures de Dewey. Mise à part cette exception, la connaissance de ce philosophe demeure cantonnée pour la majorité du public européen francophone au champ de la pédagogie.

Nous l'avons dit, il faut attendre les années 1990 pour que le pragmatisme prenne toute sa part dans l'horizon philosophique français, et une fois encore la pensée de l'éducation joue un rôle important dans la diffusion, et à bien des égards l'instrumentalisation des idées de Dewey. Dewey est enfin analysé comme un philosophe. Il est vrai que les thèmes et les motifs de l'Éducation nouvelle et de la pédagogie collent encore à l'image que l'on s'en fait. Ainsi en 1997 même, *l'Éducation nouvelle*, publiée par l'ANEN (Association nationale pour l'Éducation nouvelle), affirme la part décisive jouée par Dewey dans l'Éducation nouvelle, avec, et au même titre que, Claparède, Cousinet et Ferrière. Mais au cours des dernières années, la réflexion sur Dewey trouve une vigueur nouvelle chez les philosophes en même temps qu'elle se voit intégrée dans le pragmatisme. Or, loin de provoquer un abandon de la préoccupation éducative, cette reconnaissance de Dewey invite à reconstruire philosophiquement la philosophie de l'éducation.

CHAPITRE PREMIER

LE TEMPS DE LA RÉVÉRENCE

UN TRAVAIL ÉDITORIAL PARCELLAIRE ET RÉDUCTEUR

C'est la revue *L'Éducation* fondée en 1909 qui a fait connaître dans les milieux francophones les textes de Dewey et qui a fait de Dewey la référence majeure de la transformation éducative. Son fondateur, Georges Bertier, directeur de l'École des Roches, est l'un des leaders du mouvement de l'Éducation nouvelle. En janvier 1921 Roger Cousinet et Madame T.J. Gueritte fondent l'association *La Nouvelle éducation* dont l'objectif est « de réunir tous les éducateurs décidés à favoriser en France l'activité personnelle des enfants, soit à l'école, soit dans la famille », de faire circuler et de diffuser les expériences pédagogiques pour permettre « au plus vite la transformation de nos méthodes d'éducation ». Ils entendent aussi étendre la diffusion et permettre, par le biais de correspondants étrangers, l'établissement d'un réseau international. La même année est fondée la Ligue Internationale pour l'Éducation nouvelle, mouvement francophone, qui doit son dynamisme et son rayonnement à trois hommes : Ovide Decroly (1871-1932), Professeur à l'Université libre de Bruxelles, Adolphe Ferrière (1879-1960) et Edouard Claparède (1873-1940), Professeur à l'université de Genève et fondateur en 1912 de l'Institut des sciences de l'éducation Jean-Jacques Rousseau. Dans l'entre-deux-guerres, et surtout dans les années vingt, les aspirations à transformer le rapport éducatif dans un monde profondément ébranlé qu'il s'agit de reconstruire, s'accompagnent d'un intérêt croissant pour Dewey.

De fait, les premières traductions de ses textes paraissent dans *l'Éducation*. Ainsi le numéro 2, de juin 1909, livre une traduction, par Jean Desfeuille, du premier chapitre de *l'École et la Société* (1899, rev. 1908-1915) intitulée « L'École et le progrès social ». Une autre partie de *The*

School and the society, paraîtra avec le même traducteur en décembre 1912 sous le titre « l'école et la vie de l'enfant »[1]. *L'Éducation* publie la traduction de deux autres textes « l'Éducation au point de vue social » en 1913 et « Le gaspillage en éducation » en mars 1914.

La revue livre aussi, respectivement en juin et juillet 1922, les textes de Cousinet qui citent très largement dans le *Sixième Bulletin de la nouvelle éducation* et le *Septième Bulletin de la nouvelle éducation*, « *Schools for tomorrow* » écrit en 1915 par Dewey et sa fille Evelyn, et qui sera traduit en 1931 par René Duthil sous le titre *Écoles de demain*. Adolphe Ferrière, en 1927, publie, toujours dans *L'Éducation*, « La Démocratie et l'éducation selon Dewey ».

Ce sont les mêmes qui offrent les premiers livres de Dewey en français. Ainsi un premier ouvrage, *l'École et l'enfant*, paraît en 1913 chez Delachaux et Niestlé, dans une traduction de L.-S. Pidoux. La préface est signée Edouard Claparède. Il s'agissait d'un recueil de textes de Dewey, « *Éducational Essays* », centrés sur l'éducation et la pédagogie choisis par Joseph J. Findlay et publié à Londres en 1907. 1) « L'intérêt et l'effort » traduction de *Interest in Relation to Training of the Will*, 1896; 2) « Les programmes d'études » traduction de l'essai *The Child and the curriculum*, 1902; 3) « L'histoire dans l'instruction primaire » *The Aim of History in Elementary Éducation*, 1900; et 4) « Morale et éducation » *Ethical principles underlying education*, 1897. Une nouvelle édition sera donnée par Deledalle en 2004, édition corrigée et augmentée.[2]

Or, dans sa présentation, Claparède s'attache à développer une conception qui, sur le plan psycho-éducatif ou psycho-pédagogique, se veut proche de Dewey. Mais lorsqu'il énonce les principes qui, à ses yeux, sous tendent la conception pédagogique de Dewey « génétique, fonctionnelle et sociale », il témoigne de sa gêne à l'égard du fondement proprement pragmatiste. Deledalle avance que, pour constater que la pédagogie de Dewey a pour origine « la méthode pragmatiste », Claparède préfère rattacher Dewey à « celle de Pierce plutôt que celle de James, ou plus

1. Pour un état de la réception de Dewey en France, voir J.-H. Schneider, « John Dewey in France », art. cit.

2. « La nécessité de donner une nouvelle traduction de *l'École et l'enfant* n'est pas apparue du fait que la traduction précédente eût été défectueuse, car c'est avec raison que Claparède dit qu'elle est "aussi élégante que fidèle". Aussi cette édition revue et augmentée apparaît-elle pour la seule raison que nous possédons aujourd'hui une édition critique des œuvres complètes de Dewey établie par la Southern Illinois University Press et à laquelle nous pouvons nous référer », G. Deledalle, *L'École et l'enfant*, Paris, Éditions Fabert, 2004, Introduction, p. 13.

exactement celle de Pierce appliquée à l'éducation»[1]. De fait Claparède reconnaît l'importance du pragmatisme car, offert aux objections dans les champs de la morale et de la logique, nulle part plus que dans le domaine de l'éducation « le pragmatisme ne semble d'une aussi belle fécondité ». Ici, « il paraît devoir rallier tous les esprits impartiaux »[2].

Étrange affirmation de Claparède, ironie peut-être si l'on songe aux réticences que soulevait alors le pragmatisme. Et d'ailleurs Claparède lui-même, très vite, fait part de ses réserves ou de son embarras. Certes il faut bien reconnaître que le pragmatisme désigne bien cette méthode qui fait le lien entre des conceptions « en apparence si disparates »[3].

Mais Claparède d'ajouter quelques paragraphes plus loin :

> Mais laissons là le pragmatisme. La psychologie de M. Dewey, bien qu'elle en soit l'expression fidèle n'est nullement liée au sort de cette doctrine. M. Dewey lui-même ne prononce pas une seule fois ce mot dans toute son œuvre éducative, et celle-ci eût pu aussi bien être conçue par un psychologue ou un biologiste *que n'eussent jamais préoccupé les questions de philosophie théorique*[4].

Plus encore, Claparède «critique la traduction de Pidoux qui fait usage du mot "pragmatique" pour traduire le terme "*prospective*" »[5]. Ou Tsuin-Chen note aussi : «M. Findlay, en éditant les *Educational Essays* de Dewey, a fait justement remarquer que nulle part Dewey n'avait employé le terme "Pragmatisme" »[6].

Ce que souligne ici Ou Tsuin-Chen c'est bien le refus de considérer que les questions éducatives puissent être des applications, subordonnées à un système théorique. «Dewey ne voulait pas donner l'impression que sa philosophie dût s'imposer à la théorie et à la pratique de l'éducation ». Tout au contraire l'éducation et la pédagogie, note-t-il, modifient sa philosophie générale par les tentatives qu'elles mettent en œuvre. « Pour Dewey, entre sa pédagogie et sa philosophie, il y a un rapport d'interdépendance »[7]. C'est bien en ce sens qu'il faut entendre la place de la question éducative dans

1. Introduction à John Dewey, G. Deledalle, *L'École et l'enfant*, *op. cit.*, p. 15.

2. E. Claparède « La pédagogie de M. John Dewey », Introduction à John Dewey, *L'École et l'Enfant*, Neuchâtel, Delachaux & Niestlé, 5ᵉ éd., 1953, p. 13-14.

3. *Ibid.*, p. 7-8.

4. *Ibid.*, p. 14. Souligné par nous.

5. *Ibid.*, note 1, p. 14 : « Le mot "pragmatique" que l'on trouve à la page 108 de ce volume est dû au traducteur, et ne figure pas dans l'original (qui porte le terme de "*prospective*") ».

6. J. F. Findlay, *Éducational Essays*, Introduction, p. II, cité dans Ou Tsuin-Chen, *La Doctrine pédagogique de John Dewey*, *op. cit.*, p. 43.

7. Ou Tsuin-Chen, *La Doctrine pédagogique de John Dewey*, *op. cit.*, p. 43.

une conception qui définit l'expérience comme la dynamique même du réel. Reste que, au moment même où « la bataille du pragmatisme battait son plein », « bien qu'il ne s'opposât pas au pragmatisme et certainement pas au "pragmatisme" de Dewey », Claparède ne niait pas que la pédagogie de Dewey eût quelque lien avec le pragmatisme, mais « transporté dans le domaine de la science psychologique, le pragmatisme se confond purement et simplement avec la méthode expérimentale, et il n'y a jamais lieu, semble-t-il, de signaler son influence »[1]. Claparède ajoute cependant que le pragmatisme répond à une certaine tournure d'esprit qui réagit sur la façon dont « le psychologue » voit les choses. Ce qui marque ainsi sa pensée, c'est qu'elle est dynamique : « en bref, il considère le psychisme non pas comme un système statique, mais comme un processus dynamique »[2].

En 1922 Adolphe Ferrière publie deux ouvrages qui témoignent de l'influence de Dewey, *L'École active* et *L'École active : principes et applications*. Et en 1925 Ovide Decroly offre au public francophone la première traduction, chez Flammarion, d'un ouvrage majeur que Dewey avait publié en 1910, *Comment nous pensons*.

Une très timide reconnaissance universitaire

Outre ce travail proprement éditorial, sur le plan universitaire, dans ces années d'entre deux guerres, deux thèses importantes sur Dewey sont soutenues en France. En 1926 ChoyJyan soutient sa thèse « Étude comparative sur les doctrines pédagogiques de Durkheim et de Dewey » dans laquelle, comme le remarque Jan Schneider « Dewey apparaît comme psycho-pédagogue et Durkheim comme socio-pédagogue »[3]. La seconde thèse, de Ou Tsuin-Chen, marque un pas important. Il s'agit de la première étude systématique en France de l'œuvre de Dewey jusqu'en 1929. Elle est dirigée par Paul Fauconnet, par ailleurs membre du comité de rédaction de la revue *Pour l'Ère nouvelle*, depuis la fondation de la revue en 1921 jusqu'à sa mort en 1932. Publiée en 1931, la thèse de Ou Tsuin-Chen est enrichie de la traduction de *My Pedagogical creed : Mon Credo pédagogique*. Ces thèses sont l'œuvre d'étudiants chinois qui témoignent ainsi de l'importance de Dewey sur le plan international et plus particulièrement

1. E. Claparède, « La pédagogie de M. John Dewey », Introduction à John Dewey, *L'École et l'Enfant*, *op. cit.*, p. 10.

2. *Ibid.*, p. 11.

3. J. H. Schneider, « John Dewey in France », art. cit., p. 71.

sur les plans de rénovation de l'éducation en Chine. Dewey, en effet, y effectue une visite prolongée, d'avril 1919 à juillet 1922[1], et marque considérablement la Chine sous le ministère de Jiang Menglin. OuTsuin-Chen était d'ailleurs vice-ministre de l'éducation de la république de Chine au moment de la seconde édition de son livre en 1958. Son chapitre 9 examine l'influence internationale de l'œuvre de Dewey et souligne son importance en Chine: « l'influence de Dewey sur l'éducation chinoise, écrit-il, est générale et même totale »[2]. Initiée par les conférences que Dewey fit dans les universités chinoises, elle a été relayée par ceux qui, tout particulièrement parmi les cadres des universités nationales de Pekin et de Nankin, se considéraient comme ses disciples, leaders de l'éducation chinoise[3].

> L'influence de Dewey sur l'éducation chinoise, insiste-t-il, est tellement nette et frappante que, si l'on fait l'histoire de l'éducation moderne en Chine, on sera forcé de la scinder en deux périodes, l'une avant l'arrivée de Dewey, et l'autre après son arrivée, tellement l'esprit général de l'éducation a changé depuis cette arrivée[4].

C'est Dewey qui inspire, en 1922, la réorganisation du système national de l'éducation et l'Association nationale pour l'amélioration de l'éducation qui est au principe d'un mouvement de renouveau. De nouveaux programmes d'étude, des écoles expérimentales, des revues servant d'organe de « propagande pour l'éducation nouvelle ». A quoi il faut ajouter que l'éducation "pédo-centrique" inspirée par Dewey figure dans le programme politique du Kuomintang[5]. Des établissements universitaires de pédagogie se multiplient dans lesquels « c'est la pédagogie de Dewey qui domine l'enseignement »[6].

Point tout à fait remarquable: Ou Tsuin-Chen, signalant qu'en Chine aussi les références à Dewey se font avec quelque excès, rejette les critiques que d'ordinaire on adresse aux conceptions du « maître américain », et refuse d'assimiler la pensée de Dewey aux dérives auxquelles on prétend

1. Voir P. Berthier, « Un américain à Pékin : John Dewey », *Le Télémaque*, n°41, Caen, P.U.C., 2012, p. 59-73.

2. Ou Tsuin-Chen, *La Doctrine pédagogique de John Dewey*, *op. cit.*, p. 251.

3. Ou Tsuin-Chen évoque Jiang Menglin ex ministre de l'éducation et recteur de l'université nationale de Pekin, Hou-Sé, professeur dans la même université, P.W. Kwao ex-recteur de l'université de Nankin, *La Doctrine pédagogique de John Dewey*, *op. cit.*, p. 251-252.

4. *Ibid.*, p. 252.

5. *Ibid.*, p. 252-253.

6. *Ibid.*, p. 253.

qu'elle a donné matière. Ainsi en est-il de la pratique quelque peu débridée du *self-government* dont, précise-t-il, on se demande

> si cette façon d'accepter une doctrine s'accorde vraiment avec l'esprit du grand philosophe américain, qui n'insiste pas tant sur les *ipsissima verba magistri* que sur l'évocation de la pensée, sur le développement du sens critique et sur l'application de l'effort individuel à la solution des problèmes, lesquels ne sont pas les mêmes pour tous les temps ni pour tous les lieux [1].

Sans doute une interprétation plus fine de Dewey profiterait davantage à l'éducation chinoise. Reste que tout cela témoigne de l'emprise de la pensée de Dewey sur le monde éducatif en Chine

Ajoutons, consolation ! qu'en France, Dewey est fait Docteur *honoris causa* de la Sorbonne en Novembre 1930, et reçoit à cette occasion un hommage appuyé du Doyen Delacroix.

La diffusion militante

Elle est principalement portée par la revue *Pour l'Ère nouvelle*. Fondée en 1921, elle est l'organe de la Ligue internationale pour l'Éducation nouvelle et du Bureau international des écoles nouvelles. Le rédacteur en est Adolphe Ferrière « Docteur en sociologie ; Directeur du Bureau International des Écoles Nouvelles ; Professeur à l'Institut J.-J. Rousseau (École des sciences de l'éducation) de Genève » ainsi que le précise la revue. Le comité de rédaction prend en compte les trois composantes « nationales » : outre Ferrière qui représente la Suisse, Paul Fauconnet, Professeur de psychologie et de pédagogie à la Sorbonne, représente la France, et Ovide Decroly, Professeur à Bruxelles, représente la Belgique. Cette revue qui, dans ses commencements, place Dewey au cœur de la dynamique de l'Éducation nouvelle peut apparaître comme un bon baromètre de son influence et de l'évolution de la perception que l'on peut avoir de ce philosophe dans le monde francophone ainsi que des réticences plus proprement françaises. Les buts de la Ligue, qui figurent après les « Principes de ralliement » en tête de chaque numéro, témoignent de son esprit. Il s'agit « d'introduire à l'école l'idéal et les méthodes conformes à ses principes » (de ralliement). De réaliser une coopération entre éducateurs et entre éducateurs et parents, et de développer les relations et

1. *Ibid.*, p. 253-254.

les échanges entre tous les éducateurs qui se reconnaissent dans les principes de l'Éducation nouvelle.

Quant aux principes de ralliement, leur énoncé ne mentionne nulle part le nom de Dewey pas plus d'ailleurs qu'aucun nom. L'exigence est de développer l'« énergie spirituelle » : l'éducation « quel que soit par ailleurs le point de vue auquel se place l'éducateur, vise à conserver et accroître chez l'enfant l'énergie spirituelle » (Article 1 des Principes de ralliement)[1].

L'Éducation nouvelle se réclame d'un « pédocentrisme » attaché aux intérêts de l'enfant et au respect des déterminations propres à chaque âge. « Chaque âge a son caractère propre. Il faut donc que la discipline personnelle et la discipline collective soient organisées par les enfants eux-mêmes avec la collaboration des maîtres » (Article 4).

Elle impose un respect de l'individualité (Article 2), en refusant toute compétition et en prônant les vertus de la coopération et d'une coéducation qui, faite en commun, refuse l'uniformité et respecte l'individualité de chaque enfant (Article 5).

Certes Dewey n'est pas loin, mais il n'est pas le seul. Importance de l'activité sans division artificielle entre les domaines intellectuel, manuel, ou esthétique; centration sur les intérêts de l'enfant; articulation entre individualité et collectivité. Mais ce qui manque tient précisément à la philosophie : le point de vue semble être celui de principes pratiques sans motivations théoriques à l'exception, il est vrai, des développements de la psychologie scientifique. Aucune théorie de la connaissance, pas de prise en compte de la question de la vérité en particulier qui constitue pourtant le point de ralliement des fondateurs du pragmatisme. Une inscription idéologique cependant, très étrangère à la philosophie de Dewey : l'insistance sur l'énergie spirituelle qui marque bien davantage la France de ce temps, et qui de fait a contribué à faire obstacle à la compréhension du pragmatisme.

Pour l'Ère nouvelle, pilotée par les grands noms qui forment comme un cercle des animateurs de l'Éducation nouvelle, est trimestrielle en ses débuts et fera paraître dix numéros par an à partir de 1933. Dans le même mouvement, les orientations pédagogiques se feront plus explicitement psychologiques. Piaget, Pieron et Wallon entrent dans le comité de rédaction en 1932 année de la mort de Fauconnet. Elles se feront aussi de plus en plus distantes avec Dewey et, – sans doute les sympathies et

1. Les principes de ralliement à la Ligue Internationale pour l'Éducation nouvelle, sont en tête de chaque numéro de *Pour l'Ère nouvelle*. L'énoncé de 7 principes de ralliement et de 4 buts de la Ligue en font le détail. Voir par exemple *Pour l'Ère nouvelle*, n°5, 1923.

proximités politiques avec le communisme n'y sont pas pour rien –, plus critiques vis-à-vis du philosophe américain.

En ses débuts déjà l'influence de Dewey sur l'esprit de *Pour l'Ère nouvelle*, outre qu'elle est également limitée à la pédagogie, semble minimisée. Dewey joue à égalité avec les animateurs de l'Éducation nouvelle, Decroly ou Ferrière et, parfois, a un rôle moindre que Pestalozzi ou Montessori. Ce qui compte semble être l'inscription scientifique de l'approche de l'enfant et de la psychologie de l'enfant. Au fond, la revue, comme organe d'une Ligue, est un relais; elle fait écho à ce qui se produit ou ce qui se passe en matière d'Éducation nouvelle. *L'Éducation* et *Pour l'Ère Nouvelle* sans doute parce qu'il s'agit de deux revues animées par les mêmes, se partagent les rôles et le travail. A *L'Éducation* et à un moindre égard *La Nouvelle Éducation*, la revue de Cousinet, la diffusion plus proprement scientifique. *Pour l'Ère nouvelle* est le lieu de diffusion, d'échange et en un certain sens d'expression militante.

La relation de *Pour l'Ère nouvelle* à Dewey semble supposée. La revue se contente de ci de là d'évocations ou de citations. Ainsi le numéro de 1926, n°26, à propos d'un article de P. Dumouchel paru dans une autre revue et intitulé « l'éducation sociale de l'enfant ». Il rappelle d'abord la thèse de l'environnement de Dewey : « Comme l'acte a sur l'enfant plus d'influence que la parole et la parole plus d'influence que l'écriture, il faut surtout bien agir autour de l'enfant ». Et termine :

> Concluons : Le milieu scolaire est éducatif par excellence. Mais il faut créer la solidarité de ce milieu et non le détruire comme notre éducation qui isole l'élève, qui l'empêche de solliciter ou d'aider son voisin, tend indirectement à le faire. Il faut gouverner avec l'élève et non contre lui. Voilà l'idée neuve de Dewey qui, pour peu qu'on la suive dans ses conséquences, conduit à une réforme radicale de nos procédés d'éducation [1].

La revue évoque aussi de temps à autre l'influence de Dewey. Notons à titre d'exemple cette anecdote du 5e congrès du Bureau International des Écoles Nouvelles (BIEN) rapportée dans le numéro 51 de 1929 « Un étudiant du teachers College à la Columbia University m'écrivait il y a peu de jours : « il est impressionnant de constater l'unanimité théorique en faveur de l'éducation fonctionnelle. John Dewey et Edward Thorndike, même s'ils diffèrent dans leurs vues à bien des égards, sont d'accord sur ce point » [2]. Ainsi encore, la revue fait état des congrès de l'association et

1. *Pour l'Ère nouvelle*, 1926, n°26, p. 142.
2. *Pour l'Ère nouvelle*, 1929, n°51, p. 212.

s'enorgueillit de la présence annoncée parmi les grands conférenciers du congrès de 1932 d'un John Dewey qui finalement ne pourra pas venir.

Progressivement la relation à Dewey va s'estomper: en 1935 dans le catalogue du Service de prêts de livres du groupe français d'Éducation nouvelle, un seul livre de Dewey figure dans la liste : celui qu'il a écrit avec sa fille Evelyn *Les Écoles de demain*[1]. Quelques exceptions signées Cazamian qui dans le numéro 88 de 1933 consacre une demi colonne à la parution du livre de Ou Tsuin-Chen, lequel a été publié en 1931. En 1938 le même Cazamian rédigeant un article sur les « Community Schools » aux États-Unis, signale que l'origine de cette conception se trouve dans *My Pedagogic Creed*. Dewey y affirmait alors que

> l'éducation étant un processus social, l'école est simplement cette forme de la vie collective dans laquelle se rencontrent toutes les influences les plus efficaces pour amener l'enfant à avoir sa part de l'héritage de la race et à employer ses propres forces à des fins sociales[2].

Mais l'hommage et la référence à Dewey restent liés aux mêmes personnes et s'éteindra progressivement avec elles. Ainsi faut-il la fidélité et la persévérance de Ferrière. Son éditorial au n° 148, de 1939, rend hommage à Dewey et souligne l'importance de la parution de *Experience and Education*: « le grand pionnier de l'Éducation nouvelle aux États-Unis, John Dewey, vient de publier un nouvel ouvrage. Le grand vieillard est infatigable ». Et d'ajouter, quelque peu nostalgique : « On retrouve ici l'auteur de *Comment nous pensons* dont le regretté Dr O. Decroly – un autre pionnier de l'Éducation nouvelle, nous avait donné une excellente traduction française »[3].

1. *Pour l'Ère nouvelle*, 1935, n° 107.
2. *Pour l'Ère nouvelle*, 1938, n° 139, p. 209.
3. *Pour l'Ère nouvelle*, 1939, n° 148, p. 163.

CHAPITRE II

DE LA RÉVÉRENCE À L'OUBLI

L'éditorial de Ferrière traite d'une question d'importance. Son titre « L'Éducation nouvelle traverse-t-elle une crise? »[1]. « A cette question, John Dewey répond: oui. Il faut bien l'admettre, puisqu'on constate une levée de boucliers contre elle » Mais, ajoute-t-il, « John Dewey n'en conclut pas: revenons en arrière. Non! Mais bien: allons plus avant ». D'une certaine manière cette crise est l'occasion de réfléchir sur l'Éducation nouvelle. Car il semble que ses difficultés tiennent à ce qu'elle ne soit pas allée jusqu'au bout de ses principes. « Née d'une réaction contre l'ancienne éducation traditionnelle autoritaire, elle a versé tout naturellement du côté d'un libertarisme excessif ». Le mouvement a ainsi négligé la mise en garde de ses pionniers qui « avaient insisté sur le rôle complémentaire, dans l'éducation de l'enfant, de la différenciation des tendances existantes et de leur concentration. Ils avaient nommé ce double jeu alternatif et constructif la "loi du progrès" ». Trente ans, plus tard, avertit Ferrière, il faut « la voix autorisée du Maître américain pour rappeler ces mêmes vérités »[2].

Et de déplorer la formation assurée dans les Écoles Normales: « Pourquoi tant de jeunes instituteurs, frais émoulus de ces écoles, n'ont-ils jamais entendu parler de John Dewey, du Dr Decroly, etc. ? »[3].

Texte important que celui-ci, où Ferrière s'appuie sur un article de René Duthil paru dans *L'École libératrice* n°34 du 3 juin 1939, pour rendre compte de la conception deweyienne de l'expérience « en lui donnant son sens biologique de croissance et d'habitude ». On se rappelle que Duthil est

1. *Pour l'Ère nouvelle*, 1939, n°148, p. 163-166.
2. *Ibid.*, p. 163.
3. *Ibid.*, p. 164.

le traducteur en 1931 des *Écoles de demain*. Mais tous deux témoignent des difficultés à saisir les enjeux et les déterminations de la pensée de Dewey. Le souci de Ferrière dans cet éditorial est la défense des principes de l'Éducation nouvelle, telle qu'elle avait été définie dans ses moments fondateurs : « faire coïncider une bonne fois "psychologie génétique" et "éducation nouvelle", aspects théorique et pratique d'une même discipline scientifique, technique et application d'un même art ! » [1]. Et c'est cela qu'il relève dans la lecture que Duthil propose de Dewey. L'innovation pédagogique tient à quelques principes : primat de l'intérêt de l'élève ; sollicitation d'un « milieu scolaire organisé » ; distinction entre « expérience utile » entendue comme ce qui « favorise le développement » et « expérience nuisible » qui tout au contraire « gêne les acquisitions nouvelles ».

> Dans un rôle si complexe la réflexion doit s'exercer sur la question de la nature, du rôle et des limites de l'autorité ; de la place des manuels et des livres ; de la part à accorder au passé en évitant le conformisme ; des modalités de la forme de résolution de problème ; de la conciliation entre liberté individuelle et liberté collective (du groupe) [2].

La pensée de Dewey se trouve simplifiée, réduite à un exposé des motifs d'une attitude pratique : « l'expérience d'un enfant, dit Dewey, c'est la résultante de ses dispositions naturelles et du milieu où il vit ; chaque expérience acquise modifie l'individu et l'arme ou le désarme devant l'avenir » [3].

De même Ferrière note, reprenant Duthil, le lien cher à Dewey entre démocratie et éducation, mais il tend à réduire la notion de démocratie à la désignation d'une forme d'organisation politique à laquelle l'éducation nouvelle préparerait. Deux propositions sont ici essentielles. D'une part la démocratie doit être affirmée et défendue. D'autre part la démocratie a besoin de citoyens exerçant un esprit critique. Deux raisons sont évoquées de la fidélité de Dewey à l'égard de la démocratie : elle s'attache au respect de la personne humaine ; la démocratie repose sur l'autonomie de sujets rationnels capables de juger de l'autorité. Elle ne peut être « composée de moutons de Panurge, de lecteurs de journaux avec œillères partisanes ». Elle a besoin d'une école qui puisse ainsi former cet « esprit critique éveillé ». En un certain sens, la déclaration n'est pas nouvelle et pourtant Ferrière n'hésite pas à déclarer : « Si l'école publique et la démocratie sont fonctions l'une de l'autre, c'est à l'éducation nouvelle, bien comprise, cette

1. *Pour l'Ère nouvelle*, 1939, n°148, p. 164.
2. *Ibid.*
3. *Ibid.*, p. 164-165.

fois, qu'il incombe d'ouvrir la voie»[1]. Si l'on ajoute qu'il tend à réduire l'éducation nouvelle à la psychologie et à attribuer cette réduction à Dewey lui-même, on peut comprendre combien cette déclaration de Ferrière relève en un certain sens de l'instrumentalisation de la pensée de Dewey.

LE RETOURNEMENT

En un certain sens, cet éditorial de Ferrière marque la fin de la reconnaissance de Dewey en même temps qu'il clôt une certaine orientation, la première, fondatrice de l'Éducation nouvelle. Remarquons toutefois que les acteurs et les animateurs français de ce mouvement s'inscrivent dans une certaine mouvance politique; l'Éducation nouvelle en ses moments de fondation est en France très critique à l'égard de ce qui peut être désigné comme la figure républicaine de l'éducation scolaire. L'école des Roches, présentée par le mouvement comme la première école nouvelle en France, que dirige Georges Bertier (1877-1962) a été fondée par Edmond Demolins en 1899, en important la méthode mise en place à Abbotsholme dans le Derbyshire par un médecin, Cecil Reddie. Le numéro 15 d'avril 1925 *Pour l'Ère nouvelle* qui rappelle les premières créations d'établissements de ce mouvement, tente de dégager les déterminations qui permettent de rattacher les écoles au mouvement de l'Éducation nouvelle. Le Bureau International des Écoles Nouvelles sous la plume d'Adolphe Ferrière, fixe un programme minimum qui est comme le gage d'un label pour les établissements: «L'école nouvelle est avant tout un internat familial situé à la campagne, où l'expérience personnelle de l'enfant est à la base aussi bien de l'éducation intellectuelle – en particulier par le recours aux travaux manuels – que de l'éducation morale par la pratique du système de l'autonomie relative des écoliers». Rien là de spécifiquement dû à Dewey. Quant au programme maximum, «trente caractéristiques telles qu'elles ont été adoptées par les écoles nouvelles à la campagne» en stipulent l'authenticité[2].

On peut remarquer que l'on trouve ici nombre des principes que l'on peut effectivement dégager de la pensée de Dewey: coéducation et communauté, établissement des programmes sur les intérêts de l'enfant, importance du travail de recherche et de l'activité personnelle de l'élève, rôle du développement de l'ensemble de la personne et importance du

1. *Ibid.*, p. 165-166.
2. *Pour l'Ère nouvelle*, avril 1925, n°15, p. 4.

travail manuel. Mais les conditions mêmes de ces établissements dits « écoles nouvelles », tout autant que leur environnement, n'ont pas grand-chose à voir avec le *Laboratoire de Chicago* de Dewey. En effet, non seulement il s'agit d'internats situés à la campagne, mais ils se donnent comme « laboratoire de pédagogie pratique » préparant le terrain pour une transformation des écoles d'État. Surtout, loin d'entendre ce que peut être pour Dewey l'expérience, et l'éducation comme expérience, ils visent à « préparer les enfants à la vie moderne avec ses exigences matérielles et morales ». Or, une telle proposition ne saurait être proprement fidèle à la pensée de Dewey. Car, pour lui, l'éducation, par elle-même expérience, ne saurait être conçue comme préparation à autre chose qu'elle-même. Et ce n'est qu'à cette condition, pour Dewey, que l'éducation peut effectivement former des individus adaptés à leur environnement social et naturel, des citoyens actifs. « Si on me demandait d'indiquer la réforme la plus nécessaire à l'esprit éducatif, je répondrais : "cessez de concevoir l'éducation comme une simple préparation à la vie future, et faites-en la signification complète de la vie présente" ». Et Dewey de préciser : « ajouter que c'est seulement dans ce cas qu'elle peut vraiment devenir une préparation à la vie future, n'est pas aussi paradoxal qu'il le paraît » [1].

Mais, surtout, le mouvement de l'Éducation nouvelle en ses moments de fondation est proche du christianisme libéral [2]. Durkheim d'ailleurs remarquait, même si cela concernait d'abord et surtout James : « En France le Pragmatisme apparaît surtout dans le mouvement néo-religieux, dit "moderniste" » déclarait-il [3]. Claparède appartient au courant libéral du calvinisme. Théoricien de l'éducation fonctionnelle, il trouve, en homme de son temps, dans l'anthropologie évolutionniste de Spencer, le pragmatisme de James et de Dewey, et le dynamisme de l'esprit bergsonien, de quoi penser le concept d'adaptation, concept central de son approche. Piaget résumera : « La psychologie du XXe siècle a été d'emblée et sur tous les fronts une affirmation et une analyse de l'activité [...]. Partout l'idée que la vie de l'esprit est une réalité dynamique, l'intelligence une activité

1. J. Dewey, « Self-Realization as the Moral Ideal », 1893, *Early Essays and the Study of Ethics*, vol. 4, p. 50.

2. Le lien entre le mouvement catholique libéral et la réception du pragmatisme jamesien en France est exploré dans le livre dirigé par David Shultenover, *The Reception of Pragmatism in France and the Rise of Roman CatholicModernism, 1890-1914*, Catholic University of America Press, 2009.

3. E. Durkheim, *Pragmatisme et sociologie*, *op. cit.*, p. 41.

réelle et constructive, la volonté et la personnalité des créations continues et irréductibles »[1].

Ferrière quant à lui n'hésita pas à donner dans les tendances « cosmologiques » du spiritualisme auquel le conduisait la notion pour lui centrale de « biogénèse » ; l'astrologie était pour lui objet d'expérience et la « typocosmie » l'objet d'ouvrages considérables. Défenseur de l'avenir et du progrès, il était un représentant de ce courant chrétien libéral et élitiste caractéristique du journal chrétien social *L'Essor* dont il fut le directeur de 1918 à 1923. Son ouvrage *l'Autonomie des écoliers*, très inspiré de Gustave Le Bon témoigne selon Daniel Hameline de sa propre enfance. C'est que Ferrière est lié très tôt avec les écoles nouvelles[2]. Ses cousins sont scolarisés dans des écoles phares du mouvement des écoles nouvelles –, pour l'un le *Landerzieehungshein* d'Ilsenburg que dirige en Allemagne Hermann Lietz. Pour l'autre La *New School* de Bedales dont le directeur, J.H. Badley est un ancien collaborateur de Cecil Reddie à Abbotsholme en Grande Bretagne. Tandis que son oncle rédige une étude sur les écoles nouvelles allemandes en 1901, Ferrière visite en 1899 avec son père (Le Dr Frédéric Ferrière, une grande figure de la Croix Rouge Internationale) l'École des Roches à Verneuil-sur-Avre. « Il a lu le best-seller du sociologue français *A quoi tient la supériorité des anglo-saxons* (1897) ainsi que *L'Éducation nouvelle*, son manifeste aux pères de famille (1898) »[3]. Prenant en compte la surdité croissante dont Ferrière était atteint, c'est Demolins qui lui suggère de constituer un bureau international des écoles nouvelles pour comparer et évaluer les avancées pédagogiques.

Pour sa part Georges Bertier (1877-1962) qui accompagne de très longues années le mouvement de l'Éducation nouvelle, directeur de l'école des Roches, va, dans les années vingt, être conduit à la présidence des Eclaireurs de France. La revue *l'Éducation* tient une rubrique scoute, tenue par Michel Le Bourdellès. Comme le montre Nicolas Palluau[4], Bertier et les hommes de l'école des Roches « inscrivent à la fois les Éclaireurs dans la filiation du rôle social de l'officier de Lyautey »[5] et sous l'influence des idées de la science sociale de Frédéric Le Play (1806-1882), laquelle est

1. J. Piaget, *Psychologie et pédagogie*, Paris, Gonthier, 1969, p. 213.

2. D. Hameline, « Adolphe Ferrière (1879-1960) », *Perspectives : revue trimestrielle d'éducation comparée*. Paris, UNESCO, Bureau international d'éducation, vol. XXIII, n° 1-2, mars-juin 1993, p. 379-406, p. 383.

3. *Ibid.*

4. N. Palluau, « Les conditions d'émergence d'une élite : diffuser la réforme sociale par les Eclaireurs de France dans la décennie 1920 », *Le Télémaque*, n°39, Caen, P.U.C., 2011, p. 69.

5. *Ibid.*, p. 67.

importante dans les milieux du catholicisme. Dans les deux cas, il s'agit de lutter contre une tendance qui, démagogue, tend à préférer la masse à l'élite, laquelle aurait été négligée depuis la Révolution française. Le scoutisme, comme l'Éducation nouvelle aiderait, du moins aux yeux de Bertier, à lutter à la fois contre les tentations extrémistes du culte de la tyrannie, et contre les excès de la démocratie et de son suffrage universel. L'éducation doit permettre un « gouvernement de la vertu »[1].

> La formation des chefs est plus importante encore dans des démocraties comme la nôtre, qui ne doivent reposer ni sur la puissance de conception d'un seul (...) ni sur la tyrannie anonyme d'une foule, mais où l'autorité doit être confiée à l'élite, aux meilleurs citoyens[2].

Dès les années trente, ce mouvement affirmera d'autres liens et affichera d'autres orientations. Avec la fin des années vingt, c'est le désenchantement des militants idéalistes ou psychologistes. La pédagogie expérimentale s'érige en discipline scientifique face à la pédagogie « expériencée » que pensait Ferrière. L'« école active » comme utopie devient bien vite « méthodes actives », réduite ainsi à un simple recueil de procédures. Les tendances socialistes et communistes se font sentir au sein du Groupe français d'Éducation nouvelle (GFEN) fondé par Ferrière, et contribueront au Congrès de la Ligue internationale, à Nice en 1932, à la transformation idéologique de l'Éducation nouvelle. On assistera alors à la substitution aux motifs « spiritualistes » inspirés en 1921 par Ferrière, de principes plus préoccupés d'égalité sociale et de démocratisation[3].

1. Voir *ibid.*, p. 69-71.

2. « Discours du président Georges Bertier », *Le Chef* n° 35-36, janvier-février 1925, p. 10, cité par N. Palluau, « Les conditions d'émergence d'une élite : diffuser la réforme sociale par les Eclaireurs de France dans la décennie 1920 », art. cit., p. 70.

3. D. Hameline, « Adolphe Ferrière (1879-1960) », *op. cit.*, p. 389. A propos de « la pédagogie "expériencée" des "intuitifs purs" », Hameline précise en note : « Raymond Buyse, fondateur du Laboratoire de pédagogie expérimentale de Louvain, écrit dans *L'Expérimentation en pédagogie* (p. 49) : "Nous avons proposé de désigner par l'épithète "expériencée" cette tendance, si à la mode dans les milieux avancés, à vivre intensément, généreusement l'œuvre d'éducation considérée comme la grande "aventure sociale" (...). Dans sa partie théorique, ce mouvement se prétend, sans modestie, scientifique ; mais il faut entendre par là qu'il s'inspire surtout des conclusions osées ou des hypothèses hasardeuses des sciences connexes de la pédagogie : la biologie (loi de récapitulation abrégée), la psychologie infantile (lois de l'intérêt), la sociologie (interprétation de l'âme enfantine en comparaison de la mentalité primitive). (...) Il ne s'agit en fin de compte que d'analogies plutôt vagues ou d'à-peu-près inconsistants. Ce que, le plus souvent, nous y percevons, c'est une redoutable confusion entre la science expérimentale et une sorte de philosophie, dite scientifique, qui n'est en rien de la science". Ferrière est manifestement la cible de cette sévère mise en garde » (note 15, p. 399).

A partir de 1932, la revue *Pour l'Ère nouvelle* est éditée par le Groupe Français d'Éducation Nouvelle et animée par les grands noms de la psychologie. Piéron, Piaget et Wallon constituent avec Decroly, le comité de rédaction. Alors même que son nom figurera dans le comité de rédaction précédé d'une croix jusqu'en 1938, Decroly sera remplacé, en 1933, à sa mort, par Mademoiselle Hamaide, directrice de l'école de l'Hermitage à Bruxelles. Ferrière reste le fondateur et continue d'assurer des responsabilités dans le cadre de la Ligue internationale pour l'Éducation nouvelle. Mais dans le même temps, dans le numéro 82 de novembre 1932, les principes de ralliement disparaissent de l'ouverture de la revue, et un texte nouveau, plus explicitement politique les remplace. Depuis 1938, à l'organigramme de la revue, s'adjoint celui du Groupe Français d'Éducation Nouvelle. Paul Langevin en est alors le Président d'honneur, Henri Piéron le président, et les trois vice-présidents sont Henri Wallon, Georges Bertier que l'on retrouve, et Paul Faucher (ex-président du Bureau Français d'Éducation). Le numéro 147 de juin 1939 avait explicitement donné le ton du changement : la rédaction signe un texte intitulé « modification à *Pour l'Ère nouvelle* ». Signalant la pénétration en France des principes de l'Éducation nouvelle, il annonce « opportun, non certes de changer l'orientation de la revue », « mais de modifier quelque peu l'importance relative accordée aux divers problèmes qu'on y étudie » :

> Elle doit rester une revue "d'avant-garde" pédagogique, jamais satisfaite des progrès réalisés, toujours animée du désir du mieux ; une revue internationale, accueillante à la fois aux expériences des éducateurs intuitifs et à celles qu'inspirent les progrès scientifiques ; une revue qui envisage, sans en exclure aucun, tous les aspects, toutes les étapes de l'œuvre éducative, dont il faut fermement assurer l'unité et la continuité.

Toutefois, sans renoncer à ce programme « qui est sa raison d'être », la revue doit « maintenant faire porter le principal de son effort, non plus sur les "principes" mais sur les réalisations ».

On ne peut être que surpris d'une telle déclaration. Certes, l'objectif est clair : il s'agit de prévenir les « déviations et les mécanisations qui menacent toujours les pratiques lorsque leur emploi se généralise ». Mais *Pour l'Ère nouvelle* s'est toujours attachée à la diffusion et à l'échange des expériences beaucoup plus qu'à l'exposé des conceptions et des théories qui pouvaient les motiver et en rendre compte. C'est sans doute qu'il s'agit de confirmer un changement profond, qui affecte l'orientation de la revue et du mouvement. Avec ce changement, la référence à Dewey disparaîtra, l'éditorial de Ferrière dans le numéro suivant fermera le ban pour longtemps, et l'orientation idéologique quoi qu'on en dise, est fortement changée. Daniel Hameline note :

> Les Archives de l'Institut Jean-Jacques Rousseau détiennent un document émouvant : une note manuscrite de Ferrière à Béatrice Ensor, présidente de la Ligue, lors de la réunion où, au Congrès de Nice en 1932, l'on révise les principes de ralliement : "sauvons au moins l'article 1er". C'est précisément l'article "spiritualiste" rédigé par Ferrière à Calais en 1921, et qui assigne à l'éducation le rôle d'accroître en chacun la suprématie de l'esprit[1].

TEMPS DE L'OUBLI OU DU REFUS

Il faut attendre les années soixante pour que, en France, la pensée de Dewey soit de nouveau évoquée. L'après guerre voit pourtant paraître les traductions d'autres de ses ouvrages : *Expérience et Éducation* publié en 1938 paraît en français chez Bourrelier dans une traduction de Marie-Anne Carroi. Pierre Messiaen livre chez Aubier Montaigne, en 1955, une traduction de *Liberté et Culture* (1913). 1955 est aussi l'année de la publication par Armand Cuvillier du cours de Durkheim *Pragmatisme et sociologie*. Sans parler, à partir de 1965, des traductions et des publications de Gérard Deledalle.

Mais pour la grande majorité du public francophone, le registre ne change pas. Lié à la réforme ou à l'innovation pédagogique, Dewey apparaît comme l'un des pères fondateurs de la pédagogie scientifique ou de la pédagogie nouvelle. Joseph Leif et Armand Biancheri avec *Les doctrines pédagogiques par les textes*, 1966; Piaget et *Psychologie et pédagogie*, 1969; Georges Snyders dans *Pédagogie progressiste*, 1971; même *La Pédagogie du 20e siècle* dirigée par Guy Avanzini en 1975 ou Louis Not *Les pédagogies de la connaissance*, 1979; tous ces ouvrages débattent, parfois de manière très polémique si l'on songe à Snyders, des thèses de Dewey en matière de conceptions de l'apprentissage et de définition du rôle du maître. Éducation nouvelle *vs.* éducation traditionnelle; pédagogie scientifique; apprentissage fonctionnel; pédagogies actives : autant de conceptions ou de mots d'ordre qui se réclament de Dewey comme d'un vieux maître ou d'un père fondateur. Reste à comprendre pourquoi la philosophie de Dewey a été en France ainsi cantonnée à la seule sphère pédagogique et psychologique, alors même précisément que Gérard Deledalle s'attachait depuis 1965 à rendre la philosophie de Dewey

1. D. Hameline, « Adolphe Ferrière (1879-1960) », art. cit., note 17, p. 400.

accessible au public francophone et disponible au public intéressé par l'éducation.

On peut tenir qu'une certaine inscription politique du renouveau de l'Éducation nouvelle et du mouvement des « pédagogies actives », et l'importance prise en France par la pensée marxiste et le parti communiste français après la seconde Guerre Mondiale, viennent en grande part rendre compte des réticences à l'égard du pragmatisme et de Dewey. Car, défenseur des mouvements démocrates aux États-Unis, Dewey a le tort aux yeux des communistes français, outre, de fait, d'être américain, de « prendre parti » pour Trotski.

Mais il y a plus : en un certain sens le rejet de Dewey dans les pays où l'influence du parti communiste est dominante est à la mesure de l'impact que ses théories ont eu dans les deux grands pays communistes à un moment de leur histoire. On a vu le rôle considérable des thèses de Dewey dans la Chine du Kuomintang, la Chine d'avant la révolution de Mao et l'instauration de la République populaire. Mais Dewey a eu aussi une importance considérable en Russie, dans les premiers moments de la Révolution bolchévique. Or la liquidation de l'héritage deweyien dans l'URSS stalinienne ne pouvait manquer d'avoir une incidence sur les intellectuels français pour certains convaincus de la validité de la théorie des deux sciences (science bourgeoise *vs.* science prolétarienne)[1] qui régnait depuis l'affaire Lyssenko. Tout cela nous invite à revenir sur l'épisode russe et sur l'aura de Dewey auprès des révolutionnaires.

1. On peut se rappeler que l'affaire Lyssenko commence en France avec un article paru le 26 août 1948 dans le journal communiste *Les Lettres Françaises*. La thèse des deux sciences est consacrée en France dans un article paru dans *La Nouvelle Critique* n°8, juillet-Aout 1949 ; le titre : « Science bourgeoise, science prolétarienne ». Il est signé Daciel, Jean-Toussaint Desanti, Gérard Vassails et proclame : « La science est le produit de la lutte des classes ». Aragon écrira dans la revue *Europe* n°33-34 (spécial Lyssenko) en octobre 1948 dans un article intitulé « De la libre discussion des idées » : « pour la première fois, le travail d'un peuple entier est associé à la recherche scientifique et dans ce travail, naissent en quantité les savants d'un type nouveau, conformes à la conception marxiste : des savants qui mènent de pair l'explication du monde et sa transformation, en réalisant l'unité de la théorie et de la pratique ». Henri Wallon fait partie avec quelques autres communistes tels Picasso, Paul Eluard, Frédéric Joliot-Curie, Fernand Leger, de la délégation française au Congrès mondial de la paix, la plus importante délégation occidentale. « Comment peut-on parler de science sans citer une seule fois le nom du plus grand savant de notre temps, du premier savant d'un type nouveau, le nom de Joseph Staline » proclamait Victor Joannès, responsable communiste, en 1948 (cité dans D. Desanti, *Les Staliniens*, Paris, Fayard/Marabout, 1975, p. 362.

DEWEY ET L'EXPÉRIENCE RUSSE

Voilà une singulière histoire en effet que celle du lien entre Dewey et les révolutionnaires russes aux premiers moments de la Révolution. Avant même la Révolution, certains ouvrages de Dewey avaient été traduits en russe, *The School and the society* en 1907 et *How we think* (sous le titre *Psychologie et pensée pédagogique*) en 1915. « Et Dewey constituait déjà une référence pour quelques théoriciens russes de l'éducation. Certains éducateurs, comme Chatski ou Zelenko, avaient en partie appliqué ses méthodes et avaient fait de la prison pour avoir voulu mettre en place des écoles ou "colonies" un peu trop sulfureuses au goût du régime tsariste. Néanmoins le pragmatiste n'était pas plus connu que Montessori ou Kerschensteiner, alors qu'après 1917, il les supplante nettement ». Or, on peut s'étonner que la Russie du communisme de guerre puisse s'inspirer d'une conception américaine « qui prône une grande liberté dans le processus éducatif, et l'envisage comme expérience démocratique continue; c'est pourtant ce qui s'est passé *grosso modo* jusqu'à la fin des années 1920 »[1]. Ajoutons que Tolstoï qui fut aussi un grand nom de l'Éducation nouvelle en Russie admirait beaucoup Dewey.

Dès 1918 l'esprit de réforme de l'éducation en Russie, trouve d'illustres instigateurs à commencer par l'épouse de Lénine, Nadejda Konstantinovna Kroupskaia (1869-1939), qui rédige en 1923 la Préface à l'édition russe de l'ouvrage d'Evelyn Dewey *The Dalton Laboratory Plan* (New York, Dutton, 1922) et avoue (étrange aveu rétrospectivement!) « nous les Russes, nous ne sommes pas bons pour travailler en nous conformant à un plan et il va nous falloir l'apprendre pour construire une vie nouvelle »[2]. Trois grands principes selon Guillaume Garreta constituent le motif de l'École unique du travail, dite *l'École du travail*. 1) Supprimer les divisions entre les différentes écoles et les diverses divisions du savoir. Il s'agissait ainsi de créer une structure unifiée s'appuyant sur l'école polytechnique et refusant toute opposition entre les domaines scientifique et technique. 2) S'appuyer sur les intérêts des élèves et permettre de développer la coopération entre élèves et l'articulation entre individuel et collectif. 3) Développer le sens de l'expérimentation en ouvrant les élèves aux conquêtes récentes.

1. G. Garreta « L'école en révolution. L'application des méthodes deweyiennes en Russie soviétique », dans F. Jacquet-Francillon et D. Kambouchner (dir.), *La Crise de la culture scolaire*, Paris, P.U.F., 2005, p. 142. Les données indiquées ici sont reprises du travail de Guillaume Garreta.

2. *Ibid.*, p. 145.

Dewey est au cœur de ces principes comme il est l'inspirateur des théories qui animent la réforme de l'éducation. *Democracy and Education* est traduit en russe en 1921 et Chatski en rédige la préface. Comme l'affirme Blonsky, principal théoricien de l'école du travail avec Anatoli Lunartcharski, Commissaire du peuple à l'instruction[1], trois sources animent la réforme de l'éducation : Dewey, de qui « nous avons appris à construire une école qui réponde aux exigences modernes de notre siècle (...) ainsi qu'aux besoins et aux intérêts de l'enfant »[2], Marx, et la réalité russe.

Dans ces temps de guerre et de lutte il s'agit en Russie d'éduquer en particulier les « *bezprizorniki* » (les « sans surveillance »), cette masse considérable d'enfants orphelins, errants, livrés à eux mêmes, issus de la guerre civile, de la famine et de 1928 à 1932, de la « dékoulakisation », délinquants « malgré eux »[3]. Ainsi en 1921, 940 000 enfants sont placés dans des établissements sur les 4 à 6 millions d'enfants nécessitant une intervention et une aide de l'État. Et dans les *Izvetstija* du 26 février 1928, alors même qu'aucune statistique officielle n'est publiée, « Lounatcharski, Commissaire de l'Éducation, estimait que le nombre des enfants abandonnés s'élevait à neuf millions »[4]. Nadejda Kroupskaia lutte contre l'idée simpliste que la responsabilité devrait être imputée à la « guerre impérialiste », et que cette situation viendrait de l'étranger, qu'elle serait due à quelque fléau capitaliste. « L'enfant abandonné est pour trois quart le produit, non pas des misères passées, mais des conditions actuelles : du chômage et surtout de la misère dans les campagnes »[5]. La perspective change : l'État fait de l'éducation de ces enfants une mission publique : au lieu d'un emprisonnement systématique, voire d'une liquidation physique, ils sont placés dans des établissements spéciaux – certes très souvent peu soucieux de droits et de la dignité de l'enfant. La création de « colonies » est alors un extraordinaire terrain d'expérience éducative et pédagogique, laissée à l'initiative de pédagogues formés ou improvisés qui doivent faire avec des moyens financiers et des conditions matérielles particulièrement difficiles. L'esprit de réforme doit prendre en compte cette réalité. Dewey livre une expérience, qui entend permettre l'adaptation et l'intégration à la

1. Kroupskaia est son adjointe.

2. Cité dans G. Garreta, « L'école en révolution. L'application des méthodes deweyiennes en Russie soviétique », *op. cit.*, p. 144-145.

3. Voir K. Weisblatt, « La prise en charge des *bezprizorniki* en URSS », dans *Matériaux pour l'histoire de notre temps*, 1991, n°25, p. 4.

4. *Ibid.*

5. *Pravda* du 2 décembre 1925, *ibid.*

réalité du Chicago du tournant du siècle, d'enfants venus d'ailleurs, nombreux, avec leurs parents, pour constituer la main d'œuvre de l'Amérique en processus rapide d'industrialisation. Il peut ainsi apparaître comme inspirateur. Pas de programmes nationaux mais de simples indications générales dans un esprit de décentralisation : les régions et les écoles sont invitées à définir les contenus en fonction d'une adaptation à l'environnement à la fois naturel et social.

Le nom de Dewey est attaché aux méthodes d'éducation qui seront au moins préconisées pendant cette courte période. Guillaume Garreta en relève plus particulièrement trois types :

1) Le plan Dalton dont la mise en œuvre, par Helen Parkhurst, à Dalton Massachussetts est certes à l'origine inspiré par Dewey. Mais elle trouve aussi des caractérisations empruntées à Maria Montessori. Le *Laboratory Plan* fondé en 1916 entend développer chez chaque élève ses potentialités en impliquant son autonomie et ses responsabilités en fonction de contrat ou de plan d'apprentissage ou d'activités, passés avec l'enseignant. Méthode de laboratoire qui permet le progrès global et l'expression de l'initiative et de la personnalité de chacun, le plan Dalton entend tenir ensemble l'intérêt du développement individuel et les exigences et besoins de l'ensemble de la communauté.

2) La méthode des projets que William Kilpatrick, disciple de Dewey, avait formalisé aux États-Unis. Guillaume Garreta note toutefois que les projets russes seront davantage insérés dans la réalité sociale et ses enjeux, inscrits dans la lutte pour le progrès.

3) La méthode des complexes « méthode soviétique phare ». Elle consiste à partir d'un thème, à explorer les relations entre « monde naturel, activités humaines et rapports sociaux » [1], favorisant ainsi l'inventivité et l'esprit critique de l'élève.

« Ce sont bien des millions d'élèves de la Russie révolutionnaire qui sont ainsi soumis, à des degrés divers aux méthodes d'enseignement prônées par des théoriciens réformateurs socio-démocrates américains » [2]. Certes, la réforme de l'éducation ne prend pas partout la même allure, ni le même rythme : plus encadrée à Saint-Pétersbourg et plus libertaire à Moscou; plus importante en ville que dans les campagnes. Mais, en particulier pendant la période 1922-1928, la Russie est devenue un laboratoire éducatif permanent où le meilleur côtoie le pire. Dewey en voyage en

1. G. Garreta, « L'école en révolution. L'application des méthodes deweyiennes en Russie soviétique », *op. cit.*, p. 146.

2. *Ibid.*, p. 147.

Russie pendant l'été 1928, visite écoles et colonies pédagogiques, notamment celles de Chatski et de Pistrak. Il publie en 1928 dans *The New Republic* cinq articles qui expriment sa stupéfaction et sa frayeur de voir ses théories appliquées à une telle échelle. Pour la première fois, à la différence de la situation aux États-Unis où seules quelques écoles sont concernées et où, de plus, ces écoles relèvent de l'initiative privée, on assiste en Russie à la mise en œuvre de principes éducatifs proches des siens, au niveau d'un pays entier.

> Si un visiteur américain peut ressentir une certaine fierté patriotique en observant combien il est patent que l'impulsion initiale (pour l'éducation "autogérée" soviétique) vint de quelques écoles progressistes de notre pays, il est immédiatement humilié (...) lorsqu'il se rend compte combien ces conceptions sont davantage organiquement incorporées dans le système russe que dans le nôtre (...).

Et Dewey de poursuivre et d'avouer combien il est déconcertant de constater ce succès d'une démocratisation plus grande en Russie que « dans notre pays soi-disant démocratique ». Les enfants russes sont « beaucoup plus démocratiquement organisés que les nôtres ». La formation qu'ils reçoivent les rend aptes « à ultérieurement participer activement à l'autogestion des communautés locales et de l'industrie ». Et Dewey de dénoncer :

> Je ne vois pas comment un réformateur éducatif occidental honnête pourrait nier que le plus grand obstacle pratique à l'introduction souhaitable dans les écoles d'une connexion avec la vie sociale (par la "méthode des projets", etc.) est la grande part que joue dans notre vie économique la concurrence interindividuelle et la recherche d'un profit privé. (...) La situation éducative russe est suffisante pour convertir quelqu'un à l'idée que c'est seulement dans une société fondée sur un principe coopératif que les idéaux des réformateurs éducatifs peuvent être adéquatement mis en application[1].

Reste qu'en Russie soviétique l'administration centrale a du mal à suivre ce bourgeonnement expérimental. Elle n'envoie pas de directives; elle attend des remontées de la base pour élaborer des recommandations. Alors que les enseignants, dans un État où tout a été aboli, où l'on a fait table rase du passé, attendent des instructions, on leur demande de lire Dewey et d'inventer, d'élaborer seuls leurs progressions et leurs contenus.

1. J. Dewey, *Impressions of soviet Russia. V. New schools for a new era* [1928], *LW*, 3, p. 241, 240, 233-234. Traduit et cité par G. Garreta, *Le pragmatisme et les sciences sociales aux États-Unis (1880-1920)*, Mémoire de DEA, 1996, Université Paris 1, p. 104.

Rien d'étonnant alors à ce que dans ce tâtonnement généralisé on constate aussi beaucoup de résistance.

Sans doute cet excès, les résistances et les dérèglements peuvent expliquer que, à partir des années trente, l'influence de Dewey soit soigneusement gommée. Emporté dans la condamnation des étrangers dans une politique de russification de la Russie, Dewey est jugé individualiste. Une résolution du Comité central du 1er septembre 1931 déclare l'échec de toute méthode de projets. Staline, irrité par le désordre expérimental, décrète la fin de l'expérimentalisme que Dewey pense en 1930 être caractéristique de sa philosophie. Après une intensification dès 1928 de la lutte des classes et les premiers procès de sympathisants étrangers de la révolution bolchévique, en 1930 on abandonne la *pedologia* (théorie générale de l'éducation qui prenait en compte les dimensions politique, physiologique, familiale) symbole de l'éducation globale nouvelle. Elle devient alors pseudo science; science bourgeoise. Lunatcharsky est renvoyé et expédié comme ambassadeur en Espagne. De 1931 à 1934 c'en est fini de tout l'esprit précédent. On rétablit les notes, les examens, les uniformes, les punitions, les manuels scolaires nationaux en 1933, la séparation de l'éducation générale et de l'enseignement technique en 1934; on décrète l'abandon des groupes coopératifs et le rétablissement des classes.

Et pour ce qui reste de l'esprit de révolution éducative, les choses se sont renversées. Ce n'est plus Dewey, l'Américain, qui vient inspirer les révolutionnaires. C'est au contraire le révolutionnaire Makarenko qui vient, dans la mouvance marxiste, guider l'esprit de l'éducation nouvelle[1]. Étrange renversement si l'on songe que Makarenko a suivi avec une grande attention les travaux des N.K. Kroupskaia, A.V. Lounatcharski, P.P. Blonksi, et S.T. Chatski. Anton Sémionovitch Makarenko (1888-1939) avait fondé entre 1920 et 1935 des colonies en Ukraine pour *bezprizorniki* et mené un travail pédagogique remarqué dans la colonie Gorki (1920-1928) et dans la commune Dzerjinski (1927-1935). La conception de Makarenko adhère à la toute puissance du parti et de

1. Voir A. Savoye, « Le mythe de l'éducation moderne au XXIe siècle : la part de Makarenko », *Le Télémaque*, n°40, Caen, P.U.C., 2011, p. 63-74. Voir en particulier p. 69-72 : « Soulignons que l'essor du mythe M. (Makarenko) ne doit rien au hasard ou aux seules vertus d'Anton Sémionovitch. Il correspond à un tournant de la politique éducative soviétique marqué notamment par le décret du 4 juillet 1936, lequel met fin à l'orientation pédologique qui prévalait jusque-là et contre laquelle Makarenko luttait depuis longtemps. Contre le commissariat à l'Instruction de l'Ukraine qui plaidait pour une action éducative reposant sur l'étude scientifique de l'enfant et la reconnaissance de ses intérêts individuels, Makarenko défendait une pédagogie où l'intérêt de la collectivité prime sur celle des individus, ceux-ci devant être au besoin sacrifiés à celle-là », p. 71.

l'importance de la « collectivisation ». Tout en proclamant l'importance à favoriser dans chaque enfant l'épanouissement d'une personnalité créative et préparée à la vie sous tous ses aspects, il affirme non seulement que l'éducation est un processus social mais que la vie de la société dans toutes ses manifestations doit être la base de la formation de l'individu. Par ailleurs, l'activité manuelle relève pour lui de formes de travail certes adaptées à l'âge de l'enfant, mais doit être socialement utile et participer, comme activité gratuite, à un travail productif organisé sur les bases techniques les plus modernes.

CHAPITRE III

UNE OCCULTATION POLITIQUE

UN ENGAGEMENT BIEN CONTRASTÉ

On comprend alors dans un tel contexte que, tandis qu'aux États-Unis son voyage en Russie le rend suspect de communisme, Dewey soit critiqué aussi par les communistes américains. Car, pour ajouter aux désaccords et aux motifs de condamnation, comme Russell, Dewey est actif dans nombre de "contre-procès". Partie prenante dans la défense de Sacco et Vanzetti, alors même qu'il est très éloigné de Trotski, son attachement à la liberté et aux principes de la démocratie l'amènent à soixante-dix-huit ans à prendre, en 1937, la tête de la commission d'enquête chargée de réévaluer les conclusions inculpant Trotski à l'issue du procès de Moscou. « A l'ouverture de la première session, le samedi 10 avril, John Dewey fait une brève et remarquable intervention. Après avoir rappelé que la commission, comme des millions de travailleurs, croit que personne ne peut être condamné sans qu'il lui soit permis de se défendre, il rend hommage au gouvernement mexicain dont « la large interprétation de la signification de la démocratie politique » a rendu possible cette enquête. Il conclut par une brève et impressionnante justification : « J'ai consacré ma vie au travail de l'éducation que j'ai conçue comme le moyen de diffuser les lumières dans l'intérêt de la société. Si j'ai finalement accepté le poste responsable que j'occupe aujourd'hui, c'est parce que j'ai compris qu'en agissant autrement je n'aurais pas été fidèle à l'œuvre de ma vie… » [1]. Dans le même

1. J. Dewey, *The Leon Trotsky Inquiry*, *LW*, vol. 11, Southern Illinois University Press, 1987, p. 309. Cité dans R. Pudal, « Pour une analyse comparée de l'engagement politique des intellectuels en France et aux États-Unis lors des procès de Moscou de 1936-1938 », *Sociétés contemporaines*, n° 64, 2006, p. 95-113.

temps la Ligue des droits de l'homme en France, dirigée par Victor Basch, hésite, en raison sans aucun doute du danger du fascisme et du nazisme, à revenir sur la possibilité d'une culpabilité de Trotski. Elle ménage l'Union soviétique, à l'exception d'Alfred Griot, trostskiste, proche de la majorité de la fédération unitaire de l'Enseignement (École émancipée) qui avait été membre de la commission Dewey.

Ainsi, alors même que le fait d'être connu pour être ou avoir été un ami de la Russie constitue un argument important pour asseoir la légitimité de Dewey comme Président de la commission mexicaine du contre procès, Dewey avait progressivement pris ses distances avec les "réalisations" de l'Union soviétique depuis ses déclarations enthousiastes de 1928. Dans une interview du *Washington Post* du 19 décembre 1937 il déclare :

> Les révélations [sur la situation en Union Soviétique] ont représenté pour moi une amère désillusion. (...) Mais j'ai réellement cru qu'une expérience sociale d'un grand intérêt se déroulait dans ce pays dont nous pouvions beaucoup apprendre, aussi bien en Amérique que dans les autres nations dites capitalistes. Je voyais en l'Union Soviétique un laboratoire social où pouvaient être expérimentées des choses. (...) Cela m'a même valu d'être dénoncé comme un "Rouge" et un "Bolchéviste" [1].

Mais c'est aussi de l'autre côté qu'il est attaqué. Bref, en 1937 Dewey est désormais plus une cible qu'une référence; il est accusé de n'être qu'une « marionnette de Wall Street ». « En 1957 le numéro spécial de la revue *Pédagogie soviétique*, dans son numéro commémorant quarante ans d'éducation soviétique, ne mentionne même pas son nom » [2]. La gauche marxiste ne lui pardonne pas en effet ses sympathies avec les « New York Intellectuals » qui comptent en particulier l'un de ses disciples, Sidney Hook, lequel avait été communiste [3]. Ce groupe cherche à constituer une sorte de « troisième voie », à la fois contre le socialisme étatique soviétique et contre le capitalisme américain. Ainsi Dewey va-t-il être conduit, progressivement, mais assez rapidement, à remettre en question ses

1. J. Dewey, *The LeonTrotskyInquiry*, *op. cit.*, p. 335, cité dans R. Pudal, « Pour une analyse comparée de l'engagement politique des intellectuels en France et aux États-Unis lors des procès de Moscou de 1936-1938 », *op. cit.*, p. 95-113.

2. G. Garreta, « L'école en révolution. L'application des méthodes deweyiennes en Russie soviétique », *op. cit.*, p. 156.

3. Sidney Hook dès 1939, publie avec dix autres intellectuels un manifeste pour une nouvelle organisation appelée *Committee for Cultural Freedom* (Congrès pour la liberté de la culture). Ce manifeste signé par 142 intellectuels, dont Dewey, insiste sur la lutte contre toutes les formes de totalitarisme dans lequel il range tout autant le communisme que le fascisme, le nazisme et le régime japonais.

impressions initiales au sujet de l'URSS et à développer un anti-communisme certain, surtout après-guerre. Néanmoins, avant cela, Dewey a pris position très clairement lors d'un symposium de *Modern Quaterly* en 1934 intitulé « Pourquoi je ne suis pas communiste »[1] :

> Il n'est pas inutile d'ajouter qu'une des raisons pour lesquelles je ne suis pas communiste tient à la tonalité émotionnelle et aux méthodes de débat qui semblent caractéristiques du communisme en ce moment et qui me répugnent particulièrement. Le "*fairplay*" et une honnêteté élémentaire dans la présentation des faits et surtout dans l'exposition de l'opinion des autres, sont quelque chose de plus que des "vertus bourgeoises". Ce sont des choses qui ont été gagnées après un long combat[2].

Aux États-Unis, dans les années d'après guerre, le pragmatisme vite assimilé au behaviorisme, apparaît comme l'instigateur du contrôle social et du *social management*; comme la philosophie de l'impérialisme. Dewey est accusé par les intellectuels marxistes d'être « sans conteste le grand prêtre de l'apologétique bourgeoise aux États-Unis »[3]. Plus tard, dans les années soixante-dix, on peut lire que la philosophie de Dewey était « l'expression théorique de la conception du monde de la petite-bourgeoisie cultivée à l'époque du passage du capitalisme américain à la domination mondiale et de la transformation de la démocratie bourgeoise en réaction impérialiste »[4].

En France, en matière de psychologie et d'analyse « scientifique » de l'enfant, dans les années d'après guerre, c'est Jean Piaget et Henri Wallon qui vont dominer le rapport de rénovation de la pratique pédagogique. Quant au volet social et politique, la référence à Makarenko[5] prend la place qu'occupait Dewey aux débuts de l'Éducation nouvelle. Il est vrai que, comme le remarque Antoine Savoye, la pédagogie de Makarenko

1. R. Pudal, « Pour une analyse comparée de l'engagement politique des intellectuels en France et aux États-Unis lors des procès de Moscou de 1936-1938 », *op. cit.*

2. J. Dewey, *The LeonTrotskyInquiry*, *op. cit.*

3. H.K Wells, *Pragmatism : philosophy of imperialism*, International Publishers, 1954, p. 186, citédans G. Garreta, *Le pragmatisme et les sciences sociales...*, *op. cit.*, p. 49.

4. G. Novack, *Pragmatism vs. marxism*, PathfinderPress, 1975, p. 41, cité dans G. Garreta, *Le pragmatisme et les sciences sociales...*, *op. cit.*, p. 95, qui précise, trait ironique : « Novack a écrit ce livre en suivant les recommandations de Trotsky en 1940, qui "insistait sur l'urgence qu'il y avait à entreprendre une critique du pragmatisme d'un point de vue marxiste" ».

5. Le *Poème pédagogique* de Makarenko avait été partiellement traduit sous le titre *Chemin de la vie* aux Éditions sociales internationales en 1939.

> va à rebours de ce que bien des éducateurs français, contemporains de Makarenko, défendaient comme éducation moderne. (...) Certes (...) émergeait l'idée de la nécessaire formation du "sens social" des élèves (...). Mais on était loin avec cette idée de "sens social" de la conception quasi sacrificielle de Makarenko des individus au profit de la collectivité [1].

S'interrogeant sur ce qui a pu permettre cette importance de Makarenko « étant donné cette différence de culture chez les éducateurs réformateurs de France et ceux de l'URSS », Antoine Savoye rejoint une affirmation sur laquelle nous insisterons. « Ce sont les membres (ou les compagnons de route) du Parti communiste, dit-il, qui ont relayé en France, le mythe et l'ont diffusé avec constance au cours de la décennie 1950 »[2].

LE FOND DES RÉTICENCES

Cette opposition politique explique sans aucun doute que, tandis que les années cinquante voient avec le cours de Durkheim, la publication chez Aubier Montaigne d'une œuvre de Dewey datée de 1913, *Liberté et culture*, Dewey reste alors largement ignoré et incompris. La vision que l'on en a, continue de se focaliser sur la pédagogie, et, à un bien moindre degré, sur la psychologie. Roger Cousinet reste à l'intérieur de cette perspective quand il continue, avec François Chatelain, de défendre la filiation. *L'École nouvelle française*, cette nouvelle revue qu'il fonde en 1945 poursuit le travail de diffusion. Elle publie régulièrement jusqu'en 1964 des textes affirmant l'importance de Dewey. Ainsi, à l'occasion de la parution de la traduction par Marie-Anne Carroi de *Expérience et éducation* (1938) en 1947, Cousinet écrit : « L'éducation nouvelle ne serait pas ce qu'elle est sans Dewey, l'illustre psychologue américain (...). Or il reste peu connu chez nous, alors que ses idées sont répandues d'une façon anonyme et souvent inexacte ». La raison, pour lui, tient à l'absence de traduction de ses œuvres importantes. Aussi rend-il hommage à la traduction par Mlle Carroi de *Expérience et éducation*, désignant toujours Dewey comme psychologue. Cousinet félicite également la traductrice de ce qu'elle résume et précise la pensée de Dewey, « en définissant ce qu'il entend par expérience, le rôle que l'expérience doit jouer dans l'éducation,

1. A. Savoye, « Le mythe de l'éducation moderne au XXIe siècle : la part de Makarenko », art. cit., p. 72.
2. *Ibid.*

et la manière dont l'éducation doit à la fois se fonder sur l'expérience de l'enfant et la diriger »[1].

Mais Roger Cousinet (1881-1973) est un pédagogue. Inspecteur, il n'enseigne qu'en fin de carrière la pédagogie à la Sorbonne. Dans le même moment qu'il rédige de multiples ouvrages, il crée avec François Chatelain, en 1946, l'école de la Source à Meudon. Cousinet, on le comprend, ne saurait être considéré par l'Institution comme un universitaire. Sa défense de Dewey pour être importante dans le monde des acteurs de l'école et de l'éducation, aurait eu quelque mal à sortir du champ de la pédagogie. Sans compter que, décidément, Cousinet est d'un autre temps, celui du mouvement des écoles nouvelles, celui de l'avant guerre et d'avant les années trente.[2]

En effet, l'après seconde Guerre Mondiale est bien davantage marqué par la défense du marxisme et de la réforme des institutions scolaires, vers une lutte dans la lutte des classes que par les attendus de l'Éducation nouvelle. C'est ainsi que le numéro 3 d'avril 1946 de *Pour l'Ère nouvelle* s'ouvre, sous la plume d'un certain A. Arnaudies, par un article éloquent sur la réforme scolaire en Tchécoslovaquie : « il s'agit avant tout de faire de l'enseignement public l'instrument de l'unification nationale et politique du pays, car les événements de 1938 et 1939 ont montré les dangers que présentait pour l'unité de la Nation un trop grand libéralisme scolaire. C'est pourquoi le projet de réforme actuellement à l'étude attribue une importance particulière à l'introduction, à tous les degrés d'enseignement, d'un programme d'éducation politique ». Voici donc l'éducation « libérale » accusée d'être la cause des guerres civiles ouvertes ou larvées, et sans doute aussi des fascismes qui ont déferlé sur l'Europe. Et parmi les ouvrages de référence recommandés on trouve exclusivement ceux de Joseph Staline, de Engels et d'un « apparatchik » tchèque, un certain Dr J. Macek[3].

En France la référence est désormais, et pour longtemps, le « plan Langevin-Wallon ». Dès lors, si l'on évoque le développement des aptitudes de l'enfant, cela doit être compris davantage comme l'expression d'une éducabilité générale de l'homme que comme la prise en compte d'une différenciation de l'activité et de l'action pédagogique. L'objectif

1. R. Cousinet, *L'École nouvelle Française*, n°6/7, Mars-avril 1948.

2. Voir D. Ottavi et L. Gutierrez (textes choisis et présentés par), *Roger Cousinet : un philosophe à l'épreuve de la pédagogie*, Lyon, INRP, Bibliothèque philosophique de l'éducation, 2007. L. Gutierrez, « L'Oiseau bleu : histoire d'une revue rédigée par des enfants pour des enfants : 1922-1929 », *Le Télémaque*, n°32, Caen, P.U.C., 2007, p. 111-123.

3. *Pour l'Ère nouvelle*, avril 1946, n°3, p. 37.

tient à la démocratisation et à l'unification de l'institution scolaire sous l'égide de la science et de la prise en compte de la psychologie de l'enfant. Le progrès se dit politique : il est à gauche et la gauche est marxiste. Dans l'introduction aux « Rencontres Langevin-Wallon 50 ans après », les organisateurs remarquent combien les noms qui désignent ce plan suffisaient à lui servir de caution.

> Le prestige de deux savants incontestés, relevant de domaines en quelque sorte complémentaires : les sciences exactes et les sciences humaines, leur engagement commun au Parti communiste français, et cela au moment de la Résistance, donnaient au Plan – la majuscule suffisant pour le reconnaître – une autorité qui tendait à s'imposer d'elle-même[1].

Les mouvements de transformation de l'école et de la pédagogie continuent d'exister et se renouvellent mais Dewey disparaît de leur horizon. Et dans les manuels à l'usage des futurs instituteurs, même les plus honnêtes et exhaustifs, Dewey apparaît peu. Il est rangé dans les paragraphes consacrés au mouvement pédagogique contemporain. Il apparaît ainsi comme pédagogue, au même rang et au même titre, mais avec moins de détail, que Ferrière, Decroly ou surtout Claparède à qui revient le plus d'honneur. Ainsi, dans le manuel de R. Thoraille (inspecteur d'Académie), G. Villars et J. Ehrhard de 1967, on pouvait encore lire :

> C'est à Claparède que nous sommes surtout redevables de l'insertion de ces idées dans le mouvement pédagogique contemporain (...). Il n'existe aucune incompatibilité foncière entre enseignement collectif et pédagogie fonctionnelle, puisque les aptitudes et les intérêts se succèdent toujours dans le même ordre, chacune de ces aptitudes correspondant à peu de choses près à un âge donné[2].

Voilà une belle leçon de mauvaise foi qui tente de rabattre sur l'unité et l'uniformité propre à l'École en France ce que la pensée de Claparède tentait de renvoyer à l'individualité. Quant à Dewey lui-même, il est certes évoqué ou cité, mais c'est pour être mis sur la même liste que « Pestalozzi, Tolstoï et Kerschensteiner », en concurrence avec Decroly ou tout à fait oublié quant il s'agit de « la méthode des complexes » qui devient simplement soviétique[3].

1. P. Boutan et E. Sorel (dir.), *Le plan Langevin-Wallon*, Paris, P.U.F., 1998, p. 1.
2. R Thoraille, G. Villars et J Ehrhard, Psycho-pédagogie pratique à l'usage des instituteurs, des élèves maitres et des candidats aux différents examens et concours professionnels de l'enseignement du premier degré, Paris et Strasbourg, Istra, 1967, p. 79.
3. *Ibid.*, p. 84.

Quelques années auparavant Joseph Leif avait donné une approche plus explicitement philosophique de la formation à la pédagogie, en donnant accès à des textes d'origine très large. Et pourtant, alors même qu'il introduit sa *pédagogie générale, par l'étude des doctrines pédagogiques*, par une référence à William James et qu'il fait état des conceptions de Dewey, il ne retient de ses œuvres que ce qui concerne étroitement l'éducation et encore précise-t-il que *École et société* n'est pas traduit ! en oubliant les traductions partielles livrées par la revue *L'Éducation*. Aucune allusion à la traduction de Decroly de *Comment nous pensons*[1].

On trouve certes des exceptions. Parmi elles Louis Legrand évoque toujours Dewey avec Claparède, comme les théoriciens de l'esprit de l'Éducation nouvelle. Importance du « vivre » et des activités « aptes à développer la personnalité toute entière » ; définition d'une pédagogie globale « dans la mesure où il s'agit pour elle de former un être total et non de satisfaire des disciplines particulières », affirmation que l'intelligence « fait partie de l'être total, [qu'] elle en est l'instrument d'insertion biologique et sociale »[2] ; importance de l'action, de l'activité et de la motivation, etc. Mais, quelle que soit l'importance de Dewey et la dette qu'à ses yeux l'Éducation nouvelle nourrisse à son égard, Louis Legrand ne peut accepter la philosophie de Dewey. Rationaliste, il n'accepte pas le pragmatisme et la conception de la culture qu'il suppose. Comme il le remarque :

> Nous retrouvons, pour les besoins d'un intellectualisme efficace, les présupposés de l'école active. La personnalité intellectuelle et morale ne peut se construire en faisant l'économie des chemins obligés de l'action effective, du tâtonnement intuitif, de l'effort pour résoudre les problèmes pratiques et théoriques qui se posent naturellement à l'enfant et dans les termes où ils lui sont posés réellement.

Reconnaissant que « c'est là l'apport initial décisif de Claparède et de Dewey », il ne peut taire les réserves qu'il éprouve vis à vis de Dewey chez qui « cette vue psychologique découlait d'une conception pour le moins contestable des valeurs et de la culture ». Et de séparer alors le bon grain de l'ivraie, la pédagogie de la philosophie : « C'est en ce sens que l'Éducation nouvelle nous paraît apporter des solutions dont la valeur technique

1. J. Leif et G. Rustin, *Pédagogie générale, par l'étude des doctrines pédagogiques*, Paris, Delagrave, 1953, rééd. 1966, p. 378.

2. L. Legrand, « L'Éducation nouvelle et ses ambiguités », *Revue française de pédagogie*, vol. 11, 1970, p. 5-11.

dépasse de loin la portée de sa philosophie marquée au sceau de contingences transitoires »[1].

LE POIDS DES MARXISTES

Mais c'est sans aucun doute le tournant marxiste qui se montre décisif.

Dans son ouvrage *Où vont les pédagogies non directives ?* Snyders, qui cite Kroupskaïa[2], n'évoque à aucun moment Dewey. Son propos, qui tend à réhabiliter la force des « contenus du savoir », affirmer l'importance des ruptures, lutter contre cette « illusion » que « l'essence de l'homme » est l'individu[3], entend affirmer l'importance d'une orientation marxiste de la pédagogie. On est médusé aujourd'hui de voir que l'essentiel des références dans le dernier chapitre intitulé « le marxisme peut-il inspirer une pédagogie » sont : Lénine, Marx, Engels, Gramsci, Aragon, Sève, Althusser, Wallon. Le mot de la fin en quelque sorte de cet ouvrage – qui a connu en son temps un réel succès – est éloquent : les méthodes non-directives, malgré les apparences « s'inscrivent dans le prolongement de la politique scolaire de la bourgeoisie : non-dire, silence, scepticisme et donc appui au conformisme, au conservatisme » Et de citer Althusser[4] :

> A l'inverse, “la cause révolutionnaire” est toujours indissolublement liée à la connaissance, c'est-à-dire à la science. La validité de la cause du communisme est fondée sur la science, à la fois science du développement des formes sociales (matérialisme historique) et la science de la distinction de la vérité et de l'erreur (matérialisme dialectique)[5].

Et Snyders d'en conclure : « Aujourd'hui une pédagogie inspirée du marxisme est possible ».

Ici du moins les choses sont claires, qui témoignent de fait des raisons de la proximité de l'esprit politique en France avec le marxisme. Nous y reviendrons dans les chapitres suivants, mais on peut déjà dire que la centration sur les contenus du savoir envisagé comme stable, un, universel et accessible à tous, peut apparaître en un sens fort comme le garant de l'unité du peuple et de la Nation. En tout état de cause, et c'est là un trait fondamental qui touche à la caractérisation du pragmatisme, on a du mal,

1. *Ibid.*, p. 11.
2. G. Snyders, *Où vont les pédagogies non directives ?*, Paris, P.U.F., 1973, revue et aug. en 1975, p. 361.
3. *Ibid.*, p. 325.
4. *La Nouvelle Critique*, janvier 1964.
5. *Ibid.*, p. 365.

en France, à penser le rapport pédagogique autrement que comme organisé et centré sur l'accès au vrai, que comme une conception « spéculaire du savoir » laquelle est, dans la continuité de Dewey, dénoncée par Richard Rorty.

Quant au reste, et à l'esprit de révolution, peut-être Bouquier l'incarne-t-il qui forme des attaques virulentes contre toute éducation qui particulariserait ou singulariserait l'individu, l'isolant ainsi de l'ensemble de la masse alors identifiée au peuple qu'il s'agit précisément d'unifier et de construire. La France pour avoir édifié son système éducatif davantage dans la lignée de Condorcet que dans la filiation de Lepelletier de Saint-Fargeau, n'en reste pas moins marquée par cette passion pour l'égalité qui fait qu'on répugne à différencier et à prendre en compte les singularités.

En matière de pédagogie, la psychologie génétique de Piaget a longtemps monopolisé la définition d'une centration sur l'activité de l'enfant. Tandis que la sociologie s'occupait par ailleurs de dénoncer la reproduction sociale attachée aux institutions d'éducation scolaire. Bref, d'un côté une approche de la connaissance dominée par la psychologie; de l'autre une vision du politique subjuguée par les définitions de la reproduction et de la domination.

Désormais qu'il est question d'une priorité des compétences des élèves en regard des contenus des savoirs, d'une différenciation de l'action pédagogique, d'une intégration de la notion de programme dans celle plus vaste de curriculum, les idée énoncées par Dewey peuvent retrouver quelque vigueur et quelque actualité. Mais elles risquent une fois encore d'être instrumentalisées et incomprises si l'on manque de s'attacher à l'ensemble de sa pensée et à la philosophie pragmatiste qui en constitue l'horizon. C'est bien en cela que les analyses qui se développent depuis les années quatre-vingt dix, analyses proprement philosophiques, sont importantes.

Faute d'un tel travail, on a en effet quelque chance d'en rester à une vision réductrice d'un Dewey pédagogue sans même que l'on saisisse ce qui fait sa conception de l'éducation.

Faute d'un tel travail on a quelque risque aussi de passer à côté de ce que le pragmatisme peut apporter dans une reconstruction de la philosophie de l'éducation.

DEUXIÈME PARTIE

LE PRAGMATISME ET LA CRITIQUE DU DUALISME

L'enjeu du pragmatisme : une double sécularisation, du savoir et du pouvoir

La caractérisation de la pensée de Dewey et des pragmatistes qui, tel Rorty, se sont réclamés ou se réclament de sa filiation, est de comprendre dans un même état d'esprit deux dimensions de la philosophie qui donnent corps et assise à toute réflexion sur l'éducation : la philosophie politique et la théorie de la connaissance. C'est sans aucun doute pour avoir manqué l'une ou l'autre de ces dimensions que de nombreux détracteurs de Dewey et du pragmatisme se sont mépris sur le sens et la portée de ses conceptions. Car si Dewey se réclame de ce qu'il nomme « instrumentalisme » ce n'est nullement pour accréditer une vision techniciste de l'approche de l'éducation. De même, s'il proclame le lien entre démocratie et éducation ce n'est pas en ce sens que l'éducation préparerait à la démocratie. La démocratie n'est pas une forme de gouvernement, elle est l'expérience même d'une société qui permet aux individus de « s'intéresser personnellement aux relations sociales », qui offre à tous ses membres une participation aux bienfaits collectifs, qui « assure souplement le rajustement de ses institutions par interaction des diverses formes de vie communautaire »[1]. Ainsi la démocratie est cette situation expérimentale qui permet à chacun dans l'interaction des relations sociales, de satisfaire ses intérêts et de développer ses capacités d'adaptation et de croissance, et qui permet à la communauté solidaire une meilleure opérationnalité. Le pragmatisme refuse de faire de la démocratie un idéal à venir parce qu'il refuse de

1. J. Dewey, *Éducation et démocratie*, trad. fr. G. Deledalle, Paris, Colin, 1975, p. 126, nouv. ed., p. 181.

souscrire à l'idée d'une fin ou d'un bien ultime. La démocratie n'est pas le moyen de la liberté : elle est pratique de la liberté. En ce sens, le pragmatisme est bien une philosophie de la liberté.

Mais cela n'en fait pas pour autant l'expression idéologique du capitalisme le plus individualiste et le plus concurrentiel. *A fortiori*, on ne saurait assimiler le pragmatisme avec les mouvements les plus réactionnaires, voire, pour certains des pragmatistes italiens, avec les sympathisants du fascisme. S'il semble en effet que Mussolini et le fascisme italien se soient approprié William James, cela ne saurait être aussi simplement attribué à James. Jaime Nubiola note certes les sympathies politiques pour le fascisme de Pappini membre du groupe des pragmatistes italiens animateurs du journal *Leonardo* (1903-1907), et, reprenant les affirmations de Perry, il indique également que Mussolini lui-même connaissait et appréciait les thèses de James. Reste que cela ne suffit pas à établir une quelconque origine pragmatiste au fascisme, même si ce soupçon, fût-il injustifié, a largement contribué à ce que le pragmatisme ait été ignoré en Italie jusqu'à des temps très récents [1].

En matière d'éducation, le pragmatisme a très longtemps été réduit à la pédagogie, au mieux dans sa dimension psychologique concernant Dewey, réduit à la psychologie concernant James. Il semble, qu'aujourd'hui, les études qui, dans le champ de l'éducation, portent sur Dewey en particulier, s'attachent davantage à la théorie de la connaissance [2]. Peut-être cela tient-il à ce que notre redécouverte, en France, de Dewey et du pragmatisme, est due à Richard Rorty et à la publication de *L'Homme spéculaire* [3]. On peut contester la filiation proclamée de Dewey à Rorty. Mais on ne saurait nier que Richard Rorty a permis de mettre « en évidence la signification et les conséquences du pragmatisme pour tout un ensemble de questions que la philosophie "continentale" elle-même, au cours du dernier siècle, avait reconsidérées » [4].

Il reste que l'un des traits marquants du pragmatisme, à l'exception de Pierce, qui, bien qu'inventeur du mot, fait figure d'exception, est de tenir ensemble une critique de la théorie de la connaissance et une critique de la

1. J. Nubiola, « The reception of William James in continental Europe », *European Journal of Pragmatism and americanphilosophy*, 2011, III-1, p. 76-77.

2. On signalera plus particulièrement les travaux de Michel Fabre dans *Philosophie et pédagogie du problème*, Paris, Vrin, 2009 et *Eduquer pour un monde problématique. La carte et la boussole*, Paris, P.U.F., 2011.

3. R. Rorty, *L'Homme spéculaire*, trad. fr. T. Marchaisse, Paris, Seuil, 1990.

4. J.-P. Cometti, *Qu'est-ce que le pragmatisme*, *op. cit.*, p. 26.

philosophie politique. Certes, on pourrait objecter que cela est surtout vrai chez Rorty, mais on peut tenir que Dewey a initié cette dynamique.

Or dans cette articulation du cognitif et du politique, il peut apparaître que deux thématiques ou deux interrogations fondamentales ressortent, qui la justifient et l'explicitent: 1) l'élimination de toute forme de dualisme; 2) l'affirmation du pluralisme.

On saisit alors ce que le pragmatisme offre d'étranger à une conception française qui, héritée de l'esprit du classicisme de Descartes cherche à tout «réduire à un même principe» selon l'expression de Batteux. Nous y reviendrons, mais disons tout de suite que l'on peut trouver dans ces deux caractérisations du pragmatisme de quoi en effet justifier les déclarations de Durkheim quant à l'intérêt national qu'il y a à analyser le pragmatisme.

En somme l'approche de l'éducation et la philosophie de l'éducation semblent d'ordinaire se distribuer entre deux dominantes ou deux modalités: politique et épistémologique. On peut interpréter le pragmatisme, et voir la force de ce mouvement, dans la tentative qu'il présente pour articuler ces deux dimensions

Russell le remarque, qui affirme, alors même qu'il le critique, que le pragmatisme «est susceptible de bénéficier d'une large popularité car (il) incarne quelques-unes des principales tendances intellectuelles et politiques de notre temps» [1]. Et Russell de préciser :

> Il n'est pratiquement pas une seule page des écrits de William James où ne se manifeste l'influence de la démocratie dans le développement du pragmatisme. On y trouve une défiance à l'égard de l'autorité, un refus de condamner les préjugés communs, une tendance à trancher les questions philosophiques en les soumettant à un vote qui contraste singulièrement avec le ton habituellement dictatorial des écrits philosophiques [2].

Et c'est, non pas tant dans une conception de philosophie politique, mais au cœur de la question de la connaissance, au centre du rejet de la vérité et des «faits bruts» que l'on trouve cette tendance constitutive du pragmatisme. «Pour (James) une chose qui est vraie, qu'on le veuille ou non, est une chose aussi haïssable que l'autocratie russe». Plus encore: «Le tempérament démocratique s'étend jusqu'à la religion des pragmatistes: ils ont la religion qu'ils ont choisie». Pour les pragmatistes "quel que soit le Dieu du ciel et de la terre, il ne peut certainement pas être un

1. B. Russell, «Le pragmatisme», dans *Essais philosophiques*, trad. fr. F. Clementz et J.-P. Cometti, Paris, P.U.F., 1997, p. 157.

2. *Ibid.*, p. 159.

gentilhomme"[1]. Et Russell d'ajouter que les pragmatistes voient Dieu davantage comme un président élu qui tient le respect qu'on lui doit à « la sagesse de notre choix ». Question d'histoire et d'origine : « William James fait monter jusqu'au ciel le cri de révolte de ses ancêtres de la Nouvelle Angleterre : le genre de pouvoir qu'il est prêt à respecter se rapproche davantage du pouvoir d'un Georges Washington que de celui d'un Georges III »[2].

De fait, James proclame le caractère profondément démocratique du pragmatisme, et il le fait à propos de la connaissance[3].

Le pragmatisme tenterait ainsi d'explorer les conditions d'une double sécularisation – du savoir et du pouvoir. Entreprise de « naturalisation » de la philosophie au sens que Quine attribue à cette notion, il se donnerait d'un même élan comme « désubstantialisation » ontologique et comme « libéralisation » politique. Dans cette perspective, les philosophes qui se réclament du pragmatisme, qu'il s'agisse de James, de Dewey ou de Rorty, alors même qu'ils refusent tout monisme et revendiquent le pluralisme, n'ont de cesse de traquer toute forme de dualisme.

1. W. James, *Le pragmatisme*, nouv. trad. N. Ferron, Paris, Champs-Flammarion, 2007, p. 133, « le Princes des ténèbres est peut-être gentilhomme comme on nous l'a affirmé mais, s'il est un Dieu du ciel et de la terre, lui ne saurait être gentilhomme ».

2. B. Russell, « Le pragmatisme », *op. cit.*, p. 159-160.

3. W James, *Le pragmatisme*, *op. cit.*, p. 140.

CHAPITRE IV

THÉORIE DE LA CONNAISSANCE ET REFUS DU DUALISME

LA QUESTION DE LA VÉRITÉ

L'origine du pragmatisme doit être trouvée dans une réflexion sur la connaissance. L'affirmation de la croyance comme habitude d'action permet aux pragmatistes de faire l'économie d'un face à face entre la pensée et le monde, entre sujet qui connaît et objet connu, entre esprit et matière. James, avec l'empirisme radical, prolonge et développe la critique piercéenne de Descartes. Pierce récusait le doute de Descartes et l'affirmation que la clarté de l'idée tiendrait à sa nature, tiendrait à ce qu'elle est une idée « distincte ». Impossible au contraire de dissocier la pensée de l'activité et l'activité de ses fonctions : « La valeur intellectuelle des idées réside ~~évidemment~~ dans les relations qu'elles entretiennent les unes par rapport aux autres dans les jugements, et non par rapport aux qualités qu'elles possèdent en elles-mêmes ». C'est dans les conclusions qui peuvent en être tirées et dans ses effets que tient « la signification intellectuelle des croyances ». Il apparaît ainsi que « la signification intellectuelle de toute pensée réside en dernière instance dans ses effets sur nos actions »[1].

James va plus loin. Le doute cartésien trouve sa limite dans la reconnaissance nécessaire du sujet et de la conscience comme substance. Dans le développement de sa théorie de la vérité, James s'attaque à ce qui constitue le fond du dualisme, à savoir l'affirmation de la conscience comme entité. Certes, James – soucieux de toujours apparaître comme modéré et conciliateur – a pu déclarer que l'on pouvait rester pragmatiste

1. C. Pierce, *Logique* (1883), cité dans J.-P. Cometti, *Qu'est-ce que le pragmatisme*, *op. cit.*, p. 59-60.

sans accepter les thèses développées dans les textes qui seront publiés après sa mort, en 1912, sous le titre de *Essays in Radical Empiricism*. L'empirisme radical, qui est au principe de l'élimination de la conscience comme entité, renverrait à ce qu'il nomme parfois sa « conception du monde »[1].

Certes aussi, l'empirisme radical est propre à James. Il ne se retrouve ni chez Dewey ni chez Schiller, ni plus tard chez Rorty. Il permet toutefois à James de rendre compte d'une certaine forme d'objectivité de la connaissance sans alléguer quelque rapport à un réel extérieur et immuable – « Idée platonicienne », « faits bruts » ou « relations *a priori* ». La vérité d'une idée ne consiste pas en effet dans une propriété interne, stable qui lui serait inhérente; elle est le résultat du processus de vérification. La vérité n'est pas; elle se *fait*. « La vérité *vient* à l'idée. Celle-ci devient vraie, les événements *la rendent* vraie. Sa vérité est en fait un événement, un processus : le processus qui consiste à se vérifier elle-même, qui consiste en une véri-*fication* »[2].

La vérification ne relève pas d'un rapport avec un quelque chose d'« extérieur » et d'indépendant. Elle est un processus qui parcourt l'expérience, qui nous conduit de parties d'expérience à d'autres; d'expériences considérées comme fiables et constituées en habitudes, à d'autres parties d'expérience nouvelles. La vérification, ou pour mieux dire la « vérifiabilité » car cela porte aussi sur du non actuel, est un processus de guidage vers un quelque chose qui permet une meilleure adaptation de notre vie. L'empirisme radical est une conception qui permet ainsi à James de penser d'une manière très nouvelle la notion de « correspondance » ou plus proprement d'« accord » qui définit traditionnellement la vérité :

> Ce qui est essentiel, c'est le processus qui consiste à nous guider. Toute idée qui nous aide, pratiquement ou intellectuellement, à aborder une réalité ou ce qui est en rapport avec elle, qui ne met pas en travers de notre chemin toutes sortes d'obstacles, qui ajuste en fait, et adapte notre vie à la configuration générale de cette réalité, cette idée répond suffisamment au critère qui permet de dire qu'elle est en accord avec la réalité. Elle sera l'idée vraie de cette réalité[3].

Voilà pour James une conception de la vérité qui satisfait à la méthode pragmatiste. La vérité est bien accord. En cela il y a bien quelque

1. W. James, « Un monde d'expérience pure », dans *Essais d'empirisme radical*, trad. fr. G. Garreta et M. Girel, Paris, Champs-Flammarion, 2005, p 58.

2. W. James, *Le pragmatisme*, *op. cit.*, p. 226.

3. *Ibid.*, p. 235.

objectivité qui répond à la satisfaction et à l'intérêt subjectif. Mais cet accord relève de la liaison; il est «affaire de guidage et de guidage utile parce qu'il nous conduit là où les objets sont importants pour nous»[1]. La définition, non seulement ne sort pas de l'expérience, mais elle reste pratique. «Notre définition de la vérité est une définition au pluriel, de processus de guidage qui se réalise *in rebus* et n'ont pour unique qualité commune que d'être payants»[2].

James dans la leçon 2 sur *le Pragmatisme* distingue, pour élucider «la signification du pragmatisme», deux plans ou deux registres: «d'abord une méthode, ensuite une théorie génétique de ce qu'on entend par vérité»[3].

La méthode regarde la clarification de nos idées. Il reprend ainsi l'orientation de Pierce et la laisse là où Pierce s'est arrêté sur le chemin du pragmatisme. La méthode pragmatique est une orientation, une attitude; elle «est avant tout une méthode de résolution des débats métaphysiques qui sans cela seraient interminables»[4]. Les croyances sont des règles pour l'action et la signification tient aux effets induits par une idée et non à la nature ou aux causes de cette idée.

En un second sens, le pragmatisme regarde la définition de la vérité et la question du rapport entre subjectif et objectif, entre la pensée et la réalité. James se dit alors en accord avec les préoccupations de Schiller et de Dewey. Ainsi convient-il de garder à l'esprit une distinction logique chère à James entre «une méthode pour clarifier nos idées ("*practicalisme*") énoncée en 1898 sous l'influence de Pierce»; et «une théorie de la vérité ("*humanisme*") énoncée en 1904 sous l'influence de Schiller et de Dewey»[5].

Or, la théorie de la vérité chez James, au lieu d'opposer ou de mettre face à face un objet et un sujet, tient ensemble les deux points de vue sur la vérité. Humaniste et subjectif d'une part: elle propose «comme critère du vrai la satisfaction qu'une idée apporte lorsqu'elle permet à un individu d'avoir des relations fructueuses avec son environnement, répondant ainsi à ses intérêts vitaux». Empiriste et objectif d'autre part: elle cherche des critères dans «la capacité qu'a une idée de nous mener sans sortir de

1. *Ibid.*, p. 237.
2. *Ibid.*
3. *Ibid.*, p. 128-129.
4. *Ibid.*, p. 112-113.
5. S. Madelrieux, Préface à W. James, *Le pragmatisme*, *op. cit.*, p. 16.

l'expérience en direction ou en présence de l'objet dont elle est l'idée, c'est-à-dire d'être vérifiées dans et par l'expérience »[1].

Mais, répétons-le, ces deux points de vue ne sont pas deux types de classement, ils ne renvoient pas *a fortiori* à deux substances. Ils sont indissociables dans le *faire* vérité, le *devenir* vrai. Pas de satisfaction sans vérification, sans référence objective ; pas de référence vérifiée sans satisfaction.

La théorie de la vérité chez James suppose alors que l'on puisse établir ce qu'il faut entendre par « subjectif » et « objectif ». Tel est le rôle de l'empirisme radical et la fonction d'une élimination de la conscience comme entité.

Ainsi, chez James, on trouve une troisième acception du pragmatisme qui explique l'importance qu'il accorde à l'analyse de la religion : le pragmatisme, sinon comme métaphysique, du moins comme vision du monde, comme moyen de concilier empirisme et métaphysique. Le pragmatisme, philosophie en quelque manière totalisante, répondrait à la double exigence : de fournir une conception qui marche de la connaissance, et de justifier la grandeur et la puissance de l'homme. Les autres pragmatistes tels Schiller et Dewey, puis Rorty, ne suivront certes pas James sur le chemin de l'élaboration d'une vision du monde, mais ils témoignent tous de l'importance de la proclamation de l'indétermination et de la liberté.

LE MONISME NEUTRE ET L'ÉLIMINATION DU DUALISME ESPRIT/MATIÈRE

En 1904 paraît dans le *Journal of Philosophy*, un article *Does Consciousness Exist ?*, texte marquant dans la perception et la réception du pragmatisme. Texte radical et sans doute paradoxal, il a pu apparaître comme un texte provocateur mais marginal dans la pensée de James, difficilement compatible avec les « écrits de la période dite bergsonienne ou "mystique", ceux du *Pluralistic Universe* (1909) en particulier »[2]. Sorte d'hapax il tiendrait à « l'influence jugée ponctuelle de Ernst Mach à laquelle celle de Bergson serait bien vite venue se substituer »[3]. Et pourtant, dans *Does Consciousness Exist ?* James précise :

> cela fait vingt ans que je ne crois plus que la « conscience » soit une entité ; depuis sept ou huit ans, j'ai suggéré sa non existence à mes étudiants, et j'ai tenté de leur donner son équivalent pragmatique en réalité d'expérience. Il

1. *Ibid.*, p. 55.
2. *Cf.* G. Garreta, « Dewey et la pensée de James », *Philosophie* n°64, déc 1999, p. 32.
3. *Ibid.*, p. 33.

me semble que l'heure a sonné de s'en débarrasser ouvertement et universellement[1].

C'est que, plus au fond, comme nous l'avons vu, l'empirisme radical permet à James, de fait, de rendre compte de l'affirmation, fondatrice du pragmatisme, d'une interaction avec le milieu et d'une adaptation à l'environnement. Dewey ne s'y trompe pas, même s'il estime que James n'est pas allé assez loin : il contribuerait certes à un « évanouissement du sujet » important pour une théorie instrumentaliste, mais resterait prisonnier d'un dualisme épistémologique en ne dépsychologisant pas le mental[2]. Dewey fait que le terme « mental » ne désigne plus un état ou un acte du sujet, mais une certaine « fonction dans une situation ». Or cela était déjà esquissé voire énoncé dans *Does Consciousness Exist ?*

Does Consciousness Exist ? et *La notion de conscience*[3] ouvrent ainsi un programme nouveau de philosophie. Alfred N. Whitehead, dès 1925, proclame que *Does Consciousness Exist ?*, ouvre en philosophie une nouvelle ère en venant clore la période qui avait été ouverte par Descartes dans le *Discours de la méthode*.

Car l'empirisme radical et la notion d'expérience pure viennent affirmer cette idée qu'il ne saurait y avoir d'origine, de point de départ d'où sortirait le flux de ce que produit l'esprit et l'activité. Il ne saurait pas plus y avoir de point d'arrivée qui puisse servir de point d'ancrage. L'expérience, pour James, doit être conçue comme un processus incessant de création. Pour l'empirisme, alors jugé « classique », on doit tenir que la connaissance s'opère par soustraction, qui consiste à dégager de la conscience et de la subjectivité ce qui est purement expérience, ce donné, matériau qui va originer et fonder notre savoir. Pour William James l'expérience pure n'est ni un point d'arrivée résultat d'un processus d'abstraction ou de soustraction, ni même un point de départ. Elle est ce qui est en train de se faire. Dès lors, si loin d'être dans un rapport d'extériorité, l'expérience pure est co-présente à toute expérience, il est possible de se passer de toute conception représentationniste et dualiste de la connaissance. « Cette fidélité radicale à l'expérience, nous dit James, nous épargnera un premier écueil : une conception artificielle des relations entre ce qui connaît et ce qui est connu ». Et James de préciser et de critiquer :

1. W. James *Essais d'empirisme radical*, *op. cit.*, p. 36.

2. Voir G. Garreta, « Le sujet comme « point de fuite ». Dewey et la psychologie de James », *Philosophie* n°64, déc. 1999, p. 34.

3. Texte d'une conférence donnée en français lors du Ve Congrès international de psychologie le 30 avril 1905 à Rome.

> Tout au long de l'histoire de la philosophie, le sujet et son objet ont été traités comme des entités absolument séparées; et par suite, la présence du second au premier, ou l'appréhension du second par le premier, a revêtu un caractère paradoxal qu'il a fallu tenter de dépasser en inventant toutes sortes de théories. Les théories représentationnelles placent comme une sorte d'intermédiaire, une "représentation", une "image" ou un "contenu" au-dessus du vide (...) [1].

Tel est l'horizon de l'élimination de la conscience et le contexte de cette conception qui sera popularisée par Russell et par la critique qu'il en fait sous la désignation de «monisme neutre». La cible de Russell est une théorie qu'il trouve aux États-Unis d'Amérique et telle qu'elle est développée à Harvard quelques dix ans après la publication de son acte de naissance, à savoir la parution de *Does consiousness exist?*. Cette hypothèse moniste neutre ne peut laisser indifférent un philosophe qui, comme Russell, entend séculariser la pensée. Proclamant que la «conscience» «est le nom d'une non-entité» qui «n'a aucun droit à figurer parmi les premiers principes» [2], la théorie de James répondait aux exigences du principe de parcimonie proclamées par Russell. Elle incarnait le projet de désubstantialisation que Russell mettait en œuvre pour la matière dès 1914 par la «méthode d'abstraction» [3]. Mais il juge cette théorie précisément très, trop, américaine. Ses objections nous aident à saisir les résistances «européennes» à la philosophie pragmatiste.

Initialement explorée dans deux directions symétriques – du côté de la physique par Ernst Mach et du côté de la psychologie par William James –, cette conception «moniste neutre» affirme que matière et esprit ne sont pas deux réalités distinctes, mais deux combinatoires d'un même substrat «neutre» *i.e* par soi ni mental ni physique.

L'hypothèse «moniste neutre» qui entend se passer du recours à l'esprit et à la matière comme entités, et cherche à récuser le dualisme, parcourt la pensée philosophique du vingtième siècle, en tout cas la réflexion épistémologique. Cette théorie est explicite en effet chez William James et chez Ernst Mach. Mais Carnap la reprendra dans *Der Logische Aufbau der Welt* (1923). Quine en fait usage. Dewey semble la supposer,

1. W. James, «Un monde d'expérience pure», *op. cit.*, p. 64.

2. W. James, *Essais d'empirisme radical*, *op. cit.*, p. 36.

3. Voir en particulier B. Russell, *La méthode scientifique en philosophie. Notre connaissance du monde extérieur*, trad. fr. Ph. Devaux, Paris, Vrin 1929, rééd., Payot, 1971, 2002. Voir également B. Russell, «On ScientificMethod in Philosophy», in *Mysticism and Logic*, Londres, Allen & Unwin, 1917, rééd. 1976, trad. fr. sous la direction de D. Vernant, Paris, Vrin, 2007.

qui s'attaque à toute forme de dualisme et substitue à toute idée de dualité de nature, l'idée d'une continuité. Il s'attache à comprendre, pragmatisme oblige, la priorité de l'expérience. Nous l'avons déjà évoqué : Dewey s'oppose à tout principe de séparation « qui a engendré les dualismes qui ont donné à la philosophie "moderne" l'essentiel de sa matière première ». Pour Dewey, c'en est fini de fait. La frontière s'est effondrée. La preuve en est la campagne active et vigoureuse menée aujourd'hui par « ceux qui acceptent la distinction entre le "matériel" et le "spirituel" tout en disant que les représentants de la science naturelle ne sont pas restés à leur place » et se sont arrogés le droit, « de déterminer quelles devraient être les attitudes et les façons de faire de l'autorité "supérieure" »[1].

Quant à Richard Rorty, il consacre à cette hypothèse, nous y reviendrons, des analyses précises[2] et explicites mais largement inexactes. Reste que, pour lui, il existe un lien fort entre d'une part le rejet de « la notion de "fondement de la connaissance" et de la conception de la philosophie en tant qu'entreprise axée sur le problème cartésien : répondre au théoricien de la connaissance qui adopterait une position sceptique ». Et d'autre part le rejet « de la notion d'"esprit" que partageaient Descartes, Locke et Kant »[3].

L'HYPOTHÈSE DE JAMES

Ce n'est pas ici proprement le lieu de développer cette hypothèse non plus que l'ensemble des objections qu'elle a pu susciter en son temps. Il y a toutefois un intérêt à s'y arrêter quelque peu car elle met en lumière, sous un jour certes radical et paradoxal, l'originalité du courant pragmatiste. Le monisme neutre et les critiques qui lui sont adressées, peuvent jouer en effet comme révélateur de ce qui marque une théorie qui refuse toute conception représentationnelle de la connaissance et toute définition de la vérité en terme de « correspondance ». Le refus de toute forme de dualisme rencontre ici l'affirmation de l'importance des relations et du pluralisme.

Rappelons en quelques mots la thèse de James. Il ne s'agit nullement pour lui de poser le bien-fondé d'un matérialisme radical. Si James procède à l'élimination de la conscience, il ne la résorbe pas dans la matière. C'est bien en quoi il peut se distinguer fondamentalement des réductionnistes, et

1. J. Dewey, *Reconstruction en philosophie*, trad. fr. P. Di Mascio, Préface de R. Rorty, Pau, Publications de l'université de Pau-Farrago-Éditions Léo Scheer, 2003, p. 27.

2. Voir par exemple R. Rorty, *L'Homme spéculaire*, *op. cit.*, p. 107-108.

3. *Ibid.*, Introduction, p. 16.

c'est peut-être également ce qui fait que Rorty le range, avec Dewey d'ailleurs, du côté des « philosophes de l'esprit ».

Il ne signifie pas non plus, pour James, la négation de la spécificité du « mental », non plus que l'élimination de toute différenciation entre mental et physique. Pour James, en effet, une telle négation serait d'autant plus absurde qu'il s'agit d'une recherche dont le champ d'origine est la psychologie – ce que critique Dewey, rappelons-le.

Le terme de « conscience » loin de désigner légitimement une quelconque entité, désigne une fonction, fonction nommément assignée comme fonction de connaissance. Dès lors la « conscience » ne peut plus être pensée comme dotée de qualités intrinsèques spécifiques qui la distingueraient de la « matière ».

– La « conscience » renvoie à une fonction de performance de nos pensées dans et sur l'expérience. Ainsi le veut une conception pragmatiste de la vérité.

– La « conscience » ne présente que l'un des pôles possibles d'une combinaison, d'un réseau de relations entre éléments de « pure expérience ». Ainsi le réclame une conviction radicalement empiriste.

Bref, la « conscience » ne désigne que l'un des groupes possibles des usages ou des fonctions de l'« expérience pure ». Et James peut écrire :

> Ma thèse est que, si l'on commence par supposer qu'il n'y a qu'une seule étoffe primitive dans le monde, un unique matériau dont tout est composé, et si l'on nomme cette étoffe "expérience pure", on peut facilement expliquer l'acte de connaître comme un type particulier de relation mutuelle dans laquelle peuvent entrer des portions d'expérience pure. La relation elle-même fait partie de l'expérience pure ; l'un de ses "termes" devient le sujet ou le porteur de la connaissance, ce qui connaît, l'autre devient l'objet connu [1].

Et James, « lucide » d'ajouter : « Il faudra encore de nombreuses explications avant que ce point soit compréhensible » [2].

On le voit, le rejet de tout dualisme métaphysique passe chez James par une série d'éliminations successives. C'est d'abord le rejet de la dualité de la « conscience » et du contenu. Ce refus trouve à son tour son fondement et son explication dans le rejet d'une dualité au sein de l'expérience elle-même. Et tel est l'empirisme radical de James : sa radicalité tient à ce que le

1. W. James, *Essais d'empirisme radical*, *op. cit.*, p. 37. Tout ce passage est cité par Russell dans « On the nature of acquaintance » articles publiés de janvier à juillet 1914 dans *The Monist*, réimprimés dans *Logic and knowledge*, 6e éd., 1977, p. 141-142.

2. *Ibid.*

rapport à l'expérience doit lui-même faire partie de l'expérience. On ne saurait, affirme James, admettre que l'expérience soit constitutivement dualiste de telle sorte que, par processus d'abstraction, on puisse obtenir une « entité » – la « conscience » –. Autrement dit, de la même façon, remarque James, que l'on peut par analyse chimique de la peinture obtenir l'huile et le pigment de manière séparée, certains posent que l'on pourrait, par l'analyse du processus générateur de la connaissance, obtenir la « conscience » en évacuant le contenu. Ils jettent par là les bases du dualisme. Or James affirme tout au contraire que l'expérience n'a pas de dualité interne; « sa séparation en conscience et contenu ne se fait pas par soustraction, mais par addition – l'addition à un fragment concret donné d'expérience, d'autres ensembles d'expérience »[1].

Toute décomposition de ce simple indéterminé qu'est l'« expérience pure » ne peut être que le résultat d'un acte supplémentaire, d'une opération mobilisant d'autres expériences, d'autres « simples » indéterminés. Dès lors, une portion d'expérience donnée est indivise. Elle n'est double qu'en vertu d'autre chose qu'elle-même. Elle n'est duale qu'à l'égard des usages et des fonctions qu'elle peut accomplir – fonctions qui, elles-mêmes sont dépendantes de contextes d'expériences auxquels on peut adjoindre cette portion donnée. L'analogie prise par James peut aider à comprendre. Soit de la peinture chez un marchand de couleurs : c'est un objet marchand. Mais dans un contexte différent, par exemple sur une toile, elle réalise une fonction spirituelle. Dans les deux cas, l'objet est doté d'un même degré de réalité, tout aussi immédiatement neutre et identique.

> C'est ainsi, je le soutiens, dit James, qu'une portion d'expérience indivise donnée, prise dans un contexte d'associés, joue alors le rôle de ce qui connaît, d'un état d'esprit, d'une "conscience"; alors que dans un autre contexte, le même morceau indivis d'expérience joue le rôle de chose connue, de "contenu" objectif. Et puisqu'il peut figurer simultanément dans les deux, nous avons tout à fait le droit d'en parler comme s'il était à la fois subjectif et objectif[2].

Avant même tout dualisme ontologique, toute dualité gnoséologique est donc éliminée. Le dualisme devient, et ne devient qu'une affaire de combinaison, d'association et de contexte où tout, y compris les relations, est un réel expérimenté, c'est-à-dire neutre, indéterminé et simple. L'expérience en tant que pure indétermination en soi pourra être définie

1. *Ibid.*, p. 39.
2. *Ibid.*, p. 40.

comme membre de processus différents selon les divers systèmes d'association dans lesquels elle peut entrer. Un certain dualisme subsiste mais « Il est affaire de relations : il tombe hors, et non à l'intérieur de l'expérience singulière en question, et peut toujours être détaillé et défini »[1].

De cette façon, la pensée d'un objet est possible. Elle est le produit d'une mise en contexte, d'un arrangement rétrospectif dont le principe doit lui-même être trouvé dans un apport purement expérimental frais. Ainsi James peut-il rendre compte de la représentation d'un objet physique. Soit « la pièce dans laquelle vous êtes » : « Dans l'un de ces contextes, elle est votre "champ de conscience" ; dans l'autre, elle est "la pièce dans laquelle vous vous trouvez". » Reste, précise-t-il qu'« elle entre tout entière dans ces deux contextes » et il n'existe aucune raison d'affirmer que cette expérience de la pièce où vous êtes « se rattacherait à la conscience par une de ses parties (ou par un de ses aspects), et à la réalité extérieure par un autre aspect »[2].

Ce qui définit alors cette « expérience pure » c'est bien sa neutralité, à savoir que, ni mentale ni physique, elle est un lieu d'intersection de deux opérations qui la relient à deux groupes d'associés. On peut l'envisager sous deux points de vue que James nomme « biographie » et « détermination physique » alors qu'elle est en elle-même indivise.

Caractérisation originale que celle qui est ainsi donnée du physique et du mental, puisqu'ils ne sont plus que deux opérations contextuelles qui décrivent deux lignes d'association, deux chaînes combinatoires. L'expérience pure au sens littéral de ce terme n'a de signification qu'en référence à un état d'où la prise de conscience est absente[3]. Alors que toute différenciation est le produit de la réflexion et que toute réflexion s'éveille en quelque sorte après coup, l'« expérience pure » renvoie à un quelque chose qui n'est pas encore du tout devenu telle chose définie bien que ce quelque chose soit prêt à devenir toutes sortes de choses déterminées[4]. Sorte d'indéterminé totipent. On le voit dans cette vision de ce flux, de ce courant vital qu'est l'« expérience pure », James se rapproche de Bergson ; et il s'en rapproche d'abord dans un anti-intellectualisme. Mais là s'arrête sans

1. W. James, *Essais d'empirisme radical*, *op. cit.*

2. *Ibid.*, p. 41-42.

3. Par exemple les états du nouveau-né, du drogué, du malade comateux : voir W. James *La Philosophie de l'expérience*, série de conférences réunies dans la traduction française de E. Le Brun, Paris, Flammarion, 1914, p. 328.

4. *Ibid.*

doute l'accord, car le fond de la conception de James est le pragmatisme. Seuls l'appel à l'action et le recours à la pratique permettent de poser une distinction entre le « mental » et le « physique ». « L'expérience immédiate est toujours vérité, vérité pratique, quelque chose sur quoi on agit » [1]. C'est donc dans un critère pragmatiste que James trouve la raison d'une distinction complexe entre ces expériences et choses réelles qui forment la partie stable de notre « chaos expérimental » et qui sont connues sous le nom de monde physique d'une part, et « un ensemble d'expériences mentales » [2] d'autre part. Car la différence fondamentale entre arrangement physique et arrangement mental est de l'ordre de l'enchaînement actif.

Les objets réels sont ceux qui sont toujours suivis de conséquences. « Et ainsi les expériences réelles se séparent des expériences mentales, les choses réelles se séparent des pensées, imaginaires ou vraies, que nous nous en formons d'elles » [3]. Il y a des feux qui brûlent le bois et des eaux qui éteignent les feux, alors que d'autres n'auront aucune action. Telle est la ligne de partage : « le feu mental est ce qui ne brûlera aucun bout de bois ; une eau mentale est celle qui n'éteindra pas nécessairement même un feu mental (bien qu'évidemment elle le puisse) » [4].

Ce qui qualifie le physique est ainsi sa force. Mais il ne s'agit pas d'une opposition : James définira au contraire le contraste du mental et du physique dans un cadre évolutionniste comme différence de degré. Ainsi édifie-t-il un système d'expériences suivant des étapes d'énergie décroissante depuis le cœur du physique jusqu'au pur imaginaire, en passant par des expériences émotionnelles, esthétiques et morales. Ordre interne et monde objectif ne se différencient alors que graduellement. Ils ne sont eux-mêmes que les diversifications opérées sur un même ensemble d'expériences chaotiques.

Voilà donc la façon dont est proposée par James une hypothèse qui récuse toute dualité comme fondamentale, tout en refusant une perspective qui tendrait à réduire un ordre combinatoire à l'autre ; qui rejette à la fois l'idéalisme et le matérialisme. Le monisme neutre, tel qu'il est exposé par James, est bien un essai de nier la « conscience » pour mieux affirmer la réalité des pensées. « Cette entité est fictive alors que les pensées dans le concret sont pleinement réelles. Mais les pensées dans le concret sont faites du même matériau que les choses » [5]. Le monisme neutre est une tentative

1. « Does Consciousness Exist ? », dans *Essaisd'empirisme radical*, *op. cit.*, p. 48.

2. *Ibid.*, p. 17.

3. *Ibid.*, p. 53.

4. *Ibid.*

5. *Ibid.*, p. 55-56.

originale et complexe pour rendre compte de l'unité foncière des pensées et des choses, de telle sorte qu'apparaisse la différence entre le contexte interne « mental » et le contexte externe « physique ».

Mais alors, dans cette hypothèse, il n'y a plus de place pour une quelconque objectivation intuitive de la spécificité substantielle du mental, il n'y a plus de place pour une prise de conscience introspective. Il n'existe plus de lieu ni de fonction propre pour un sujet absolu à partir de quoi seul pourrait être expliquée la possibilité de la connaissance. La « conscience » doit être rangée aux oubliettes des entités métaphysiques superflues :

> Le "je pense" dont Kant a dit qu'il doit pouvoir devoir accompagner tous mes objets, est le "Je respire" qui les accompagne effectivement (...). Le souffle qui fut le prototype de l'"esprit", le souffle qui sort de nous entre la glotte et les narines est, j'en suis persuadé, l'essence à partir de laquelle les philosophes ont construit l'entité connue d'eux sous le nom de "conscience"[1].

OBJECTIONS ET PROLONGEMENTS À L'HYPOTHÈSE MONISTE NEUTRE

Bertrand Russell est sans doute le philosophe qui a pris le plus au sérieux ces textes de William James. Il leur consacre de longues études et une série d'objections sur lesquelles il reviendra lorsque, renonçant à sa théorie de l'« acquaintance », il adoptera finalement le monisme neutre. Reste que s'il dit accepter cette hypothèse à partir de 1918, il récusera jusqu'à la fin ce qui pourtant en fait le fond, à savoir le pragmatisme. « Pendant l'année 1918, écrit-il, ma conception des événements mentaux subit un changement très important ». Le crédit qu'il accorde aux thèses de James est alors le produit d'abandons successifs. Renonçant d'abord à la distinction entre contenu et objet, il lui faudra rejeter l'idée que « la sensation est une occurrence fondamentalement relationnelle par laquelle un sujet "prend conscience" d'un objet ». C'est ainsi toute sa théorie de la connaissance organisée sur la notion de « prise de conscience » (*awareness*) et de « connaissance directe » (*acquaintance*) qui se trouve ébranlée par la remise en question « du caractère relationnel des occurrences mentales ». Et Russell de reconnaître : « Dans mes conférences sur l'atomisme logique, j'exprimais ces doutes; peu après, je me persuadais

1. *Ibid.*, p. 55.

que William James avait eu raison de nier le caractère relationnel des sensations »[1].

Plus nettement encore Russell rappelle le contexte de l'émergence et l'effet dévastateur de la thèse de James dans *Does Consciousness Exist?* : « Dans cet essai, il affirmait que le prétendu sujet est le nom d'un non-être. Il poursuivait « Ceux qui s'y attachent encore s'attachent à un simple écho » que laisse derrière elle l'âme, « dans l'atmosphère philosophique". Et Russell d'avouer: « Cet essai avait été publié en 1904; je ne me persuadai de sa justesse que quatorze ans plus tard »[2].

Cette reconnaissance va être au principe chez Russell d'une démarche très nouvelle, pour sauver la possibilité d'une connaissance scientifique en éliminant les entités métaphysiques superflues, de reconstruction de l'esprit (*Analyse de l'esprit*, 1921) et de la matière (*Analyse de la matière*, 1927), et plus encore de compréhension de la signification (*Signification et vérité*, 1940) et de la connaissance humaine (*La connaissance humaine, sa portée et ses limites*, 1948). Mais Russell ne renoncera jamais à quelque dualité, qu'il affirme être essentielle à toute connaissance. Bref, et là est ce que Russell ne peut admettre dans le pragmatisme, il s'agit de penser quelque possibilité d'une correspondance réaliste. C'est bien en ce sens qu'il finira par chercher du côté d'une construction très lourde des lois causales de quoi sortir du subjectivisme et du solipsisme, et asseoir la possibilité d'une connaissance « de » quelque chose[3] :

> Je me sépare du pragmatisme sur un point essentiel: le pragmatisme soutient qu'une croyance doit être jugée vraie si elle a certaines sortes d'effets, alors que je soutiens qu'une croyance empirique doit être tenue pour vraie si elle a certaines sortes de causes[4].

Par delà Russell, de façon générale, il apparaît que le monisme neutre a pu être tenu comme un compromis très séduisant au vingtième siècle. Prétendant dépasser l'opposition métaphysique entre l'idéalisme et le matérialisme, cette hypothèse dénonce l'inadéquation du dualisme cartésien pourtant auparavant hégémonique. C'est ainsi que les questions qui motivent le monisme neutre, de même que son examen, voire les essais de

1. Russell, *Histoire de mes idées philosophiques*, Paris, Tel-Gallimard, 1989, p. 167.

2. *Ibid.*, p. 168.

3. Il lui faut rendre compte de la possibilité de la compréhensibilité de notre compréhension. Nécessité d'un examen des lois causales différentes de la seule considération des effets, qui nous permettent de construire logiquement les « choses ». Parallèlement, analyse des lois causales psychologiques pour rendre compte du caractère spécifiquement mental des opérations mentales, donc dualité entre deux types de lois causales.

4. B Russell, *Histoire de mes idées philosophiques*, *op. cit.*, p. 220.

sa réfutation, occupent un grand nombre d'auteurs s'inscrivant dans des champ culturels et disciplinaires que l'on poserait pourtant comme très éloignés. Au premier chef on trouve certes l'épistémologie et les penseurs qui tentent de réfléchir sur la connaissance. Mais cela emporte également, sous l'espèce de la désignation que nous tiendrons ici comme provisoire de « philosophie de l'esprit », la psychologie et l'analyse des processus d'apprentissage. C'est dire que l'éducation semble concernée d'emblée. Dès lors que l'on se soucie de poser quelque rationalisation de l'action de transmission, la préoccupation majeure sera de définir un critère de démarcation par où l'on peut justifier ce qui est à enseigner. Ce sera aussi de comprendre les mécanismes et les processus par quoi l'on apprend.

Ajoutons que toute tentative d'élimination de la métaphysique rencontre des enjeux politiques, *a fortiori* dans ces années du XXe siècle où prévalent les temps de transformation et de révolution. Le monisme neutre, en un certain sens, atteindra jusqu'à Lénine, lequel s'attache à réfuter les thèses de Mach, de ses successeurs, épigones et alliés. Le sous-titre de *Matérialisme et empiriocriticisme*[1] n'est-il pas « Notes critiques sur une philosophie réactionnaire ». Car Lénine entend faire face à l'offensive que mènent, à ses yeux, à l'encontre du matérialisme dialectique, les disciples russes de Mach (Loukevitch, Valentinov mais aussi Victor Tchernov, V. Bazarov et l'« empiriomonisme » de A. Bogdanov). Rejet de l'affirmation selon laquelle Marx est un métaphysicien qui aurait introduit le matérialisme sans avoir élaboré une théorie critique de la connaissance; proclamation d'une objectivité de la connaissance : il s'agit pour Lénine de récuser cet « empiriocriticisme » qui cherche à dépasser le matérialisme et l'idéalisme. Débat quelque peu oublié sans doute, surtout dès lors que les années quatre-vingt nous ont fait découvrir en France l'œuvre de Lev Vygotski[2] cinquante ans après que le stalinisme eût interdit qu'on citât le nom même de Vygotski, y compris pour ses disciples que sont en particulier Alexis Léontiev et Alexandre Luria. Vygotski pourtant n'est

1. V.I. Lénine, *Matérialisme et empiriocriticisme. Notes critiques sur une philosophie réactionnaire* (1909). La première édition française sous la traduction de Victor Serge est parue en 1928., rééd. Moscou, Paris, Éditions du Progrès, Éditions Sociales, 1973.

2. L. Vygotski, *Pensée et langage*, trad.fr. F. Sève, Paris, Messidor/Éditions sociales, 1985. L'avant propos de Lucien Sève commence : « Publier pour la première fois en français un ouvrage de Vygotski – en l'occurrence son dernier livre, son livre majeur – et cela un demi-siècle après sa mort, c'est commencer à combler une inconcevable lacune bibliographique propre à la France, en y rendant enfin accessible un jalon essentiel de la psychologie soviétique, dont Vygotski peut à maints égards être tenu pour un fondateur ». On notera au passage cette étrange surprise de l'auteur de l'avant-propos en rappelant l'extrême obligeance du parti communiste français à l'égard de l'union soviétique et de Staline !

nullement hostile au marxisme, loin de là. Mais en écho à son temps, à la suite de Porchnev, et ami du linguiste Marr, Vygotski montre l'importance du langage et des interactions verbales dans la constitution du système qui organise et régule les comportements collectifs.[1] Surtout il s'oppose certes au mentalisme mais également au réductionnisme psychophysiologique, alors même que le stalinisme fait du paradigme pavlovien la seule psychologie compatible avec le *diamat*.

De manière générale, l'élimination du dualisme semble être de mise au vingtième siècle, ce temps où plus personne, aux États-Unis du moins, n'ose se dire dualiste. Toutefois, à la différence de James et de son hypothèse moniste neutre, l'approche s'est faite scientiste et réductionniste. Le tournant est là, paradoxal. Alors que le pragmatisme ne répugne pas au behaviorisme, tout en ne s'y réduisant pas, la philosophie de l'esprit trouve les raisons de son renouveau dans la défaite du behaviorisme et va se tourner progressivement vers le biologique. Searle le note :

> La philosophie de l'esprit avait été discréditée par l'idéalisme, l'hégélianisme, c'est-à-dire tout ce que Russell et Moore avaient combattu. Tout s'est passé comme si elle était devenue, tout d'un coup, un genre respectable, comme si on pouvait appliquer les méthodes analytiques aux questions traditionnelles de la philosophie de l'esprit.

Cela tient, certes, remarque-t-il, à l'essor des neuro-sciences qui font de l'esprit humain un objet naturel, emportant du même coup tout intérêt du dualisme entre esprit et nature. Reste un problème que ne manque pas de soulever Searle: «Le projet en soi était des plus louables, mais ses promoteurs ont fait une erreur fatale : celle de concevoir le cerveau comme un ordinateur et l'esprit comme un programme»[2].

Cognitivisme et neurobiologie aidant, toute une recherche se constituant désormais en tradition, vise à développer une sorte de science naturelle de l'esprit qui ne cherche plus tant à comprendre la nature de l'entendement, mais le fonctionnement de l'esprit dans le traitement de données. On fait appel alors à la linguistique, à la logique et aux travaux de la biologie sur le système nerveux. Quelles que soient leurs divergences, toutes ces théories entendent éliminer la conscience comme entité.

1. Sur ce point voir J.-P. Bronckart, «La conscience comme «analyseur» des épistémologies de Vygotski et Piaget» *in* Y. Clot (dir.), *Avec Vygotski*, 2e éd. aug., Paris, La Dispute, 2002, p. 27-53.

2. J. Searle, « Langage, conscience, rationalité : une philosophie naturelle, entretien avec John Searle », *Le Débat*, n°109, mars-avril 2000, p. 178.

Ainsi peut-on rappeler, en France, le succès que connaissaient dans les années 1980 les travaux de Laborit[1]. Ainsi encore peut-on évoquer l'importance qu'ont pu prendre des défenseurs d'une forme du matérialisme physicaliste tels Jean-Pierre Changeux ou Jean-Didier Vincent. Changeux entend démontrer l'identité entre états mentaux et états physiologiques ou physico-chimiques du cerveau et proclame que l'homme n'a dès lors plus rien à faire de l'esprit; il lui suffit d'être un homme neuronal[2]. Jean-Didier Vincent quant à lui réfute toute affirmation d'une différence entre pensée et cerveau. « Le cerveau, écrit-il, fonctionne sur la sélection de similitudes et de contrastes; il établit des rapports et des rapports entre rapports vraisemblablement par l'intermédiaire de groupes neuronaux dont la structure et la dynamique restent à ce jour hypothétiques ». Et notre auteur d'ajouter : « Ces rapports sont par définition abstraits, mais pas plus que ne l'est celui qui unit une molécule vivante à une autre(...). Cette abstraction fait que l'on parle parfois, à tort, de psychisme ou d'esprit »[3].

Sa critique est ainsi radicale à l'égard du dualisme et de la pensée de Descartes plus particulièrement, et les attendus de la critique sont très « pragmatistes ». Car pour lui, les représentations sont pour le sujet « non seulement le contenu de son monde, mais également ses schèmes d'action sur ce même monde » : « La pensée traduit les processus de catégorisation sur le réel (...). Il est faux en revanche d'affirmer que la pensée est l'opérateur de ses catégorisations, c'est-à-dire qu'elle effectue un travail sur les représentations »[4].

Les préoccupations, on le voit, physico-centristes, sont fort éloignées de l'humanisme qui anime et justifie le pragmatisme. La neuro-biologie et la programmation cérébrale ont peu à voir avec le flux qui, de parties d'expérience à parties d'expérience, conduit à la satisfaction. Searle remarque que nombre de ses collègues (et de citer Dennet et Fodor) conçoivent la naturalisation de la conscience par réduction à d'autres phénomènes. Autrement dit, ils nient son existence. « Je soutiens au contraire, dit-il, qu'il n'y a pas à naturaliser la conscience car elle est naturelle, et réelle au même titre que la digestion ou la photosynthèse ».

1. Notons d'ailleurs que ces thèses vont bénéficier, chose peu banale, de la popularisation par le cinéma. En 1980 Alain Resnais, met à l'écran les thèses de Laborit dans *Mon oncle d'Amérique*. Réduisant la pensée à un fonctionnement cérébral, Laborit affirme – assertion que ne démentirait pas un pragmatiste – qu'un cerveau n'est pas fait pour penser mais pour agir.

2. J.-P. Changeux, *L'Homme neuronal*, Paris, Fayard, 1983.

3. J.-D. Vincent, *La Chair et le diable*, Paris, Odile Jacob, 2000, p. 47-50.

4. *Ibid.*, p. 126-127.

Ainsi peut-il critiquer la philosophie analytique qui souffre « du même préjugé dualiste post-cartésien ». « Comme personne en Amérique ne veut être dualiste, on essaie d'éliminer la conscience. J'essaie de n'être ni dualiste ni matérialiste »[1].

N'empêche, la philosophie de l'esprit poursuit ses programmes de recherche de même que sa version strictement réductionniste. La volonté de « naturaliser » l'esprit et la pensée sous la domination des sciences de la nature connaît un réel succès. Nombre d'ouvrages signalent « l'erreur de Descartes »[2] pour mieux affirmer, paradoxalement, la toute puissance de la maîtrise de la nature par la compréhension strictement scientifique, s'agirait-il d'ailleurs pour ces auteurs d'affirmer la légitime domination de la biologie et des neurosciences.

Cette perspective peut trouver écho dans une pensée de l'éducation qui s'attache à une rationalisation de l'acte d'enseigner. À titre d'exemple, je noterai que les facultés de psychologie et sciences de l'éducation de nos collègues belges comptent pour un très grand nombre d'entre elles un diplôme supérieur de neurosciences cognitives. L'Université de Cambridge en sa faculté d'éducation compte le « Center for neuroscience in education ». En France, il semble que l'on ait davantage résisté à cette approche « naturaliste » – Descartes oblige sans doute ! Pierre Léna remarquait d'ailleurs, pour le déplorer : « il est frappant de constater, en France et plus particulièrement dans les milieux de l'enseignement, l'impact encore très limité des travaux concernant le rapport entre l'éducation et les sciences cognitives ». Et d'affirmer : « Dans d'autres pays (États-Unis, Japon, Pays-Bas, Royaume-Uni) la recherche à l'interface de ces deux domaines paraît beaucoup plus active »[3].

Aussi relayait-il l'ambition de sensibiliser les enseignants aux travaux des sciences cognitives et d'inciter les enseignants chercheurs engagés dans la formation des enseignants à développer leurs recherches dans ce champ. On comprend alors que le pragmatisme ait eu quelque mal à s'imposer après qu'il eut en effet contribué à élaborer les cadres nouveaux de la réflexion.

1. J. Searle, « Langage, conscience, rationalité : une philosophie naturelle, entretien avec John Searle », *op. cit.*, p. 184.

2. Selon le titre d'un ouvrage de A. Damasio, *L'erreur de Descartes*, trad. fr., Paris, Odile Jacob, 2000. Voir également G. M. Edelman, *Biologie de la conscience*, trad.fr., Paris, Odile Jacob, 2000; J.-P. Changeux outre *Fondements naturels de l'éthique* qu'il dirigea, Paris, Odile Jacob, 1993, voir avec A. Connes, *Matière à penser*, Paris, Odile Jacob, 2000; *L'homme de vérité*, Paris, Odile Jacob, 2002.

3. CR de l'Académie des sciences, séance du 9 mai 2006.

L'hypothèse moniste neutre, du moins, semblait prévenir une dérive possible. Car cette volonté systématique de naturalisation entendue comme alignement des objets des sciences humaines et sociales sur les sciences naturelles semble conduire à un curieux effet. Cherchant à éliminer de ses considérations la métaphysique, elle finit par traduire des problèmes de gnoséologie en termes d'ontologie. Cela conforte sans doute l'importance que peut avoir, dans une entreprise de « naturalisation », la critique de la gnoséologie : le passage d'une critique de la métaphysique au nom des processus de la connaissance, à une critique de la théorie de la connaissance. Telle est en effet la leçon que l'on peut tirer du pragmatisme de Dewey et de Rorty : il est nécessaire de limiter les enjeux de l'épistémologie, d'avancer une acception du savoir sans le pouvoir.

Le traitement que Rorty réserve à l'hypothèse moniste neutre est à cet égard intéressant, car la critique qu'il en fait relève précisément de l'esprit du pragmatisme. *L'Homme spéculaire* s'organise sur une réflexion dans le champ de la gnoséologie. Les deux premiers chapitres – « L'invention de l'esprit » et « Le peuple des sans esprit » – sont consacrés au « problème esprit-corps ». Ils s'attachent très explicitement à l'examen des diverses thèses qui ont cours : dualisme, philosophie de l'esprit, matérialisme, physicalisme, intentionnalité, etc. Dans les analyses de Rorty, la conscience est emportée avec le rejet de toute notion qui se rapprocherait d'une « essence spéculaire ». Rorty, en cette inspiration très large, retrouve bien les questions qui agitent les monistes neutres et les philosophes de l'esprit. Mais précisément, l'hypothèse moniste neutre lui semble par trop prisonnière de la théorie de la connaissance si caractéristique de la philosophie moderne, de la philosophie du XVIIe siècle. Comme il le précise : le « problème de la conscience », censé être purement métaphysique, n'est rien de moins et rien de plus que « le "problème gnoséologique" de l'accès privilégié ». Or, conclut-il : « dès qu'on a vu cela, la querelle qui oppose le dualisme au matérialisme perd tout intérêt » [1].

Un tel jugement touche juste : il atteint en effet au cœur de l'enjeu du monisme neutre. Dans sa version russellienne, cette hypothèse a bien pour objectif de sauver la possibilité de la connaissance. Complété par la théorie causale de la perception, le monisme neutre tente de légitimer l'objectivité de notre connaissance en nous prémunissant – du moins Russell le croyait-il – contre le solipsisme et contre le scepticisme radical.

Toutefois, parce qu'elles sont par trop schématiques et sans doute trop extérieures aux questions qui animent les débats autour de cette hypothèse,

1. R. Rorty, *L'Homme spéculaire*, *op. cit.*, p. 83-84.

il apparaît que les analyses que nous livre Rorty du monisme neutre sont au moins inexactes. Surtout, Rorty semble ne pas comprendre cette conception en négligeant le lien qui peut être établi, chez James, entre monisme neutre et pragmatisme.

« Traditionnellement, nous dit Rorty, quand l'expérience et l'"analyse des significations" échouent, les philosophes se lancent dans la construction d'un système *ad hoc* ». Le « monisme neutre », pour lui, relève de ce type de stratégie. Selon cette conception, affirme-t-il, « le physique et le mental sont posés comme deux "facettes" d'une certaine réalité sous-jacente, sur laquelle il est inutile de s'interroger davantage ». Dans cette perspective, par conséquent, ajoute-t-il : « On ne sait rien de la réalité en question, mis à part que "nous savons immédiatement à quoi elle ressemble", ou que la raison (le besoin de sortir des dilemmes philosophiques) la requiert ». Pour Rorty, à des titres très divers et avec des attendus très différents, Bergson, Russell et Ayer, James et Dewey, se retrouvent dans cette conception générale. Et d'ajouter, très critique à l'égard des tenants du monisme neutre, qu'ils

> sont enclins à penser que la philosophie a trouvé, ou devrait chercher, un substrat sous-jacent, en prenant exemple sur le processus scientifique qui a fait découvrir, derrière les éléments, des molécules ; derrière les molécules, des atomes, etc. Mais, en fait, ce "substrat neutre", ni mental ni physique, n'est pas censé avoir de propriétés spécifiques, il est là pour être postulé et aussitôt oublié(voire, mais cela revient au même, pour qu'on lui assigne le rôle d'une donnée ineffable) [1].

Ce rappel de l'analyse de Rorty éclaire le lien que le monisme neutre peut présenter avec le pragmatisme. On soulignera ici quelques points qui témoignent de l'écart entre le pragmatisme de William James et celui, réactualisé, de Richard Rorty. C'est que non seulement entre les deux le temps a passé, mais surtout la philosophie analytique s'est instituée comme tradition. Elle se retrouve, quoi qu'il en ait, dans la pensée de Rorty.

On peut laisser de côté cette proposition selon laquelle le monisme neutre couvrirait au fond une sorte d'hypothèse *ad hoc*. On peut aussi trouver très rapide cette identification entre philosophie de l'esprit et monisme neutre, et, plus encore, cette identification de Bergson au clan des monistes neutres. La philosophie bergsonienne n'est concernée par cette question que dans le débat qui oppose James et Bergson. Mais plus important semble être cette mécompréhension par Rorty de la neutralité

1. *Ibid.* p. 107-108.

du monisme. Il ne s'agit pas tant avec le monisme neutre d'une théorie du double aspect ou d'une double facette – physique et mentale – d'une même substance sous-jacente. Il s'agit plus proprement d'une construction et d'une combinatoire. Ce que Rorty, n'a pas suffisamment perçu, c'est précisément l'importance du contexte et de la construction. Ce qu'il ne saisit pas, semble-t-il, c'est que l'abstraction relève, non d'un ineffable qui serait immédiatement donné, mais d'un construit. Plus encore, l'abstraction, pour James en particulier, implique non pas une procédure de décomposition chimique telle l'analyse des molécules en atomes, mais quelque processus d'addition. Avec James, nous l'avons vu, le monisme neutre et l'empirisme radical qu'il implique, supposent toujours un *plus*; James proclame que tout processus de compréhension relève en quelque manière d'un surcroît, d'un supplément d'expérience. L'abstraction est construction et non décomposition. La neutralité n'est pas un quelque chose « derrière ».

Reste un trait essentiel que nous retiendrons avec Rorty : le monisme neutre relève d'une suspension ontologique qui peut apparaître comme un moyen d'échapper au scepticisme gnoséologique. Tel était en tout cas son enjeu pour Russell, assorti qu'il était d'une théorie causale de la perception. Et c'est sans aucun doute en ce point qu'il s'agirait pour nous, aujourd'hui, de le dépasser. Le monisme neutre russellien peut apparaître comme l'un des derniers avatars de cette théorie de la connaissance qu'il convient de critiquer. Mais cela tient sans aucun doute à la volonté affichée par Russell d'en adopter une version qui puisse nous prémunir contre l'empirisme radical et le pragmatisme de ses origines. Par là donc il s'agirait de distinguer très nettement le rattachement de Russell au monisme neutre de celui de James. Et pourtant, même chez James, nous l'avons vu, le monisme neutre et l'empirisme radical restent attachés à une théorie de la vérité et sont un moyen de justifier la « vérification », le rapport entre subjectif et objectif.

Tel peut être le bilan : le monisme neutre contribue à l'élimination du dualisme. Fort du principe d'économie, il participe à toute entreprise qui entend se passer des entités métaphysiques et procède ainsi à une « naturalisation », « désubstantialisation » de l'esprit et de la matière. Mais le monisme neutre demeure une hypothèse prisonnière des cadres théoriques qu'elle entend récuser. La métaphysique est éliminée avec cet effet paradoxal que les problèmes gnoséologiques ne trouvent de résolution que dans une « vision du monde » ; qu'une naturalisation métaphysique conduit à une ontologisation de la gnoséologie.

Mais par ailleurs Searle a raison, qui renvoie dos à dos le réductionnisme radical qui cherche à «biologiser» les processus de la connaissance, et les dernières tentatives des philosophes analytiques qui voient dans le langage le donné ultime à quoi rattacher la consistance de notre rapport au monde. Avec Russell, Carnap et les philosophes de l'école analytique, en se débarrassant de toute essence, la théorie de la connaissance se voit dédiée en effet à la signification. Mais la signification tend à devenir cet en soi, cet objectif sur quoi s'arrêtent finalement les conditions de possibilité de l'édification d'un langage du savoir et du savoir comme langage.

On peut l'accorder à Rorty: la philosophie analytique est la forme dernière d'une philosophie moderne qui a épuisé toutes les ressources de la métaphysique. Après la critique de la métaphysique, il s'agit désormais d'édifier une critique de la théorie de la connaissance. C'est précisément ce à quoi nous invite un pragmatisme réactivé.

Et c'est bien le pragmatisme et la version inspirée par James de l'élimination du dualisme qui permettent de critiquer ce qui fait le fonds des représentations modernes de la connaissance et qui nous aident à comprendre ce que pourrait être une conception proprement sécularisée de l'éducation.

CHAPITRE V

LA CRITIQUE DE LA THÉORIE DE LA CONNAISSANCE

UNE POSITION DÉCONCERTANTE

L'origine du pragmatisme, avons-nous dit, doit être trouvée dans une réflexion sur la connaissance. Mais c'est paradoxalement pour critiquer, en particulier chez Dewey et Rorty, le rôle dominant qu'a pu jouer, dans l'histoire de la philosophie, la théorie de la connaissance. Et voilà bien ce qui peut dérouter chez les pragmatistes : ils s'attaquent à la question de la vérité mais c'est chaque fois pour la critiquer, la déconstruire, voire, pour Rorty affirmer qu'on peut s'en passer. « Aux yeux des pragmatistes, proclame-t-il, l'histoire des tentatives destinées à isoler la Vérité ou le Bien, ou à définir le mot "vrai" ou "bon", justifient le soupçon qu'il n'y a pas lieu d'y chercher quelque chose d'intéressant». C'est que la philosophie, ce « genre littéraire» « fondé par Platon » qui s'y est attaché, n'a rien trouvé d'intéressant à dire sur la vérité, proclame-t-il. La question n'est pas que les pragmatistes « soient en mesure de proposer un nouveau lot de réponses non platoniciennes aux questions platoniciennes; mais il n'y a pas lieu, selon eux, de continuer à poser de telles questions». Bref, « ce qu'ils désirent simplement, c'est que l'on change de sujet »[1].

On pourrait certes reprendre les objections de Russell à l'encontre du pragmatisme et dire que ce critère d'utilité ou d'intérêt se retourne contre le pragmatisme; qu'« en définitive, la théorie pragmatiste de la vérité doit être condamnée pour cette raison qu'elle ne "marche" pas»[2]. Mais

1. R. Rorty, *Conséquences du pragmatisme, Essais 1972-1980*, trad. fr. J.-P. Cometti, Paris, Seuil, 1993, Introduction, « Pragmatisme et philosophie », p. 14.

2. B. Russell, «La conception de la vérité de William James», dans *Essais philosophiques*, *op. cit.*, p. 184.

l'objection de Russell témoigne de fait des difficultés à comprendre le pragmatisme. Ce qui est en question tient au refus des pragmatistes d'une définition de la vérité par la correspondance externe, c'est en effet comme le dit Russell, que les pragmatistes entendent « prendre congé des "faits" » [1], entendons des « faits durs » isolables, qui servent, comme un quelque chose d'indépendant et d'immuable, comme un « objet » extérieur au « sujet », de point d'ancrage, fondement d'une connaissance alors définie comme certaine.

Et Rorty de poursuivre par un parallèle fort éclairant entre la position des pragmatistes et celle des laïques pour qui la question n'est pas l'affirmation que Dieu n'existe pas. « Ils ne comprennent pas quel sens cela pourrait avoir d'affirmer son existence, ni par conséquent de la nier ». Ce n'est pas qu'ils se fassent de Dieu une autre conception. « Ils doutent seulement que le vocabulaire de la théologie soit au nombre de ceux qui s'imposent à nous ». Ainsi en est-il de l'état d'esprit des pragmatistes : « De la même manière, les pragmatistes sont engagés dans une tentative visant à trouver les moyens d'élaborer des arguments antiphilosophiques dans un langage non philosophique » [2].

Pierce, l'inventeur du nom, à défaut d'être l'initiateur véritable du mouvement pragmatiste, produit à cet égard une affirmation décisive. A l'« idée » et à la « vérité » il convient de substituer la croyance et l'habitude. A la quête de la certitude, il est plus intéressant de substituer l'action, le doute et la recherche; autrement dit une enquête toujours en mouvement. L'important n'est pas de se tenir sur un critère qui puisse nous garantir un fondement absolu de nos orientations, mais de proposer des croyances fiables qui jouent comme règles d'action. « La science est un processus, dit Dewey, et non la prise de possession de l'immuable » [3]. Et la défiance de Dewey à l'égard de la théorie de la connaissance est telle qu'il préfèrera substituer une analyse de l'« assertabilité garantie » aux notions de croyance et de connaissance. Une telle approche lui permet de conforter l'idée d'un « faillibilisme » épistémologique et de justifier l'importance du caractère constant du processus de création et d'enquête. Elle lui permet de récuser toute conception d'une connaissance pure. Car ce qui intéresse Dewey et les pragmatistes ce n'est pas tant le savoir, la *connaissance* comme effectuée, mais le *connaître*, le processus de connaissance. Ainsi l'usage de l'expression « assertabilité garantie » « qui désigne une

1. B. Russell, « La conception de la vérité de William James », *op. cit.*, p. 164.

2. R. Rorty, *Conséquences du pragmatisme, Essais 1972-1980*, Introduction, « Pragmatisme et philosophie », *op. cit.*, p. 14-15.

3. J. Dewey, *Reconstruction en philosophie*, *op. cit.*, p. 24.

potentialité plutôt qu'une actualité demande qu'on reconnaisse que toutes les conclusions des enquêtes particulières font partie d'une entreprise continuellement renouvelée, d'une entreprise en pleine expansion »[1].

On comprend ainsi que le « dialogue » que se livrent Russell et Dewey est un dialogue de sourds. Contrairement à Russell, Dewey ne s'intéresse pas à la vérité car seuls des jugements et non des propositions peuvent être des assertions garanties ou non. Or, les jugements relèvent de l'activité. Ils sont enracinés dans des actions concrètes dans le monde. Et ce sont les conséquences de ces actions qui servent à décider de la garantabilité des jugements en question.

C'est bien là ce que ne peut admettre Russell, ce que, peut-être même, il ne peut comprendre, lui qui, réaliste, donne à la logique la fonction de décider des conditions d'une vérité ou d'une fausseté des propositions, et ne peut se résoudre à renoncer à toute correspondance des propositions et des faits.

Une notion est donc au centre de la critique : celle de « représentation », qui, sous la conception d'une vérité comprise comme « correspondance », implique la dichotomie entre objet connu et sujet connaissant, et suppose un donné extérieur toujours déjà là, fondement de la connaissance. Comme le souligne Cometti : « Une philosophie de la croyance (comme habitude d'action) semble éviter l'inexorabilité de ce "face-à-face" ». Car du coup la notion de représentation peut être éliminée et avec elle tout à la fois le dualisme et les conceptions contemplatives de la connaissance.

> L'association de la croyance comme règle, et de l'action, sous la détermination de l'habitude, est ce qui permet au pragmatisme de faire l'économie de la représentation en remplaçant la relation externe de l'idée et du monde, ou de l'esprit et du réel, par la relation interne de la croyance et de l'habitude, c'est-à-dire de la règle[2].

1. J. Dewey, *Logic: The theory of Enquiry*, Henry Holt ans Cie, 1938, trad. fr. G. Deledalle, *Logique. La théorie de l'enquête*, Paris, P.U.F., 2006, p. 65-66. Dewey ajoute en note : « C. S. Pierce, après avoir noté que nos propositions scientifiques sont susceptibles d'être mises en doute par les résultats des enquêtes ultérieures ajoute : "Nous devons construire nos théories de façon à permettre des découvertes (ultérieures) de ce genre en laissant de la place pour les modifications qu'on ne peut prévoir, mais qui à peu près certainement apparaîtront nécessaires" (*Collected Papers*, vol. V, p. 376 note). Les lecteurs qui connaissent les écrits logiques de Pierce remarqueront que ma thèse leur doit beaucoup. Pierce fut à ma connaissance le premier logicien à faire de l'enquête et de ses méthodes la source première et ultime de l'objet de la logique ».

2. J.-P. Cometti, *Qu'est ce que le pragmatisme*, *op. cit.*, p. 66.

La puissance du pragmatisme et les réticences qu'il inspire tiennent sans doute à ce qu'il vient mettre en cause une interminable quête de l'articulation de l'entendement et des choses qui constitue le fond de la tradition philosophique européenne.

La critique du dualisme est ainsi une conséquence, comme elle est le moyen d'une critique de la théorie de la connaissance « représentativiste » ou « spéculaire » ainsi que le dira Rorty. Et la critique des notions de « représentation » et d'« idée » tient à un parti pris de « désubstantialisation », d'élimination des entités métaphysiques superflues. Dewey le proclame : il y a tout lieu de croire que, loin de vider la philosophie de sa substance, la débarrasser de son fardeau de métaphysique et d'épistémologie stériles lui permettrait d'aborder des enjeux complexes et importants »[1]. Application du rasoir d'Occam oblige : débarrasser le monde du mobilier qui l'encombre est l'une des tâches que se donne le pragmatisme. Jean-Pierre Cometti remarque lui aussi combien les pragmatistes œuvrent à une sécularisation des idées et des notions que la philosophie a le plus souvent idéalisées[2].

Quine, qui entend naturaliser l'épistémologie, dit de la philosophie qu'elle consiste à « nettoyer les bidonvilles ontologiques ». Cette métaphore est puissante, qui, prise à la lettre, indique à quel point la philosophie peut participer au progrès du monde social. C'est précisément cela que développe Dewey, qui s'attache à éliminer toute dichotomie entre les faits et les valeurs, comme entre l'intellectuel et le manuel, comme il entend mettre fin au « conflit stérile » entre naturalisme et humanisme.

> Lorsque la science sera pleinement consciente de la valeur de l'homme, le dualisme qui constitue aujourd'hui le plus lourd fardeau que l'humanité ait à porter, c'est-à-dire le divorce entre le registre de l'idéal et de la moralité d'une part, celui du matériel, du mécanique et du scientifique d'autre part, sera aboli[3].

On comprend par là l'exigence en matière d'éducation, de travailler ensemble les objets intellectuels, le travail manuel et la formation morale. Le développement polytechnique n'est pas alors à concevoir comme une technique ou comme un programme : il exprime le refus de couper l'homme en des abstractions stériles et factices.

Telle est ainsi la leçon de tout pragmatiste, de la nécessité d'une élimination de toute forme de dualisme (sujet/objet; forme/contenu;

1. J. Dewey, *Reconstruction en philosophie*, *op. cit.*, p. 116.
2. J.-P. Cometti, *Qu'est ce que le pragmatisme*, *op. cit.*, p. 69.
3. J. Dewey, *Reconstruction en philosophie*, *op. cit.*, p. 147.

fin/moyens; faits/valeurs; individu/collectif; privé/public ...) comme il s'agit de refuser tout « principe de séparation qui a engendré les dualismes qui ont donné naissance à la philosophie "moderne" l'essentiel de sa matière première »[1].

La critique d'une conception spéculaire de la connaissance

James voit dans l'opposition à toute conception spéculaire de la connaissance, le cœur des critiques de ses adversaires, « les rationalistes ». Dire que « la vérité se fait (...) provoque instantanément une levée de boucliers chez les rationalistes ». Et James poursuit, et ironise :

> Je les entends déjà dire : "La vérité ne se fait pas, elle règne sans partage et absolument car elle est une relation unique qui ne dépend d'aucun processus, mais jaillit par dessus l'expérience et atteint la réalité correspondante tout à coup. Notre croyance que cet objet au mur est une pendule est déjà vraie, sans que personne au monde n'ait jamais eu à le vérifier. Le seul fait qu'une pensée se trouve dans cette relation de transcendance garantit sa vérité, qu'il y ait ou non vérification. Vous les pragmatistes, vous mettez la charrue avant les bœufs lorsque vous prétendez que l'essence de la vérité réside dans des processus de vérification"[2].

On doit sans aucun doute à Richard Rorty la critique la plus explicite de la théorie de la connaissance qui s'organise sur la notion de « représentation » prise à la lettre. Rorty, à la suite de James et de Dewey critique toute conception qui supposerait quelque face-à-face avec un objet subsistant par soi en quelque manière de toute éternité et qui nous obligerait. Rorty dénonce les présupposés d'une conception spéculaire de la connaissance comme il critique une conception « totalitaire » de la vie en société. Une telle critique congédie une certaine idée du savoir scolaire, du rapport pédagogique, comme la critique de toute forme de dualisme atteint pour Dewey la dichotomie de la forme et du contenu, l'opposition de l'élève et des programmes et la dualité de l'individu et du social.

La lecture de *L'homme spéculaire* de Richard Rorty permet de dégager les présupposés qui constituent ce qu'il nomme « théorie de la connaissance ». Rorty fait remarquer que « la formule "l'essence spéculaire de l'homme" (*man's glassy essence*) apparaît pour la première fois en philosophie sous la plume de C.S. Pierce. Mais Pierce en faisait un tout

1. *Ibid.*, p. 27.
2. W. James, *Le pragmatisme*, *op. cit.*, p. 240.

autre usage »[1]. Très présente chez Dewey, la critique est systématisée par Rorty.

Spécularité et immutabilité de l'objet du savoir

Le premier présupposé est l'affirmation du caractère immuable de l'objet du savoir. James le remarquait déjà : le rationaliste peut admettre que notre connaissance change. « Selon cette théorie, la réalité est déjà toute faite et achevée de toute éternité et l'accord de nos idées avec elle est cette qualité unique et inexplicable qui leur est propre »[2]. Les modes d'approche de « la nature » ont pu changer, évoluer, mais « la nature » qu'il s'agit de comprendre et de « découvrir » est toujours déjà là et existe depuis toujours.

D'Alembert dans *l'Encyclopédie*, exprime bien cet esprit, qui fait de la connaissance le résultat d'une vision et qui fait de l'histoire du savoir le produit d'une amélioration de l'acuité de l'observation : « Avant que d'employer et d'user notre sagacité pour chercher un fait dans des combinaisons subtiles, il faut être assuré que ce fait n'est pas près de nous et sous notre main ». La raison est explicite : « La nature est si variée et si riche qu'une simple collection de faits bien complète avancerait prodigieusement nos connaissances ; et s'il était possible de pousser cette collection au point que rien n'y manquât, ce serait peut-être le seul travail auquel un physicien dût se borner »[3].

Affirmation du caractère absolu de l'objet vrai, affirmation du caractère absolu de l'approche du vrai : cette définition du savoir fait du sujet connaissant un spectateur. Cette immutabilité de l'objet du savoir est ainsi pensée comme la garantie de son universalité, et comme la condition de possibilité de sa transmissibilité. En matière de philosophie de la connaissance la métaphore de la vision est nodale. Platon enracine la tradition, qui fait de la *theoria*, contemplation discriminante de l'idée-essence, ce qui fixe l'universel et constitue l'aboutissement du chemin de la connaissance, la fin de la démarche dialectique. Pour Platon, c'est la stabilité de l'idée et son éternité qui font le vrai. Universelle et essentielle l'Idée échappe à la relativité des représentations. Comme le remarque

1. R. Rorty, *L'Homme spéculaire*, *op. cit.*, p. 55, note 10 : Elle sert de titre à un essai publié en 1892, sur la « théorie moléculaire du protoplasme ». Pierce voyait curieusement dans cette théorie, un argument important confirmant l'idée qu'« une personne n'est rien d'autre qu'un symbole incluant une idée générale » et établissant l'existence d'« esprits combinés ».

2. W. James, *Le pragmatisme*, *op. cit.*, . p. 245-246.

3. D'Alembert Article « Expérimental » de l'*Encyclopédie*.

Rorty : « la “contemplation”, autrement dit la connaissance des vérités ou des concepts universaux en tant que *theoria*, fait de “l'œil de l'esprit” le modèle incontournable de la plus haute forme de connaissance »[1]. Descartes intériorise, déréalise, certes, l'idée; il affirme son caractère mental. Mais l'évidence reste le mode d'accès à ces vérités premières et nécessaires qui sont le point de départ de tout l'édifice du savoir. Yvon Belaval remarquait qu'il n'y avait rien de plus insistant chez nos philosophes classiques que « la métaphore empruntée à la perception visuelle. L'idée s'y voit traitée presque comme une chose : elle s'imprime, on la considère, on l'inspecte, on l'embrasse, on dénombre ses caractères »[2].

Bref, savoir c'est voir, et pour voir il s'agit de se placer dans la position adéquate, de regarder selon la nature des objets que l'on voit. Dans la théorie de la connaissance, il y a toujours quelque position réaliste qui implique qu'un sujet soit en face d'un quelque chose qui le dépasse, le transcende et l'oblige. Voir, visualiser, c'est comprendre; mettre en image c'est démontrer. Dans une telle conception de la connaissance où domine une théorie de la vérité comme correspondance avec la réalité, on fait de la connaissance une perception (externe) ou une « inspection » (interne) et l'on fait de l'idée une image des choses, sorte d'intermédiaire entre le sujet et le monde, sorte de troisième terme entre le subjectif et l'objectif. Rorty peut ainsi reprendre les analyses de Dewey : « Pour Dewey la métaphore de “l'œil de l'esprit” dérive de la conception qui fait de l'immuable l'objet de la connaissance ». Il poursuit en citant Dewey :

> Le modèle de la connaissance est une certaine théorie de l'acte de vision. L'objet réfléchit la lumière et on le voit. Tout cela n'affecte aucunement l'objet lui-même, c'est seulement pour l'œil et pour le sujet dont l'appareil optique est mis à contribution que cela fait une différence. L'objet réel est, quant à lui, inébranlable dans sa réserve hautaine, c'est un roi qui s'offre à la contemplation de l'esprit connaissant. De là découle inévitablement la théorie du sujet connaissant spectateur[3].

La force de cette théorie tient précisément à ce qu'il ne s'agit pas d'une doctrine, mais simplement d'« une image que tout lettré rencontrait comme une présupposition constante »[4]. Plus personne ou presque, remarque Rorty, n'est aujourd'hui proprement platonicien. « Mais nous restons

1. R. Rorty, *L'homme spéculaire*, *op. cit.*, p. 52.
2. Y. Belaval, *Les philosophes et leur langage*, Paris, Gallimard, 1952, p. 18.
3. J. Dewey, *The quest for certainty*, cité dans R. Rorty, *L'Homme spéculaire*, *op. cit.*, p. 52, note 6.
4. R. Rorty, *L'homme spéculaire*, *op. cit.*, p. 56.

habités par l'image de notre "essence spéculaire" »[1]. C'est qu'il y a quelque chose de sécurisant dans ce désir de fondement.

Mais il y a dans toute quête de la légitimité quelque chose de l'adoration. Elle s'achève dans la contemplation. C'est en ce sens que la critique de la notion de représentation emporte d'un même élan la connaissance et la politique, l'épistémique et l'éthique. Car la « spécularisation » constitutive de la pensée des modernes est au cœur de l'acception représentativiste du rapport démocratique et d'une forme de sacralité de l'« espace public ». La distinction entre personne privée, réelle, naturelle d'une part et personne publique, représentative, fictive et artificielle d'autre part, est le parallèle sur le plan de la philosophie politique de cette dualité du sujet et de l'objet fondatrice du rapport cognitif.

La critique d'une conception spéculaire de la connaissance concerne aussi l'éducation et la critique d'une conception du savoir scolaire qui suppose que le « savoir de » est premier par rapport au « savoir que ». Une telle conception se fixe sur des contenus de connaissance posés comme universels et intemporels, existant par soi, et non sur le contexte, la mise en perspective, le réseau de significations et d'intérêts de ce qu'il s'agit de travailler dans un rapport éducatif. La connaissance est alors posée comme « relation entre des sujets et des objets et non entre des personnes et des propositions »[2]. La dualité et le face-à-face du sujet et de l'objet manque ainsi ce qui constitue l'activité propre du connaître. Elle renvoie à ces formes pédagogiques qui, au delà de leur diversité ont « quelque chose à voir ». L'interaction entre professeur et élèves qui constitue proprement la leçon à la différence du cours magistral, tient du dialogue dit « socratique ». Elle suppose, avec la maïeutique, qu'il s'agit toujours de faire advenir ce qui est déjà là. Elle affirme toujours en quelque manière, à la suite de Platon que savoir c'est redécouvrir, et qu'enseigner est l'art de faire accoucher du vrai universel qui est en chacun. L'art d'enseigner en effet est l'art de poser les bonnes questions pour accéder à la bonne réponse ; la vérité préexistant et subsistant par soi indépendamment de toute l'activité cognitive.

Plus encore, le face-à-face des élèves et du tableau, constitutif de l'organisation de l'espace scolaire ordinaire, incarne cette conception spéculaire du savoir. Car le maître donne à voir et pointe sur le tableau ce qu'il s'agit de mémoriser et de comprendre, de faire sien. Bref, la critique d'une conception spéculaire de la connaissance ouvre sur la remise en cause de

1. R. Rorty, *L'homme spéculaire*, *op. cit.*, p. 57.
2. *Ibid.*, p. 164.

toute conception qui fait de l'enseignant un médiateur entre la chose et le regard de l'élève.

Spécularité et atomisme

Le second présupposé de la spécularité tient à l'atomisme. C'est bien ici que le pragmatisme peut retrouver Pierce. Car un tel présupposé postule qu'il est possible d'isoler certaines représentations, certains processus et d'édifier à partir de ces fondements, ou ces fondamentaux privilégiés, l'ensemble des connaissances possibles. Descartes expose au plus complet cette théorie qui fait de la simplicité et de la distinction, c'est-à-dire de la séparation, le critère de démarcation de la connaissance certaine, et qui fait de la clarté intuitive, la modalité cognitive de préhension du vrai. Mais tous les philosophes de la connaissance qui ont participé à la construction du monde des modernes s'attachent à la notion d'« éléments ». Ceux-ci peuvent être caractérisés, selon une tradition toute cartésienne, par l'autosuffisance, la radicale distinction à l'égard de ce qui peut en être séparé. L'élémentaire est le nécessaire : ce qui ne peut pas être pensé autrement qu'il est pensé pour autant qu'il est pensé. C'est en ce sens que l'idée est « innée ». On peut aussi, à l'exemple des diverses acceptions de l'empirisme « classique » concevoir l'élément sous la modalité de l'analyse chimique, à partir d'une identité irréductible qui fait que toute complexité n'est qu'une association ou une combinaison. Ainsi, quel que soit le sens que l'on assigne à la notion de savoir élémentaire, cette notion même semble supposer qu'il est possible de procéder, soit dans l'ordre logique, soit dans l'ordre génétique, à une décomposition analytique. Toute connaissance serait ainsi faite de la combinaison ou de la complexification, inductive ou déductive, à partir de données isolables. Dans tous les cas, la notion d'éléments implique un « atomisme ». Qu'ils soient termes premiers dont tout le reste dépend, ou qu'ils soient invariants dont toute combinaison et toute composition est faite, les éléments sont autant de termes isolables qui se déploient dans l'ordre de la juxtaposition. C'est pourquoi il est possible de faire la « table du savoir ». Arbre de la connaissance, édifice de la science, tableau des connaissances humaines, on est bien ici devant la connaissance comme devant un tableau, un spectacle.

Ici l'espace prévaut, où chaque élément trouve son lieu qui, en quelque manière lui est propre et « la chaîne des sciences » de Descartes n'attend que d'être effectivement complétée. Une divergence très forte se montre à cet égard entre cette théorie de la connaissance et le pragmatisme, qui regarde la notion de progrès et la vision humaniste. Car, nous y reviendrons, là où la pensée des modernes voit l'espace, les pragmatistes affirment le temps. A l'immutabilité comme exigence d'universalité répond la création constante, indéterminée mais guidée par un « méliorisme ». Il va de soi que les conceptions de l'éducation qui peuvent répondre à ces deux organisations intellectuelles, sont fort différentes. Tandis que le pragmatisme va insister sur l'activité et l'adaptation à l'ensemble de l'environnement, et va faire de l'enquête le processus même de l'activité de connaissance, une théorie atomiste insistera sur les contenus propres à installer la rectitude d'une démarche, quête de la certitude.

Tout oppose en effet le pragmatisme à l'atomisme. Car si savoir c'est faire, cela signifie que la connaissance est reconstruction, autrement dit que rien, pas même le contexte dans lequel elle opère ne peut être conçu comme un préalable. On dirait dans les termes des sciences sociales contemporaines que ce qui compte ce sont les interactions, en ajoutant que ces interactions engagent et affectent ce qui interagit. On dira que pour un pragmatiste, d'un point de vue logique ce qui prime ce sont les relations. Ici se joue l'impossibilité d'expériences isolées et le repérage d'aspects ou d'expériences indépendamment de leur intérêt pour l'action, de leur signification dans la résolution d'un problème. Le mot « situation », affirme Dewey, ne désigne pas « un objet ou un événement isolé ni un ensemble isolé d'objets ou d'événements ». La raison est explicite : « nous n'expériençons jamais ni ne formons jamais de jugements à propos d'objets et d'événements isolés, mais seulement en connexion avec un tout contextuel. Ce dernier est ce qu'on appelle une "situation" »[1].

La notion d'adaptation que Dewey emprunte à Darwin implique cette réciprocité constante et créatrice entre l'individu et son environnement naturel et social. Dans l'enquête on ne « trouve » pas les éléments susceptibles de résoudre la situation problématique. Non seulement l'enquête consiste à sélectionner certains traits de la situation problématique, mais ils ne sont pas déjà là, et ils se trouveront modifiés en agissant au bénéfice d'une reconstruction adaptative. Loin de chercher à isoler les moyens de la résolution du problème « l'enquête est la transformation dirigée et contrôlée d'une situation indéterminée en une situation dont les distinctions et relations constitutives sont déterminées de telle sorte qu'elle permette de convertir les éléments de la situation initiale en un tout unifié »[2]. Joëlle Zask insiste à cet égard sur une distinction très éclairante

1. J. Dewey, *Logique. La théorie de l'enquête*, trad. fr. G. Deledalle, Paris, P.U.F., 1967, éd. de 2006, p. 128.
2. *Ibid.*, p. 108.

pour la position de Dewey : la distinction entre contexte et situation. Les caractéristiques d'un contexte, remarque-t-elle, « sont pensées comme indépendantes des conduites que l'on y réfère. Elles sont antérieures et peuvent être connues par elles-mêmes, indépendamment des conduites particulières qui en semblent alors des variations accidentelles ». Tout au contraire la situation suppose interaction. Les différences sont alors explicitées :

> Alors qu'une situation est définie par le fait que certains aspects du milieu se prêtent à l'action, pouvant être utilisées comme des outils de persévérance dans la vie, un contexte exprime plutôt l'ensemble des conditions qui limitent l'action. La première augmente les possibles, le second en restreint le nombre. Alors qu'un contexte est un préalable, une condition antécédente, une situation est un résultat. Le premier est immuable, la seconde change [1].

On comprend ainsi toute la complexité que recouvre chez Dewey la notion d'environnement lequel n'est pas simplement physique ou « naturel » mais autant social et culturel, et fait aussi de la transmission l'ensemble de la culture.

> Les problèmes qui provoquent l'enquête ont pour origine les relations dans lesquelles les êtres humains se trouvent engagés, et les organes de ces relations ne sont pas seulement l'œil et l'oreille, mais les significations qui se sont développées au cours de la vie, en même temps que les façons de former et de transmettre la culture avec tous les éléments constitutifs, les outils, les arts, les institutions, les traditions et les croyances séculaires [2].

Cette récusation de l'atomisme par une conception globale de l'environnement et de la culture se retrouvera quelques années plus tard chez les philosophes post positivistes. Nombre de philosophes de la connaissance, s'inscrivant en particulier dans la critique du Cercle de Vienne, ont montré combien il était difficile d'isoler parmi nos représentations lesquelles sont des données immédiates et pures, ou d'identifier des faits bruts c'est-à-dire de séparer ces « éléments » de tout halo théorique, culturel, global. Quine, très explicitement, a radicalement critiqué l'atomisme gnoséologique. Dans les années cinquante Quine définissait l'atomisme comme l'un des dogmes de l'empirisme. Duhem [3] avant lui

1. J. Zask, « Situation ou contexte ? Une lecture de Dewey », in *John Dewey*, *Revue Internationale de philosophie*, Brussels, N° 3 / septembre 2008, p. 314-315.
2. J. Dewey, *Logique. La théorie de l'enquête*, *op. cit.*, p. 101.
3. P. Duhem, *La théorie physique. Son objet, sa structure*, Paris, Vrin, 2007.

critiquait la notion d'expérience cruciale avec cet argument qu'il n'est pas possible d'isoler dans le champ de la connaissance, l'élément qu'il s'agit de considérer pour confirmer ou réfuter une théorie scientifique. Le holisme épistémologique affirme ainsi que toute proposition de la science emporte la totalité du savoir scientifique. Le holisme sémantique de Quine fait de la totalité du savoir et de la culture ce qui permet de penser l'usage et la signification d'un concept de la science. Récusant la dichotomie de l'analytique et du synthétique, du logique et de l'empirique, de la forme et du contenu, Quine s'inscrit dans la critique du présupposé qu'il pourrait y avoir une méthode qui, répondant à ce qui est proprement notre esprit, nous permettrait d'accéder à des vérités, ou un schème organisateur de tous les contenus possibles. Non seulement il renvoie la science du côté du langage, mais dès lors que l'atomisme est refusé, toute prétention de traduction d'un langage dans un autre est contestée. Toute possibilité de correspondance adéquate entre l'empirique et le conceptuel est mise en question. Il n'est de traduction que relative à un manuel de traduction, lequel emporte avec lui une représentation du monde, un réseau de croyances, une ontologie.

L'empiriste a dû consentir, montre Quine, à deux concessions majeures. La première tient à l'abandon de « l'espoir de déduire les vérités de la nature à partir de preuves sensorielles ». La seconde concession tient à l'abandon de la traductibilité par voie de logique des vérités de la nature en termes observationnels. « En quittant l'espoir d'une pareille traduction, l'empiriste concède donc que les significations empiriques d'énoncés typiques portant sur le monde extérieur, sont inaccessibles et ineffables »[1].

Les critiques quiniennes de l'atomisme rencontrent ainsi la récusation de l'objectivisme et de la spécularité. Dans une telle perspective, la connaissance scientifique tient davantage à une dynamique de signification qu'à l'énoncé et à la juxtaposition de lois. La normativité de la science relève aussi du processus et de l'adaptation signifiante et non du discours positif de la détermination.

Spécularité et commensuration

Le troisième présupposé de la spécularité affecte la notion de rationalité comme telle.

La critique quinienne de l'empirisme établit le lien entre atomisme et traductibilité. Le holisme sémantique que Quine substitue ainsi à une vision atomiste du savoir, fait que rien, pas même la plus arbitraire des

1. W. V O. Quine, « L'épistémologie devenue naturelle », dans *Relativité de l'ontologie et autres essais*, trad. fr. J. Largeault, Paris, Aubier Montaigne, 1977, p. 92.

conventions sociales et institutionnelles, ne peut être rejeté comme parti prenante de la détermination du savoir. Mais cela implique que tout espoir d'une totalisation objective doit être abandonné, qu'il faut renoncer à toute prétention à une détermination de la connaissance. L'affirmation d'une sous-détermination des théories apparaît comme une conséquence de la remise en question de la traductibilité des propositions du savoir : « Il existe un évident parallèle entre la sous-détermination empirique de la science prise globalement et l'indétermination de la traduction ». En effet, « dans les deux cas, la totalité des données disponibles est insuffisante pour fixer sous une forme unique le système ». Mais l'indétermination de la traduction est encore plus radicale : « Même si nous tranchons pour l'un des systèmes empiriquement équivalents du monde, et aussi arbitrairement que ce soit, nous aurons toujours à l'intérieur de ce système, l'indétermination de la traduction » [1].

De façon plus large, le troisième présupposé de la spécularité regarde l'hypothèse d'une commensurabilité des énoncés et des contributions distributives. Si l'on en croit Rorty, il s'agit là du présupposé fondamental qui organise l'ensemble de la théorie de la connaissance. Rorty ajoute que ce présupposé articule théorie de la connaissance et philosophie politique. La « commensuration » est le postulat fondamental de l'ensemble des travers de la métaphore de la spécularité.

« L'idée force de la théorie de la connaissance, affirme Rorty, est qu'être rationnel, être pleinement humain, faire ce que l'on doit, c'est être capable de trouver un terrain d'entente avec les autres » [2]. Or, précise-t-il, ce présupposé emporte toute théorie de la connaissance. Par delà les divergences quant à ce qu'il s'agit de considérer comme fondateur, ou premier, ou critère de démarcation, dès l'instant que l'on tente de poser une théorie de la vérité ou que l'on considère que c'est là quelque chose d'important, on cherche quelque lieu de commensurabilité. C'est là, pense-t-on, le seul moyen d'échapper au relativisme et d'ancrer quelque objectivité. De l'extériorité d'une essence au partage d'une signification universelle, les ruses de l'objectivisme et de la spécularité rythment l'histoire de la théorie de la connaissance. « Il y a eu un temps où l'on s'est imaginé qu'on trouverait ce terrain d'entente hors de nous – par exemple dans l'ordre de l'Être, en ce qu'il s'oppose au devenir, dans les "formes" qui simultanément guident la pensée et lui servent de but ». Mais en abandonnant un tel essentialisme des idées, on n'a pas renoncé à l'objectivisme. En effet,

1. W.V.O. Quine, *La Poursuite de la vérité*, Paris, Seuil, 1993, p. 143.
2. R. Rorty, *L'Homme spéculaire*, *op. cit.*, p. 350.

« comme au XVIe siècle, on s'est imaginé qu'on le trouverait en nous, qu'il suffisait de comprendre notre esprit pour accéder à la méthode qui nous permettrait d'atteindre la vérité». Les philosophes contemporains de l'école analytique n'échappent pas à cette tendance: ils «ont cru qu'il fallait s'en remettre au langage, supposé fournir le schème universel de tous les contenus possibles». C'est bien là le cœur de l'opposition au pragmatisme de nos auteurs, car, comme le remarque Rorty : le pragmatisme comme d'autres approches «antifondatrices» ou «holistes» «sont pour beaucoup de philosophes à peu près aussi inacceptables les unes que les autres, précisément parce qu'elles renoncent à toute entreprise de commensuration et donc se présentent comme "relativistes"» [1].

La modernité tient en effet la rationalité à la fois comme un ensemble de règles et comme ce qui renvoie proprement à une nature. Descartes exprime au mieux cette conception, qui fait de l'idée innée tout à la fois une entité mentale et une essence; un élément constitutif de notre nature et une nature en soi. Et c'est en quoi elle est proprement idée innée : elle n'est ni acquise, ni inventée. Elle est en moi une relation nécessaire, indissociable de la modalité de la pensée. Mais elle est aussi et en même temps indépendante de moi, échappant à l'arbitraire de ce qui relève des déterminations de ma particularité et de ma subjectivité. C'est bien en quoi il n'est pas naturel de douter de l'idée innée; un tel doute implique que je remette en cause la nature même de mon esprit. Le doute doit alors se faire métaphysique (hypothèse du Dieu trompeur), avant que, pour avoir quelque efficacité et quelque durabilité il doive, emprunter, contre la raison, les secours de l'imagination et de la fiction (fiction du malin génie). Dans la pensée cartésienne la connaissance et l'Être sont ainsi soumis à un même ordre, une même mesure. Dans une telle perspective, la rationalité est une autre forme de l'objectivité : elle implique une double caractérisation de l'objectivité : logique et ontologique en quelque manière. Être objectif c'est dérouler convenablement l'ordre discursif. Être objectif c'est aussi représenter les choses, dire les choses telles qu'elles sont. La raison est alors conçue comme « une capacité transculturelle de correspondance avec la réalité, une faculté dont la possession et l'usage se démontrent par l'obéissance à des critères explicites » [2].

La rationalité en liant correspondance au réel et respect d'une méthode, c'est-à-dire respect de règles et de critères en quelque façon préétablis qu'il

1. R. Rorty, *L'Homme spéculaire*, *op. cit.*, p. 350-351.

2. R. Rorty, « Solidarité et objectivité », dans *Objectivisme, relativisme et vérité*, trad. fr. J.-P. Cometti, Paris, P.U.F., 1994, p. 47.

s'agit de « découvrir », il devient clair que la science de la nature peut être tenue pour le paradigme de la rationalité [1]. Il devient clair également que universalité et vérité sont indissolublement unies. La commensurabilité des discours semble alors être l'indice d'une nature humaine immuable, éternelle et transculturelle. A la spécularité gnoséologique répond ainsi « la notion d'une nature humaine comme une structure intérieure qui conduit tous les membres de l'espèce à converger vers le même point, à reconnaître les mêmes vertus, les mêmes œuvres d'art comme dignes d'honneur » [2].

Remarquons toutefois que Rorty ne rejette pas proprement l'entente ou le consensus, mais le présupposé qu'un cadre immuable et en quelque manière transcendantal, qu'il soit extérieur ou intérieur, qu'il soit de l'ordre des choses ou de l'ordre du schème, est la condition du consensus. Autrement dit, ce que rejette Rorty c'est, sous ce présupposé d'une commensuration, les postulats d'une immutabilité et d'une atomicité de l'organisation de la connaissance. Le présupposé qui parcourt la philosophie est cette idée que « l'homme aurait une essence – nommément celle de découvreur d'essences ». Ainsi, deux propositions se répondent. D'une part notre tâche est de « refléter adéquatement, au sein de notre "essence spéculaire", l'univers qui nous entoure ». D'autre part « l'univers est fait de choses très simples, connaissables, clairement et distinctement, et la connaissance de leurs essences fournit le lexique clef de la commensurabilité de tous les discours » [3].

La signification en question

On peut noter en ce lieu ce qui oppose la philosophie analytique et la tradition du pragmatisme. Car on peut déceler dans la tentative analytique l'un des derniers avatars de la philosophie de la connaissance, l'un des derniers essais pour organiser la connaissance sur quelque critère universel et transcendantal. La question de la signification est ici centrale, notion qui peut apparaître en un certain sens comme ce qui reste dans la pensée du vingtième siècle de l'idée d'« idée ». A cet égard, la contribution de Quine est importante, qui s'attache à la critique de la notion de signification. C'est sur ce terrain que Quine critique d'un même élan la philosophie analytique et le pragmatisme.

1. *Cf.* R. Rorty, « La Science comme solidarité », dans *Science et solidarité, la vérité sans le pouvoir*, trad. fr. J.-P. Cometti, Combas, Éditions de l'Éclat, 1990.
2. R. Rorty, « Solidarité et objectivité », *op. cit.*, p. 51.
3. R. Rorty, *L'Homme spéculaire*, *op. cit.*, p. 393.

Quine affirme en effet que sur « les points décisifs de l'empirisme » qui ont marqué la philosophie du vingtième siècle, le pragmatisme apparaît sans effet notable. Le tournant linguistique est ici au premier plan : passage des idées aux mots suivi de deux « changements de focalisation sémantique » : « des mots aux énoncés » d'abord ; « des énoncés aux systèmes d'énoncés » ensuite. « Le quatrième (...) réside dans le monisme méthodologique : l'abandon du dualisme de l'analytique et du synthétique. Le cinquième est le naturalisme : l'abandon du but d'une philosophie première supérieure à la science »[1]. Or, dans cette défense d'une version holiste de l'empirisme, Quine pense que les pragmatistes sont au mieux hésitants. Reste une reconnaissance du pragmatisme : « Les deux meilleures suppositions m'ont paru résider dans une sémantique behavioriste, à laquelle je souscris de tout cœur, et la doctrine qui voit en l'homme l'artisan de la vérité, doctrine que je partage dans unc large mesure »[2].

Sans doute, comme le remarque Rorty, Quine reste-t-il encore prisonnier de la théorie de la connaissance, « convaincu que la logique symbolique devait, en quelque manière avoir des "implications ontologiques" »[3]. Il est vrai que Quine, philosophe post-analytique, est très focalisé sur la critique de toute perspective, au rang de laquelle la philosophie analytique et le Cercle de Vienne, qui établissent la connaissance sur des significations premières, des représentations privilégiées. Il risque d'emporter dans cette critique la notion de signification ce que ne saurait comprendre un pragmatiste, et l'usage de la notion d'« idée », usage dont ne se prive pas un pragmatiste.

Il suffit sur ce point de rappeler chez Dewey l'importance des idées dans la théorie de l'enquête et le lien qu'elles entretiennent avec les significations. « Les idées sont des conséquences anticipées (des prévisions) de ce qui arrivera quand certaines opérations seront effectuées en tenant compte des conditions observées et sous leur direction »[4]. Mais parce que les idées sont des suggestions qui peuvent être le moyen de résoudre la situation donnée », la signification tient à cette convenance fonctionnelle. Parce que de plus, les idées ne sont pas strictement de l'ordre des choses, qu'« elles sont par nature non présentes dans une existence donnée, les

1. W.V.O. Quine, « The Pragmatists'place in Empiricism », *in* R.J. Mulvaney, P.M. Zeltner (eds.), *Pragmatism, its sources and Prospects*, Columbia, University of South Carolina Press, 1981, p. 23, cité dans J.-P. Cometti, *Qu'est-ce que le pragmatisme*, *op. cit.*, p. 99.

2. *Ibid.*, p. 37 cité dans J.-P. Cometti, *Qu'est-ce que le pragmatisme*, *op. cit.*, p. 100.

3. R. Rorty, *L'homme spéculaire*, *op. cit.*, p. 236.

4. J. Dewey, *Logique. La théorie de l'enquête*, *op. cit.*, p. 174.

significations qu'elles impliquent doivent être incorporées dans quelque symbole »[1]. La gradation de la démarche de l'enquête est donc en même temps la progression des significations.

Ce n'est donc pas de l'idée comme telle qu'il s'agit de se débarrasser mais d'une conception ontologique de l'idée qui en fait une chose quand bien même cette chose serait copie ou image. Il s'agit de « désubstantialiser » l'idée. « Car en traitant les idées comme des copies des perceptions ou "impressions" (la théorie des idées) passe sous silence le caractère de prospection et d'anticipation qui définit l'être d'une idée ». Et Quine de poursuivre : l'incapacité « de définir les idées fonctionnellement par référence à la solution d'un problème est la raison pour laquelle on les a considérées comme purement "mentales" ». La conception qui fait des idées des créations artificielles est une conséquence. Elle vient de ce que « la fonction d'une idée n'est pas reconnue quand on la conçoit et la développe »[2].

Ainsi convient-il de distinguer avec Rorty la critique quinienne de la vérité de signification (en tant qu'explication des vérités supposées nécessaires) et « sa critique des "significations" en tant qu'idées dans l'esprit, idées qui déterminent l'adéquation des traductions d'une manière inaccessible au comportement linguistique ». La première critique revient à poser qu'il n'existe pas de représentations privilégiées ; elle rejoint la critique de l'atomisme et l'argumentaire holistique[3]. Mais la méfiance de Quine à l'égard des représentations privilégiées le conduit à se défier de toutes les représentations, à se défier de l'« idée d'idée » elle-même. Or, « poser des idées dans l'esprit est ni plus ni moins douteux que de poser des neurones dans le cerveau, des mitochondries dans les cellules, des passions dans l'âme ou un progrès moral dans l'histoire ». Si l'idée d'idée peut être rejetée c'est qu'elle est liée à la théorie de l'« acquaintance directe » et au présupposé d'une conception de la connaissance comme vision, d'un « œil de l'esprit » comme le dit Rorty, qui serait en relation avec des « données des sens » ou avec des significations essentialisées. « Mais les dégâts sont d'ordre gnoséologiques et non pas ontologiques »[4].

1. *Ibid.*, p. 175.
2. *Ibid.*, p. 174, note 6.
3. W. V. O Quine, « Twodogmas of Empiricismus », in *From a Logical Point of View*, Cambridge, Harvard University Press, 1961.
4. R. Rorty, *L'Homme spéculaire*, *op. cit.*, p. 236.

Il n'empêche, la critique quinienne du « mythe de la signification »[1] contribue à une naturalisation de l'épistémologie et participe d'une dénonciation de la spécularité.

Quine en effet récuse l'atomisme. Bertrand Russell, et son atomisme logique, sont à cet égard exemplaires. L'abstraction pour Russell est à la mesure d'une hiérarchisation de langages qui sont progressivement élaborés par associations, combinaisons, inférences et adjonction de particules de logique à un « langage-objet ». Ce langage-objet est un véritable langage de base dont la définition des termes passe par la monstration, l'ostension de l'objet associé au nom, et la répétition d'associations semblables. L'hypothèse russellienne est faite ainsi d'une articulation complexe entre une conception de type behavioriste qui regarde le langage objet, et une forme particulière de mentalisme qui, du côté de la logique s'adjoint le postulat d'un *a priori* des particules de logique et des principes de l'inférence. La réfutation par Quine de l'atomisme et la production de la notion de « signification-stimulus » visent à établir une théorie naturalisée de la signification qui échappe à tout réalisme et à tout mentalisme. La conception quinienne contribue à l'élimination de toute perspective qui envisagerait la sémantique d'un homme comme inscrite et déterminée dans son esprit. Hypothèses analytiques et conditions d'une traduction font que l'assignation de la signification cesse de relever de l'extériorité passive pour devenir en quelque manière le produit de l'activité de celui qui parle et comprend une langue. L'important ici est le passage du rôle passif qui consiste à établir des corrélations entre émissions verbales et stimulations sensorielles, au rôle actif dans lequel l'ethnologue ou l'enfant prononce lui-même des phrases en présence de l'indigène ou de l'adulte et les soumet à son acquiescement ou son rejet. La compréhension ressortit d'une traduction, laquelle relève de conjectures concernant des corrélations entre bouts de phrases, des tables de correspondances, des hypothèses analytiques.

Deux conséquences sont ici à retenir de la conception de Quine.

La première est que non seulement la fonction pragmatique est constitutive du langage mais, surtout, que le langage est posé comme un « art social ». En effet « pour l'acquérir, nous dépendons entièrement d'indices accessibles inter subjectivement relativement à ce qu'il y a lieu de dire et au moment de le dire »[2]. Art social aussi de telle sorte que l'on

1. *Cf.* W. V. O Quine, *Ontological relativity and othersessays*, New York, Columbia University Press, 1969, trad. fr J. Largeault, *Relativité de l'ontologie et autres essais*, Paris, Aubier, 1977.

2. W.V.O. Quine, *Le mot et la chose*, trad. fr. J. Dopp et P. Gochet, Paris, Flammarion, 1978, p. 112.

doit prendre en compte la relation dyadique d'effet du langage sur mon interlocuteur et de rétroaction de cet effet sur la constitution de ma connaissance langagière.

La seconde conséquence tient à une désubstantialisation de la signification. La signification d'une phrase est à déterminer comportementalement; elle n'est pas indépendante du contexte des conduites langagières d'interlocution. Tout en récusant la « synonymie » et le critère qu'elle fournirait pour séparer l'analytique et le synthétique, Quine dénonce le « mythe de la signification », « mythe d'un musée dans lequel le rôle des objets exposés est tenu par les significations et celui des étiquettes par les mots »[1]. Quine par là contribue à l'élimination du dualisme. Il récuse que la signification puisse se substituer à l'essence et refuse de penser la dualité du langage et de l'objet des significations. C'est bien cela qui le conduit à affirmer une « indétermination de la traduction ». Dès lors qu'il n'existe pas de signification en soi et que l'on affirme l'importance des informations annexes qui s'ajoutent aux *stimuli* excitateurs, on posera qu'il y a relativité de la signification aux hypothèses analytiques sans qu'il y ait de possibilité de disposer d'un critère par où l'on séparerait accroissement d'information et changement de signification. C'est sans doute pour ces raisons qu'en un certain sens, alors qu'il s'en est lui-même toujours démarqué, on a pu rattacher Quine à l'état d'esprit pragmatiste.

1. W.V.O. Quine, *Relativité de l'ontologie et autres essais*, trad. fr. J. Largeault, Paris, Aubier, 1977, p. 40.

CHAPITRE VI

CONSÉQUENCES SUR L'APPROCHE PÉDAGOGIQUE

Une telle analyse qui récuse l'affirmation d'un en soi des significations ouvre sur une critique de toute pratique pédagogique qui verrait dans la reformulation par l'élève l'indice ou la preuve de sa compréhension. On ne saurait réduire ma compréhension d'un texte, par exemple, à la possibilité de traduction *du* sens dans mes propres expressions. Si l'on suit cette critique, on tiendra que la question en jeu n'est plus tant « qu'est-ce que la signification » mais « à quelles conditions X peut avoir la même signification que Y ». Passant d'une puissance des termes à une approche des relations, d'une affirmation des essences à une importance des situations, on peut comprendre que tout discours soit fonctionnellement pluriel. Puisqu'on ne saurait réduire l'équivalence opérationnelle de deux expressions à l'identité d'une même pensée, la question de la compréhension relève des conditions de la traduction. Elle est affectée par là-même des limites de la traduction, elle est « sous-déterminée », et les expressions ne peuvent être complètement commensurables. Il n'est donc pas vrai de dire que l'on a compris ce qu'on lit, ou ce que dit le maître, quand on est capable de dire « la même chose » avec d'autres mots. Comme si sous la diversité des expressions langagières et linguistiques subsistait une même signification, indifférente quant à elle, à la diversité des expressions.

Le présupposé de la commensuration, qui par ailleurs justifie l'idée que la décision politique trouve sa légitimité dans les règles d'un débat, est au centre de la théorie de la connaissance. Il organise à la fois le principe d'une vulgarisation scientifique et la possibilité d'une transmission des connaissances. On peut y voir l'un des éléments clefs de la pédagogie et d'une approche didactique qui fait de la « transposition » le principe de la transmission du savoir. C'est en effet qu'on postule qu'il y a commensurabilité, entendue comme traductibilité, entre le savoir savant et le savoir

« enseigné », le savoir de celui qui en prend connaissance. Dans de telles conditions toute relation dialogique, qu'elle s'effectue sous l'espèce de la reformulation ou qu'elle se déroule sous la modalité de la transposition, repose sur l'espoir d'un accord témoignant de l'existence d'un terrain d'entente qui réunisse tous les participants au sein d'une rationalité commune.

Il y a quelque chose dans la notion de transposition didactique qu'aurait du mal à accepter une approche pragmatiste. C'est en effet cette idée que l'on puisse réduire l'équivalence opérationnelle de deux expressions à l'identité d'une même pensée qui serait extérieure et les mesurerait toutes deux. La commensuration suppose en effet la possibilité d'un quelque chose qui, abstrait et supra-linguistique, justifierait qu'il y ait un quelque chose de commun par delà la diversité des expressions et des activités langagières qui visent ce quelque chose qu'on veut dirc. Russell relève le lien qui rattache la signification à la philosophie de Platon. Car, par une tendance quasi irrésistible, affirme-t-il, nous pensons « alors qu'il y a une pluralité de chiens, que le mot « unique "chien" peut s'appliquer à chacun d'entre eux. De là on est amené à penser que tous les chiens ont en commun une certaine essence canine, laquelle est ce que le mot "chien" signifie réellement. De là Platon et le chien du ciel intelligible » [1].

En défendant une conception internaliste de la connaissance et de la vérité, les pragmatistes, et Dewey en particulier, récusent toute pertinence d'une recherche de correspondance entre la pensée du monde et l'en soi du monde. C'est bien en ce sens qu'il s'agit de comprendre la conception pédagogique de Dewey qui fait de l'enquête non, à proprement parler, une « recherche » mais une pratique. L'enquête en effet n'est pas la quête d'une vérité déjà là ou devant nous, elle est le processus qui déroule la résolution située d'une situation problématique. Dans cette perspective on ne saurait donc affirmer qu'il y a des problèmes en soi et qu'en particulier le problème peut être l'objet d'un exercice que le maître donne identiquement à résoudre pour tous les élèves. Le problème n'est pas quelque chose qui, trouvant sa fonction dans la progression d'un programme, et sa raison d'être comme illustration de l'appropriation d'un contenu de savoir ou d'une « notion », pourrait être inscrit et gravé dans un livre d'exercices ou un manuel. A proprement parler on ne « donne » pas un problème à « faire ». Le problème n'est pas un outil méthodologique pour la pensée, il est une épreuve de la vie et de l'expérience. Comme le remarque Michel

1. B. Russell, *Signification et vérité*, trad. fr. Ph. Devaux, Paris, Flammarion, 1969, p. 34-35.

Fabre, le problème pour Dewey n'est pas pure affaire d'état psychique, il est un état objectif; il « ne se réduit pas à une difficulté simplement intellectuelle, c'est toujours un déséquilibre existentiel à corriger »[1].

Trois conséquences peuvent être ici retenues, qui regardent la pédagogie selon Dewey

La première regarde l'importance que prend l'enquête pour Dewey et ce qu'en ont retenu les tenants de la pédagogie nouvelle.

L'IMPORTANCE DE L'ENQUÊTE

L'enquête n'est pas une méthode qui regarde la seule connaissance. L'enquête est un processus qui concerne l'ensemble de notre expérience. Elle vaut pour tout; pour les faits, comme pour les valeurs, pour le quotidien aussi bien que pour les champs de la plus grande abstraction, pour les domaines théorique et spéculatif d'un côté ou pratique, technique et professionnel de l'autre. Rien d'étonnant alors que dans les « écoles Dewey », on ne sépare pas les activités, et que l'on place ce que les pédagogies nouvelles ont retenu sous l'appellation « travaux manuels » dans les activités, au même titre que les questions les plus spéculatives de la culture académique. C'est bien pourquoi, comme le remarquait Ou Tsuin-Chen, pour Dewey il était important de lier les activités de l'enfant à l'école et le travail de la vie sociale hors de l'école, « ainsi que de donner à l'enfant un entendement intelligent du monde dans lequel il vit. Cette remarque donnait un nouvel aspect à l'éducation : l'aspect social »[2].

C'est bien en ce sens que Dewey entendait l'expression d'« école Laboratoire » qu'il fonde à l'université de Chicago et dont il développe le principe. Précisément, il ne s'agit pas, comme c'était le cas, par exemple, dans la conception française des écoles d'application annexées aux Écoles normales d'instituteurs, d'un lieu où l'on expérimentait des théories que l'on « mettait ainsi en pratique ». La notion d'« école d'application » suppose une antériorité de la théorie sur l'expérience. L'« école Laboratoire » est une école expérimentale. « Cette école est parfois appelée école expérimentale, et, dans un sens ce nom lui convient. Nous avons cherché, par des essais, par l'action, à savoir si ces problèmes pouvaient être résolus et comment ils pouvaient être résolus »[3]. École expérimentale, elle est une expérience. Elle ne suppose pas une relation d'antécédent à conséquent,

1. M. Fabre, *Philosophie et pédagogie du problème*, Paris, Vrin, 2009, p. 22.
2. Ou Tsuin-Chen, *La Doctrine pédagogique de John Dewey*, *op. cit.*, p. 24-25.
3. Cité par Ou Tsuin-Chen, *La doctrine pédagogique de John Dewey*, *op. cit.*, p. 21.

elle fait de la pratique une condition de la connaissance. Dès lors en effet que l'on tient que les faits auxquels doivent «correspondre» les suggestions ou les idées ne sont pas antérieurs aux opérations de l'activité de connaissance mais qu'ils sont tenus pour les effets des conséquences de cette activité, ces «faits» sont à la fois un enrichissement d'expérience et ils modifient l'organisation de l'expérience. La valeur d'une idée et la valeur d'une théorie tiennent à leurs conséquences. L'école laboratoire est ainsi prospective, elle joue sur l'hypothétique et le provisoire. Elle contribue à la reconstruction de l'éducation.

L'IMPORTANCE DU PROBLÈME

La seconde conséquence concerne l'importance du problème dans la pédagogie de Dewey. Le processus même de l'apprentissage est fait de deux choses. C'est d'abord la perception de la situation problématique. C'est aussi l'examen des suggestions et anticipations de solutions possibles qui permettent une réorganisation fonctionnelle de l'expérience constitutive de l'enquête. Dès lors le problème ne saurait être «donné», il est «construit» par un sujet, et pour un sujet déstabilisé par une situation problématique. C'est le sujet, et c'est donc l'élève, qui pose, qui élabore et qui résout le problème. C'est bien pourquoi, si pour Dewey les programmes ne sauraient être complètement supprimés, on ne peut réduire l'apprentissage à des matières d'étude classées, subdivisées en branches, en séquences, en objectifs. Vision spécialisée du territoire du savoir qui nie le dynamisme vital de l'activité cognitive. Ce qui fait l'éducation c'est bien l'activité de l'enfant.

Mais pour Dewey cela ne signifie pas qu'il faille opposer l'intérêt de l'enfant à la discipline des sujets d'étude. Décidément tout dualisme doit être éliminé, remplacé par un principe de continuité. L'enfant est un tout, il est un. On ne saurait donc le diriger du dehors en lui imposant des sujets d'étude classés et décomposés. «La classification ne fait pas partie de l'expérience de l'enfant; les choses ne se présentent pas étiquetées à l'individu»[1]. Mais on ne saurait éduquer en laissant l'enfant à lui-même, à sa spontanéité fluide et désordonnée. L'apprentissage est une activité. «Or l'action est une réponse; elle suppose une adaptation, un ajustement. L'activité en tant que telle n'existe pas. Toute activité se déroule dans un

1. J. Dewey, *L'École et l'enfant*, recueil d'essais traduits par L.S Pidoux avec une introduction d'E. Claparède, Neuchâtel, Delachaux et Niestlé, 1913. Édition revue et augmentée par G. Deledalle, Paris, Fabert, 2004, p. 61.

milieu, au travers d'une situation et en fonction de certaines conditions »[1]. En cela, remarque Dewey, les programmes sont utiles pour l'enseignant : ils rassemblent les connaissances et permettent à l'enseignant de comprendre la diversité des hypothèses et suggestions possibles et d'orienter l'activité de l'élève : « C'est l'enfant qui est en cause. Il doit être en mesure de s'affirmer par le biais de ses propres capacités, de les exercer et de parfaire sa personnalité ». Cependant, le programme est une sorte de régulateur :

> si l'éducateur connaît imparfaitement la somme des expériences humaines engagées dans ce que nous appelons le Programme, il ignorera aussi quels sont les pouvoirs, les capacités, les attitudes de l'enfant, comme la manière dont ils seront affirmés, exercés, réalisés[2].

Ainsi la transmission prend toute sa place. Non pas en ce sens dérivé d'une pédagogie « transmissive » qui donne à voir et à apprendre les objets vénérables. Mais en ce que la transmission de l'ensemble de la culture est partie intégrante de l'expérience et des conditions de l'éducation.

Quant à la centralité de l'enfant et à sa reconnaissance, il y a bien quelque chose de commun entre le pragmatisme de Dewey et la philosophie que Rousseau développe dans *l'Emile*. Le courant de l'Éducation nouvelle l'a d'ailleurs bien montré. Car il ne sert à rien de prendre prétexte de quelque utilité pour rendre l'élève actif. Contournement déguisé de la sanction, l'intérêt pour éviter d'avoir une mauvaise note, de redoubler, de se ridiculiser, de se priver plus tard d'un « beau métier », ne sont jamais que des moyens extérieurs liés à la force, sans lien réel avec l'activité de l'enfant en exercice. De même Rousseau et Dewey peuvent affirmer toute la pertinence de la fonctionnalité et de l'organisation de l'apprentissage sur l'intérêt de l'enfant. Tous deux aussi critiquent cette pédagogie qui se contenterait de « trucs » pour mobiliser ponctuellement l'attention et l'intérêt de l'enfant. Même les mises en scène de Jean-Jacques sont des moyens pour faire entrer nos matériaux dans l'horizon visuel de l'enfant. Stratagèmes certes, mais il s'agit d'installer chez l'élève de la force intellectuelle et non se satisfaire à la volonté du maître en se calant sur le caprice de l'enfant. Dewey critique : les difficultés que rencontre l'enfant à suivre des leçons trop rébarbatives pourraient être surmontées « par la transformation des matériaux utilisés, par la prise en compte de

1. *Ibid.*, p. 79.
2. *Ibid.*, p. 80.

la psychologie, – c'est-à-dire, une fois encore, en développant les programmes suivant l'horizon offert par la vie de l'enfant ».

Mais Dewey dénonce et raille : Il est bien facile « d'employer quelque truc méthodique pour *éveiller* l'intérêt, pour *rendre intéressant* ». Ce faisant, sans rien changer, « on dore la pilule et on nourrit l'enfant de bouchées indigestes quand il s'imagine goûter des produits de bonne qualité ». Et là précisément s'arrête la comparaison. Car « l'assimilation mentale regarde avant tout la conscience, et si l'attention ne peut se fixer sur un sujet, celui-ci n'est ni appréhendé ni transformé en force intellectuelle » [1].

Mais il est une divergence fondamentale entre la pensée de Rousseau et l'esprit du pragmatisme. Car chez Rousseau l'activité libre de l'enfant trouve ses limites dans le déterminisme et dans l'extériorité d'une nature. C'est bien en effet pour lui la nature qui fait loi, et qui rend compte de ce que le maître ne saurait sanctionner et punir l'enfant. Le pragmatisme, nous l'avons vu, ne peut qu'être critique à l'égard d'une conception qui suppose ainsi une extériorité et une fixité qui obligerait la pensée et l'action.

La notion de projet

La troisième conséquence regarde la notion de projet. Une telle notion est en effet à prendre à la lettre car elle regarde l'activité productrice et la projection anticipatrice. C'est le problème qui, en effet, constitue les « données » et les références qui me permettent d'identifier la situation problématique et les hypothèses, les suggestions qui sont autant de possibilités pour la résolution de la tension problématique. C'est cette totalité qui, faite de mises en perspectives et de projections vers une convenance fonctionnelle, rend compte de ce que l'enquête mobilise la transmission de l'ensemble de la culture comme système de significations pré-établies, et les suggestions prédictives qui accroîtront l'expérience et le monde. L'enquête est ainsi tournée vers le possible et vers l'avenir : elle est au sens propre projective. Le savoir est bien ainsi une construction et une production. Il ne saurait se réduire à un inventaire ou une classification.

Chez Dewey et pour le courant pragmatiste, tout dualisme est récusé. Dualité entre sujet et objet ; forme et contenu, entre les faits et les valeurs, la

1. *Ibid.*, p. 79. Notons que la traduction de Pidoux ne mentionne pas ce terme de « conscience » : « L'assimilation mentale ne se fait pas ainsi : si l'attention n'est pas entrée en jeu, ce qu'on a fait apprendre ne s'est pas assimilé et ne peut se transformer en force intellectuelle ». *L'École et l'enfant*, trad. fr. L.S. Pidoux, p. 117.

science et la morale, les domaines intellectuel et manuel. Car le dualisme est toujours en quelque manière objectiviste et déterministe. « Notre modèle de savoir suppose un spectateur qui regarde une image achevée plutôt qu'un artiste aux prises avec la production de ce tableau. C'est de là que viennent toutes sortes de questions épistémologiques ». Car toutes ces questions relèvent du même présupposé d'un face à face entre un sujet, un esprit qui regarde, et un objet extérieur qui est observé. « Elles demandent comment entre esprit et monde, sujet et objet, peut bien s'établir un rapport qui rende possible une connaissance véritable alors que les termes de la conjonction sont distants et indépendants ». Tout changerait si l'on considérait la connaissance comme « active », « sur le modèle de l'expérience guidée par l'hypothèse ou de l'invention guidée par la recherche d'un possible ». Alors, proclame Dewey : « le premier effet serait de libérer la philosophie de toutes ces interrogations épistémologiques qui la désorientent » et qui « participent d'une conception du rapport épistémologique entre l'esprit et le monde, le sujet et l'objet, selon laquelle savoir, c'est se saisir d'un déjà-là » [1].

Il y a donc bien quelque chose à voir entre la critique de la spécularité et l'affirmation de la liberté.

ENJEUX DE PHILOSOPHIE POLITIQUE

Car la critique du « représentationisme » affecte tout autant la philosophie politique que la théorie de la connaissance. La notion de représentation en effet apparaît centrale dans la compréhension des modernes, conception qui fait du savoir l'instrument du pouvoir, en dissociant paradoxalement les faits et les valeurs. Le monde moderne est « un monde dans lequel la représentation des choses par l'intermédiaire d'un laboratoire est à jamais dissociée de la représentation des citoyens par l'intermédiaire du contrat social » [2]. Et pourtant, la modernité et la quête de la certitude qui semble en être la propriété remarquable, font de l'objectif ce qui regarde tout à la fois la rectitude de la démarche et l'en-soi de l'objet. « De génération en génération, on s'est repassé comme un axiome intangible cette idée du savoir comme vision ou contemplation et du savant comme spectateur » [3]. Ainsi en matière de connaissance comme en

1. J. Dewey, *Reconstruction en philosophie*, *op. cit.*, p. 114-115.

2. B. Latour, *Nous n'avons jamais été modernes. Essai d'anthropologie symétrique*, Paris, La Découverte, 1991, nouv. éd., 1997, p. 43.

3. J. Dewey, *Reconstruction en philosophie*, *op. cit.*, p. 108.

politique, le spectacle prévaut, qui pose le sujet en face d'un objet, avec cette conviction constitutive du spectacle, que l'artifice et l'illusion permettent l'accès à un réel plus réel qui rend compte de ce qui sert d'ordinaire de décor. Il en est au fond de la théorie de la connaissance et de la politique comme du jeu théâtral. Diderot explique comment un objet sur scène cesse d'être immédiatement ce qu'il est pour devenir signe de lui-même. On peut dire que les faits, invoqués par les tenants d'une objectivité scientifique pour discriminer entre les hypothèses, ne sont que les signes d'eux-mêmes : décontextualisés, mis en perspective, ils renvoient à une réalité qu'ils cessent d'avoir immédiatement pour n'en devenir qu'un exemple ou une occurrence.

En un même sens, l'homme, cet homme des droits naturels, cet homme de l'état de nature, en cessant d'être un individu incarné, n'est plus qu'un signe de l'humanité. Comme tel, l'homme naturel que nous partageons tous est une fiction, mieux, il est proprement un artifice.

Tel est le paysage de la modernité commun à tout ce qui fait la pensée que l'on veut occidentale, de la métaphysique des Grecs, de la théologie chrétienne et du rationalisme des Lumières : « l'image du moi » ; « image d'un centre naturel anhistorique, site de la dignité humaine, entouré d'une périphérie accidentelle et inessentielle »[1]. Et c'est bien ici également, dans le champ de la politique, que la notion de représentation domine et vient conforter une conception spéculaire de notre rapport au monde. Nous aurons l'occasion de revenir sur la dualité entre personne réelle et personne représentative ou fictive, dualité centrale dans l'idée même de république. Très liée à cette forme de dualité, l'opposition de l'individu et du collectif ou social organise la conception de la société et, nous concernant, l'analyse des finalités de l'éducation.

Une autre dualité qui a structuré la pensée politique des Lumières est également remise en question dans la critique de la « spécularité » : la dualité du public et du privé. Une telle dualité situe l'institution scolaire : elle est un espace institutionnel et en quelque manière alors publicisant. Plus encore, institution publique, elle est expression du politique. Mais elle n'est pas le public, elle est le lieu d'une mise à distance. Chez Dewey, l'interrogation sur le public est étroitement liée à la question de l'éducation : tous deux sont les lieux de construction constante de la démocratie. Reste que dans la conception que l'État nation, en France, où l'éducation nationale participe à l'élaboration et au renforcement de la république, la

1. R. Rorty, « La priorité de la démocratie sur la philosophie », dans *Objectivisme, relativisme et vérité*, *op. cit.*, p. 193.

distinction du public et du privé organise la gestion de l'école, comme elle justifie le partage strict entre l'ordre des vérités et le règne des opinions et des croyances. Ici encore la métaphore du théâtre trouve sa pertinence et son efficace. Dans la conception représentativiste et représentationniste de la politique, l'univers social est fait d'une dissociation, certes abstraite, entre d'une part la familiarité et la clôture chaude et sécurisante du cercle des proches, des amis et de l'intime, et, d'autre part, le public qui, ailleurs, inconnu, lieu de rencontres et du fortuit, a quelque chose à la fois de commun, d'étranger et d'artificiel. Ainsi se partagerait la vie sociale entre un espace public où comme le dit Richard Sennet[1], « l'homme se fait » et un domaine privé où il réaliserait sa nature. Dans la pensée des modernes, ce qui perdure en dépit ou par delà le processus de sécularisation opéré en particulier par le XIXe siècle, c'est cette idée que si le privé est un refuge qui protège des troubles et des terreurs de la société, c'est aussi un lieu très contraint. Le public est alors perçu comme un mode d'expérience qui permet d'échapper à cette clôture : forme d'existence que l'on mène parmi des inconnus voués à rester des inconnus les uns pour les autres. « Dans cet ensemble où se mêlent les vies des inconnus, le problème du public, remarque Sennet, ressemble à celui de l'acteur devant les spectateurs »[2]. La crédibilité et la confiance dépendent moins de ce que les individus sont, que de la façon dont ils se manifestent aux autres. Ici comme au théâtre, l'art est celui du « comme si » et là est sa force. On tente d'ordinaire de définir l'espace public et l'espace privé à partir d'une détermination de leur nature. Cette tendance est proposée de manière exemplaire dans la conception qui régit en France une vision forte de la laïcité. Le public c'est le politique, la chose commune, l'universel ; c'est le domaine de la volonté générale. Le privé relève du particulier, de la croyance, de la subjectivité des sujets singuliers. Ainsi essentialisés les termes peuvent développer leurs relations.

En un certain sens l'analyse de Richard Sennet montre qu'il n'y a pas d'espace public en soi, indépendamment d'un réseau de relations sociales qui viennent donner corps et sens à cette notion. Dewey et le pragmatisme vont plus loin. Refusant tout dualisme, ils rejettent toute distinction de nature entre public et privé. De plus, réfléchissant à partir des conséquences des décisions, des jugements, des croyances, des actions, Dewey fournit un moyen de reconnaître ce que cette notion de « public » indique et

1. R. Sennet, *Les tyrannies de l'intimité*, trad. fr. A. Berman et R. Folkma, Paris, Seuil, 1979.

2. *Ibid.*, p. 42.

relève. Pour Dewey, en effet, la distinction du public et du privé ne tient pas à une nature de ce qui est fait ou du lieu où on le fait; elle ne tient pas non plus à un ordre de causalité qui motive ce qui se fait; elle relève des conséquences d'une «transaction», en ce sens qu'elle concerne plusieurs personnes et que son résultat «passe pour ainsi dire de l'un à l'autre»[1]. Le point de départ de l'analyse est proprement pragmatique: les actes humains et la portée de leurs conséquences sur d'autres hommes. L'extension des conséquences en termes d'avantages ou de préjudices: là sera le «germe de la distinction entre le public et le privé». Ainsi,

> Si l'on montre que les conséquences (d'une) conversation s'étendent au delà de ces personnes directement concernées, qu'elle affecte le bien-être de nombreuses autres, l'acte acquiert une capacité publique, que la conversation soit menée entre un roi et son premier ministre (...) ou entre des marchands projetant de monopoliser le marché[2].

En cette matière encore, il s'agit non de poser des dualités mais de saisir des continuités. La distinction du public et du privé est liée à l'extension de l'ordre des conséquences. Mais pour Dewey la notion de public a rapport au contrôle et à la réglementation. Autrement dit pour Dewey si le public a bien rapport avec le politique et le politique avec l'État, cela ne tient pas à ce que le politique devrait suivre l'ordre de la nature ou celui de la causalité, qu'il viserait ou constituerait la communauté sociale en se proposant le bien commun ou en étant expression souveraine de la volonté générale. On doit en effet reconnaître une différence entre la communauté et ses intérêts d'une part, et la communauté politiquement organisée d'autre part, mais cela tient à une mise en relations. «La ligne qui sépare le public du privé doit être tracée sur la base de l'étendue et de la portée des conséquences d'actes qui sont si importantes qu'elles nécessitent un contrôle, soit par prohibition, soit par promotion»[3].

Décidément la critique de toute forme de dualisme est un pilier du pragmatisme.

On aura compris que, portée par le parti pris d'élimination des entités métaphysiques superflues, la critique du dualisme de nos trois philosophes emporte d'un même élan la théorie de la connaissance et la conception moderne du politique. Plus spécifiquement chez Dewey et chez Rorty, ce

1. J. Dewey, *Le public et ses problèmes*, trad. fr. J. Zask, Pau, Publications de l'université de Pau-Farrago-Éditions Léo Scheer, 2003, p. 63.

2. *Ibid.*, p. 61.

3. *Ibid.*, p. 63.

qui est en question est la notion, centrale dans la pensée moderne, de « représentation ». Cette notion « ordinaire » en effet, organise la conception de la vérité comme adéquation entre les choses et ma compréhension ou mon intellection, entre un sujet et un objet, et elle cherche dans la dissociation du particulier et du général, du fait et du droit, du privé, réel ou naturel et du public abstrait, fictif et artificiel, les critères de légitimation de l'exercice politique. Elle relève ainsi d'une conception spéculaire du savoir et du pouvoir. Le pragmatisme s'attache à l'élimination de toute conception qui supposerait un quelque chose d'extérieur qui obligerait un sujet. En affirmant le primat de l'activité, les pragmatistes rejettent tout substantialisme. En récusant toute conception spéculaire de la connaissance et du politique, ils récusent cette quête de l'unité qui sert de principe à l'objectivité et à l'universalité. C'est donc à une transformation profonde des catégories de pensée de la modernité que nous invite le pragmatisme. Contre le substantialisme, il entend affirmer l'importance d'une logique des relations et proclamer le pluralisme. C'est cette détermination qui, ici encore, joue sur les deux plans du gnoséologique et du politique, que nous examinerons dans la partie qui suit.

TROISIÈME PARTIE

PRAGMATISME ET PLURALISME

CHAPITRE VII

LE PLURALISME : UNE PLURALITÉ DE SENS ET D'ENJEUX

PLURALISME ET EXPRESSION DES LIBERTÉS

Il n'est pas indifférent à la question de l'éducation que d'examiner la signification et les enjeux de la notion de pluralisme, et de réfléchir d'un peu près au type de pluralisme qu'une institution d'éducation se propose de construire et /ou de défendre. L'idée même d'école semble impliquer, comme lieu d'institutionnalisation d'un « commun », l'organisation d'une coexistence des libertés et d'une cohabitation des individualités. Il s'agit ainsi de faire avec la contingence des rencontres des singularités. Mais les modalités de ce « faire avec » sont lourdes de conséquences. Car il n'est pas indifférent de prendre la pluralité et les différences comme des conditions qu'il s'agit de respecter et de développer, ou tout au contraire de les percevoir comme des limitations factuelles qu'il s'agit de dépasser et de transcender. On aura sans doute reconnu ici deux des grands courants qui marquent le mouvement de démocratisation.

– L'un, pense la pluralité et la différence comme la marque factuelle d'une condition à quoi il s'agit de s'arracher si l'on entend advenir à l'humanité véritable et à l'universalité d'une communauté humaine.

– L'autre affirme le caractère premier, empirique et indépassable, d'une condition sociale, et s'attache au développement des singularités et au respect des individualités.

L'école, faite éducation nationale, répond au premier courant. Elle vise, en France singulièrement, que chaque individu puisse être ce qu'il *doit* être, c'est-à-dire qu'il puisse être ordonné à sa propre essence. Cette conception, dans ses conséquences, proprement réductrices et anti-individualistes, entend que les singularités et les particularités sont factuellement premières, et que le lien social est problématique. La communauté est alors à ce prix d'une renonciation politique à la différenciation. Éprise d'unité, cette représentation qui anime, en particulier en France, la définition de la loi comme expression de la volonté générale, proclame l'indivisibilité de la République et de la Nation, et l'unité de l'école et du savoir propre à constituer, dans un même mouvement, la communauté des citoyens et l'autonomie des sujets politiques.

En un certain sens, le pluralisme en France est contourné, puisque ce qui importe ce n'est pas tant l'individu concret qui doit s'arracher à sa singularité concrète. C'est davantage, sous l'idée de l'individu universel, membre de cette totalité spécifique qu'est la nature humaine, et dont il n'est alors, quand il est proprement ce qu'il doit être, qu'un exemplaire, le membre du collectif étatique, citoyen et national. De là, l'école et la passion de l'unité qui l'habite : unité de sa forme, de ses maîtres, de sa distribution territoriale, de ses programmes, de ses certifications, de l'unité de son pôle d'excellence. De là cette forme particulière à la France d'un régime de tolérance fait de stricte séparation entre convictions privées et neutralité de l'État. Une laïcité qui regarde à la fois le domaine politique et l'institution scolaire. De là le lien qui rattache l'institution scolaire à l'organisation nationale de la république.

Dewey le note, qui remarque qu'en Europe, et chez Rousseau déjà[1], on : « a confondu le mouvement en faveur d'une éducation étatique avec un mouvement politique nationaliste ». Dès lors, montre-t-il, « l'éducation devint une fonction civique », nommément la réalisation de l'idéal d'un état national. « On substitua l'État à l'humanité : le cosmopolitisme céda au nationalisme. Former le citoyen et non l'homme, devint le but de l'éducation ». Conception plus holiste qu'individualiste : « l'État fournissait non seulement les moyens de l'éducation publique, mais aussi son but »[2].

Et Dewey de poursuivre, en montrant comment, dans ce contexte, la pensée de l'éducation est tiraillée entre deux exigences. L'une, en quelque manière pratique, la pousse à former des individus à être subordonnés à l'État et aux impératifs de la suprématie nationale. L'autre exigence, de type idéologique, lui demande de concevoir l'éducation comme développement personnel. Il est revenu à la philosophie de l'éducation de tenter de concilier ces deux exigences. « Cette tentative prit la forme de la conception du caractère "organique" de l'État ». L'État est le moyen pour l'individu de réaliser proprement sa nature :

1. *Cf.* J. Dewey, *Démocratie et éducation*, *op. cit.*, p. 176, note 1.
2. *Ibid.*, p. 175-176.

> Ce qui semble être sa subordination à l'autorité politique et l'exigence de sacrifice de soi aux ordres de ses supérieurs, n'est en réalité que sa propre appropriation de la raison objective manifestée dans l'État – le seul moyen par lequel il peut vraiment devenir rationnel[1].

Difficile alors dans un tel contexte, de reconnaître les différences; difficile de pratiquer un pluralisme.

On peut tenir, à rebours, pour la naturalité de la condition sociale. On peut proclamer l'importance de l'affirmation des libertés et des individualités, et faire de l'exigence démocratique un processus de cohabitation des différences et des singularités. Dans cette perspective, l'éducation, quand elle se fait école, doit développer les capacités des individus libres, et produire des sujets imaginatifs et créatifs. Parce qu'il s'attache à cette reconnaissance de la pluralité des libertés, Dewey insiste sur l'idée que « l'éducation en tant que telle, n'a pas d'objectif »[2]. Les objectifs sont l'affaire des individus : les parents, les enseignants. Les objectifs sont donc pluriels, et variables, et changeants. Ils sont différents selon les personnes qui éduquent; ils évoluent selon le développement et l'âge des enfants; et ils varient suivant les enfants. Et précise Dewey, c'est à cette condition de comprendre que les fins ne sont pas extérieures à ce qui se fait, que l'on pourra reconnaître que les enseignants sont libres, qu'ils ne sauraient être dirigés de l'extérieur par des directives et des programmes. Ce n'est qu'à cette condition que l'acte de l'éducation permet, avec le développement des capacités, de choisir et de penser ses choix, de construire l'adaptation des élèves aux situations mouvantes et possibles. Dès lors, il n'y a pas d'extériorité entre éducation et démocratie, l'éducation ne prépare pas à la démocratie, elle participe d'une même expérience.

Mais dans l'affirmation du pluralisme il reste alors à comprendre les conditions de possibilité d'une communauté et d'une solidarité des individus. Il reste ainsi à saisir le rôle de l'éducation.

En un certain sens, les débats sur les tendances lourdes des politiques éducatives nous invitent à cette réflexion. Comment traiter la revendication au libre choix de l'établissement scolaire; la prescription d'autonomie des établissements d'éducation; la construction par l'élève de son projet personnel et de son curriculum; l'individualisation de l'acte pédagogique? Comment concilier ces exigences, certes respectueuses de la pluralité des libertés et de l'expression des singularités, avec la nécessité où se trouve par nature toute institution, de construire une communauté? Comment

1. *Ibid.*, p. 176-177.
2. *Ibid.*, p. 190.

penser les conditions d'une expression des singularités qui ne se réduisent pas à un effet de fragmentation sociale? Le débat au sein même de la pensée libérale et pluraliste contemporaine entre les libertariens et les communautariens nous éclaire. Il pose la question des conséquences relativistes d'une certaine forme de pluralisme et interroge sur les conditions effectives d'une libre expression des singularités et des particularités. Mais d'abord, le sens que le pragmatisme assigne au pluralisme, le contexte de l'analyse qu'il en produit, et les enjeux qu'il explicite : tout cela mérite que l'on s'y arrête, puisqu'il apparaît que c'est William James qui donne de l'ampleur à la notion de pluralisme laquelle fait à la fin du XIXe siècle son apparition dans la philosophie de langue anglaise.

L'approche ordinaire donne le pluralisme comme une caractéristique des démocraties. Conséquence de l'expression des individualités singulières, l'affirmation du pluralisme est ainsi condition de possibilité de l'expression des libertés et des individualités. Pas de gouvernement démocratique sans coexistence des libertés. La pluralité des êtres se déploie ainsi dans l'espace de leur cohabitation.

Dans cette première approche très large, le pluralisme, au sens contemporain qui nous habite, renvoie à la diversité des identités, des reconnaissances et des appartenances privatisées, dont on pose qu'elles doivent toutes être non seulement tolérées mais respectées. Tel est l'univers dans lequel s'inscrit une description du politique qui rencontrerait une caractérisation, du même type d'évidence, de l'individualisme contemporain. Tous deux, individualisme et pluralisme, sont des effets des processus conjoints de sécularisation et d'égalité des conditions.

Car cette description implique des déterminations et des conséquences liées à la notion de pluralisme :

1) Le pluralisme impliquerait la fragmentation des sociétés et des identités.

2) Mais le pluralisme serait une invitation au relativisme. Effet d'une reconnaissance, voire d'une revendication à la différence, il supposerait le souci d'une mise en perspective, d'une contextualisation, qui éliminerait toute raison d'une « préférence ».

On verra que là n'est pas le point de vue pluraliste du pragmatisme. Car cette conception très ordinaire, si elle affirme l'irréductibilité de l'individualité, semble laisser à penser que l'individu et le collectif sont en quelque manière *deux*, et que l'individu est par soi *un*.

On peut penser à l'inverse que davantage encore que régime de tolérance, la reconnaissance d'un pluralisme et sa mise en œuvre politique seraient une condition de possibilité d'un processus d'individualisation.

C'est là ce qui fait le fond du pluralisme pour le pragmatisme. Car, non seulement, individu et société ne sont pas deux entités qui en quelque façon se regardent; non seulement, on ne saurait séparer individu et collectif; mais l'individu lui-même est pluriel.

La société est faite des échanges, des relations, des interactions des individus. Mais réciproquement on ne saurait concevoir un individu en soi et par soi. Comme la société, l'individu est multiple, il ne pourrait être conçu indépendamment des échanges, des associations et des transactions qu'il noue avec son environnement social et qui le constituent. Dewey y insiste : l'individualité n'est pas une entité, c'est un processus. Et c'est un processus social. Et cela fait que l'éducation est un processus conjoint à la démocratie.

Voilà pour le volet politique du pluralisme des pragmatistes.

Mais il implique une analyse beaucoup plus profonde qui, emportant une théorie de la connaissance, va faire du pluralisme un trait marquant du courant pragmatiste, du moins du pragmatisme américain.

Le pragmatisme marque ici encore son originalité. Il inscrit le pluralisme dans sa portée ontologique qu'il développe en une expression politique, et qu'il appuie sur une théorie de la connaissance et une logique : la doctrine des relations externes.

C'est à cette articulation que nous allons nous attacher pour comprendre la nature et les enjeux du pluralisme des pragmatistes.

UNE QUESTION DE TEMPÉRAMENT

Il est vrai qu'on ne saurait assimiler simplement pragmatisme et pluralisme Il existe un pluralisme en dehors du pragmatisme et pour certains pragmatistes, Ferdinand Schiller en particulier, « Cette question du pluralisme n'a rien à faire avec le pragmatisme » [1]. Reste que le lien est fort, situé fondamentalement dans le souci du particulier et dans cette idée d'un foisonnement de l'expérience. Le pragmatisme et le pluralisme se rejoignent dans l'affirmation de l'individu, un individu pluriel, pris dans une association relationnelle, ouvert, par son activité, à l'indétermination des possibles. Le pluralisme et le pragmatisme proclament tous deux ainsi l'importance de la démocratie. Mais plus encore, sans être nécessairement une position métaphysique, le pluralisme pour la pensée pragmatiste, est en

1. F.C.S. Schiller, *Proceedings of the Aristotelician Society*, 1908-1909, p. 194. Cité dans J. Wahl, *Les Philosophes pluralistes d'Angleterre et d'Amérique*, 1920, rééd, Paris, Les Empêcheurs de penser en rond, 2005, p. 131.

quelque manière un parti pris, le parti pris du concret et de la liberté; la préférence pour l'examen des conséquences effectives et la défiance à l'égard de l'abstraction et des principes *a priori*. Le pluralisme entre dans un « tempérament », une attitude que revendique le pragmatisme. C'est d'abord en ce sens que nous l'envisagerons.

Dans la Préface qu'il rédige pour la réédition de l'ouvrage de Jean Wahl [1], Thibaut Trochu s'interroge sur les raisons de la disparition de tout un pan de la philosophie américaine, « une philosophie aussi originale et vigoureuse », et notamment l'oubli relatif de William James, « peut-être un des penseurs les plus importants, ajoute-t-il, que le Nouveau Monde ait produit ». Parmi les facteurs qui peuvent en rendre compte il cite, bien sûr, l'arrivée en Amérique, et la domination dans les années d'Après-Guerre de la philosophie analytique « et de ses impératifs logiques ». L'hégémonie de la philosophie analytique consacrerait ainsi l'« assassinat » de la philosophie américaine, terme que Trochu reprend à Gilles Deleuze, actualisant dans l'opposition entre philosophie analytique – paradoxalement alors assimilée à la philosophie américaine et anglaise –, et « philosophie continentale », un conflit de rapports au monde. Or, note-t-il, William James avait déjà explicité ce conflit entre deux tempéraments humains, deux dispositions mentales. Ce « dilemme présent de la philosophie moderne », oppose, signalait William James, « l'esprit délicat, rationaliste (qui s'appuie sur des principes), intellectualiste, idéaliste, optimiste, religieux, partisan du libre arbitre, moniste, dogmatique » d'un côté; et de l'autre « l'esprit endurci, empiriste (qui s'appuie sur des faits), sensationnaliste, matérialiste, pessimiste, irréligieux, fataliste, pluraliste, sceptique » [2]. Et William James, demandant que pour le moment, on « laisse en suspens la question de savoir si les deux ensembles ont une cohérence interne », développe : « chaque groupe pense que l'autre lui est inférieur; mais dans un cas le dédain est mêlé d'amusement tandis que dans l'autre, il est mêlé d'une pointe de peur » [3].

Le pluralisme est alors cette position philosophique qui entend dépasser la peur et proclamer la puissance du risque et de la contingence, dans la production de la nouveauté et du possible. « Ce qui émerge dès lors de cette dualité, c'est l'idée d'un "tempérament pluraliste", ce qui fait la

1. T. Trochu, Préface à J. Wahl, *Les philosophes pluralistes d'Angleterre et d'Amérique*, Paris, Les Empêcheurs de penser en rond, 2005, p. 9-22.

2. W. James, *Le pragmatisme*, *op. cit.*, p. 90.

3. *Ibid.*, p. 90-91.

marque selon lui des personnalités libres et indépendantes « auquel vient répondre une philosophie qui se sait exposée à la peur qu'elle suscite »[1].

Ainsi, la méthode pragmatique « vise à interpréter chaque notion en fonction de ses conséquences pratiques » par là elle « est avant tout une méthode de résolution des débats philosophiques qui sans cela seraient interminables »[2]. Ainsi comprise, il est vrai, comme méthode, le pragmatisme peut être dissocié du pluralisme comme position métaphysique.

Il reste que la question du pluralisme, autrement et classiquement désignée comme question de l'un et du multiple, est pour James devenue « le problème central de la philosophie à cause de sa fécondité ». Et James de préciser : « en sachant si tel homme est moniste convaincu ou fervent pluraliste, vous en saurez sans doute plus long sur le reste de ses idées que si vous lui trouviez tout autre nom en *iste* ». Par conséquent « Croire en l'Un ou croire au Multiple, voilà la classification la plus riche de conséquences »[3].

Le pragmatisme est ainsi résolument pluraliste, lui qui s'attache à la proliférations des faits et des détails, au « fouillis luxuriant de la réalité ». Il substitue à la « notion totalement vide de la relation statique d'une "correspondance" entre notre esprit et la réalité », l'idée d'un « échange riche et actif entre certaines de nos pensées et le vaste univers des autres expériences dans lequel nos pensées jouent un rôle et ont leur utilité »[4]. Dès lors, s'il est vrai que le pragmatisme « n'affiche aucun dogme ni doctrine » il n'en reste pas moins qu'il se donne comme méthode anti-intellectualiste ; qu'il « est prêt à en découdre avec le rationalisme »[5]. C'est que, comme attitude, le pragmatisme consiste à se détourner des abstractions et des « nécessités supposées » pour se tourner vers les faits et les conséquences.

Là se situe le point d'ancrage du pluralisme, qui se heurte à un trait en quelque sorte, pour James, constitutif de notre rapport spontané au monde : le besoin d'unité, à quoi James, et à quoi de façon générale les philosophes pragmatistes, se sont attaqués. Or cette aspiration à l'unité a pour risque l'absolutisme et l'autoritarisme. De là, la critique de « l'esprit tendre » des autoritaires parce que paresseux, souffrants et craintifs qui se réfugient dans une pensée sans considération pour le concret et l'expérience. Ce qui fait la séduction du pragmatisme et du pluralisme, nous dit Jean Wahl, c'est

1. T. Trochu, Préface à J. Wahl, *Les philosophes pluralistes d'Angleterre et d'Amérique*, *op. cit.*, p. 15-17.

2. W. James, *Le pragmatisme*, *op. cit.*, p. 113.

3. *Ibid.*, p. 172-173.

4. *Ibid.*, p. 130-131.

5. *Ibid.*, p. 119.

outre leur empirisme et le dédain pour tout esprit de système *a priori*, un style scientifique, un « air démocratique, populaire », et leur individualisme. Ils attirent « par leur esprit de révolte contre “les vieux monismes absolutistes”, par l'attrait du risque et de l'inconnu : ne nous offrent-ils pas “un nouveau monde, avec une frontière élargie, et au-delà les plaines inexplorées” ? »[1].

Le pluralisme tel que le conçoit James, s'attache au particulier, au concret, aux conditions effectives de l'expérience et de la liberté. Étroitement lié alors à l'« empirisme radical » dont nous avons suivi les déterminations dans la critique du dualisme, le pluralisme, du moins chez James, se fait hypothèse ontologique : il concerne la structure du monde nous dit James. « Le dilemme entre le pragmatisme et le rationalisme tel qu'il se présente à nous maintenant ne relève plus seulement de la théorie de la connaissance, mais il concerne la structure même de l'univers »[2]. Il ouvre au possible, à l'émergence du toujours nouveau. En cela, l'affirmation du pluralisme répond à l'enquête que développera Dewey.

Position critique vis-à-vis de la théorie de la connaissance moniste, récusant toute position dualiste, le pluralisme pragmatiste est proclamation de l'importance de la contingence, du mouvement, comme il est sur le plan moral l'affirmation de la fécondité du risque, de l'individualité et de l'effort ; comme il est alors, sur le plan politique, l'état d'esprit qui répond à l'exigence de démocratie. Dans la distinction des deux tempéraments qui s'opposent, constituant ainsi le nœud du conflit fondamental en philosophie, le pragmatiste se donne comme un pluraliste sceptique certes, mais optimiste. Il affirme l'importance de la contingence mais du même coup, il proclame avec la liberté, l'ouverture sur le possible et le « meilleur ».

Car la rivalité entre pluralisme et monisme, regarde la métaphysique comme elle regarde la gnoséologie et la théorie de la vérité. Mais elle concerne aussi la morale et la politique. Ainsi, mêlant rationalisme et monisme d'une part, pluralisme et pragmatisme de l'autre, William James typifie en quelque manière leurs différences. « L'esprit rationaliste, au sens radical, a un caractère doctrinaire et autoritaire : il a constamment à la bouche la formule “il faut” ». Tout au contraire de cette rigidité, le pragmatiste radical « est une espèce d'anarchiste plutôt insouciant ».

1. J. Wahl, *Les philosophes pluralistes d'Angleterre et d'Amérique*, *op. cit.*, p. 140.
2. W. James, *Le pragmatisme*, *op. cit.*, p. 270.

Et voilà qui ne saurait plaire à des visions du monde résolument rationalistes. Cette idée

> fait le même effet au parfait rationaliste que "la liberté de la presse" à un vieux fonctionnaire du bureau de la censure en Russie, ou "l'orthographe simplifiée" à une vieille institutrice. Elle le fait enrager comme la ribambelle de sectes protestantes fait enrager un papiste. Elle apparaît aussi dénuée de fermeté et de principes que "l'opportunisme" en politique aux yeux d'un légitimiste français à l'ancienne ou d'un partisan fanatique du droit divin du peuple [1].

On comprend donc, que si le pluralisme trouve d'ordinaire une forme d'évidence, comme cohabitation et tolérance des libertés, pour tout idéal qui se réclame de la démocratie, on ne saurait toutefois réduire le pluralisme à sa dimension politique. Une fois encore, le pragmatisme présente cette particularité, qu'il articule théorie de la connaissance et position ontologique d'une part; philosophie morale et politique d'autre part, en déployant le pluralisme sur l'ensemble de ces champs. Témoin, Dewey lui-même avait envisagé de donner le nom de « pluralisme empirique » à sa conception philosophique « par respect pour la pluralité des faits observables ». Quant à James il en vient parfois à donner pour équivalents sinon pour synonymes les deux termes de pragmatisme et de pluralisme. Ainsi écrit-il en 1907 : « le pragmatisme ou pluralisme que je défends » [2]. Car le pragmatisme est incontestablement pluraliste même si le pluralisme, répétons-le, n'est pas, dans son acception la plus large, réductible au pragmatisme. C'est que le pluralisme du pragmatisme n'est pas seulement l'affirmation d'une multiplicité, il n'est pas seulement l'affirmation de l'importance des relations, il est proclamation de la nouveauté, de l'incessante création. De là en effet « ce sentiment d'insécurité que nous donne le monde du pluraliste. Il manque de stabilité et de sérénité » [3].

Le pluralisme, on le voit, rencontre les préoccupations centrales de la pensée pragmatiste. Il récuse toute conception qui ferait du monde un quelque chose de stable, d'immuable, d'achevé et de complet, vis-à-vis de quoi le sujet se tiendrait et qu'il aurait à « voir ». En clair l'affirmation du pluralisme se retrouve avec la critique de la conception de « l'Homme spéculaire » telle que la systématise Richard Rorty, dont nous avons vu que l'une des déterminations fondamentales tient à l'affirmation du caractère absolu du vrai et de notre rapport au vrai.

1. W. James, *Le pragmatisme*, *op. cit.*, p. 272-273.
2. W. James, *Journal of Philosophy*, *op. cit.*, p. 548.
3. J. Wahl, *Les philosophes pluralistes d'Angleterre et d'Amérique*, *op. cit.*, p. 207.

De fait, ce qui fait l'objet du mépris et des railleries des rationalistes tient précisément au pluralisme et à sa critique de l'« objectivisme ». Car les pragmatistes parlent des vérités au pluriel, ils les veulent utiles, satisfaisantes, fonctionnelles. James ironise à la manière de l'intellectualiste :

> De tels critères sont totalement subjectifs. Au contraire, la vérité objective doit être une chose qui n'ait rien d'utilitaire, qui soit altière, raffinée, distante, imposante, élevée. Elle doit être une correspondance absolue entre nos pensées et une réalité non moins absolue. Il faut qu'elle soit ce que nous devrions penser sans condition. Le fait que nos pensées soient de fait conditionnées leur ôte toute pertinence et les renvoie à la psychologie. Dans ce domaine, à bas la psychologie et vive la logique ! [1].

Refusant tout absolutisme, le pluralisme quand il est pragmatiste suppose l'incomplétude et la temporalité : il substitue en quelque sorte la figure du temps à celle de l'espace. Il remplace la cohabitation par le changement. Et voilà bien toute la différence entre pragmatisme et rationalisme : « pour le rationalisme, la réalité est toute faite et achevée de toute éternité, tandis que pour le pragmatisme elle est toujours en train de se faire et attend que l'avenir contribue à modeler son caractère ». La dimension du temps est ici essentielle : « Pour le premier, l'univers est arrivé au port, pour le second, l'aventure continue » [2].

C'est sur cette interprétation que nous allons faire porter notre analyse. Car non seulement il existe une pluralité d'acceptions du pluralisme. Non seulement il existe une diversité des pluralismes. Mais pour saisir la complexité de cette pluralité il convient d'en reprendre les déterminations gnoséologiques, logiques, morales et politiques.

Les conditions factuelles du pluralisme

Le pluralisme, remarque Jean Wahl, « est une philosophie "démocratique", sociale ». Même si les pragmatistes ne peuvent en revendiquer le monopole, le « pluralisme est le plus souvent une métaphysique du pragmatisme ». De ce point de vue, il s'oppose aux monistes, et rappelle, Jean Wahl, « tout spécialement aux monistes anglais qui, après 1870, s'inspirèrent de la philosophie de Hegel ». Mais le « pluraliste

1. W. James, *Le pragmatisme*, *op. cit.*, p. 129-130.
2. *Ibid.*, p. 269-270. Souligné par James.

s'oppose également à celui qu'il appelle le monadiste : le monde n'est pas pour lui un ensemble statique d'individualités »[1].

La notion de pluralisme apparaît en effet à la fin du XIXe siècle[2] en réaction au monisme, à la quête de l'unité et de l'aspiration à une réalité totale englobante. De ce point de vue le pluralisme naît dans le champ de la théorie de la connaissance et se donne vite comme position métaphysique.

Mais le pluralisme apparaît aussi en un moment de revendication proprement politique. Il se donne, au moment de la Grande Guerre, comme pluralisme culturel, comme une critique de l'idée du *Melting Pot* américain. Cette idée de « *Melting Pot* » développée dans les années 1910 était tirée du titre de la pièce de 1908 du romancier anglais Zangwill dont le héros proclamait : « l'Amérique est le creuset de Dieu, le grand *Melting Pot* où toutes les races d'Europe se fondent et se réforment (...) ! Le vrai Américain n'est pas encore arrivé, il est seulement dans le creuset, je vous le dis, il sera la fusion de toutes les races, le surhomme qui vient ! »[3]. Idéal que l'on dirait assimilationniste, le *melting pot* promettait, avec l'émancipation des populations immigrées, la rédemption et la régénération. Un tel idéal devait se heurter à des réactions nationalistes, ethnicistes et xénophobes, et à une revendication, pour certains, de conserver leurs traits culturels. Dans ce contexte, le pluralisme culturel de Horace M. Kallen entendait dénoncer les politiques qui, au nom de l'Américanisation des populations immigrées, assurait la domination de fait d'une culture particulière, anglo-américaine, sans reconnaître la diversité des cultures et des peuples qui venaient constituer l'Amérique. Dans son essai, *Democracy versus Melting Pot* (1915) Kallen usera alors d'une métaphore que l'on retrouve dans bon nombre de textes de l'époque y compris les textes d'élaboration épistémologique de Russell[4]. Kallen use de la métaphore de l'orchestre pour définir son idéal de la civilisation américaine.

1. J. Wahl, *Les philosophies pluralistes d'Angleterre et d'Amérique*, *op. cit.*, p. 311-312.

2. Voir sur ce point *ibid.*, Appendices I et II, p. 349-354.

3. Cité dans G. Garetta, « Pragmatisme et pluralisme depuis W. James ; genèse et transformation du « pluralisme culturel », dans J.-P. Gaillard (dir.), Dossier MCX XXIV Grand débat du réseau Intelligence de la complexité, mai 2008, Vincennes Insep, p. 83-84.

4. Bertrand Russell retourne la relation parties/tout à l'inverse du sens que lui donne Kallen dans un autre registre. « Une personne sans éducation musicale, si elle entend une symphonie, a la vague impression générale d'un ensemble, alors que le chef d'orchestre, comme vous pouvez le constater d'après ses gestes, écoute un tout qu'il analyse minutieusement en ses diverses parties », *Histoire de mes Idées philosophiques*, « Réponses aux critiques », *op. cit.*, p. 287.

> Dans un orchestre chaque instrument a un timbre et une tonalité spécifiques (...) et chaque type a un thème et une mélodie propres au sein de la symphonie. De la même façon dans la société chaque groupe ethnique est un instrument naturel, son esprit et sa culture sont son thème et sa mélodie; leur harmonie, leurs dissonances et leurs accords forment la symphonie de la civilisation. Reste une différence: une symphonie musicale est écrite avant d'être jouée; dans la symphonie de la civilisation le jeu est l'écriture [1].

Rien donc de fixe et d'inévitable qui vienne limiter les progressions et les variations de la symphonie qui peut alors devenir plus riche et plus belle.

Dewey répond à cette thèse de Kallen pour en limiter la portée [2]. Toute la question, remarque-t-il, c'est que la critique de la domination permette la possibilité d'une société et non simplement la juxtaposition d'individus séparés et épars. Ainsi Dewey précise-t-il dans une lettre à Kallen : « je suis tout-à-fait d'accord avec votre idée d'orchestre, mais à cette condition que cela fasse vraiment une symphonie" [3]. Telle est la profession de foi des pluralistes : « la réalité est mélange de systèmes, mais jamais système en elle-même » [4].

Au fond qu'elle soit ontologiquement ou politiquement envisagée, la réalité est pluraliste. Durkheim le pointe, qui, en reprenant cette opposition de tempéraments chère à William James, explicite le parallèle, chez les pragmatistes, entre la structure pluraliste du monde et le fédéralisme politique et culturel :

> Ainsi le pluralisme des pragmatistes s'oppose au monisme des rationalistes. Pour les premiers, la multiplicité est aussi réelle que l'unité : il y a tout à la fois union et disjonction. La forme tout, concède James, existe; mais la forme chaque – la forme particulière de chaque élément – cst logiquement aussi acceptable et empiriquement aussi probable. Il y a bien un tout, mais, dans ce tout, il y a une certaine liberté de jeu. Le monde est

1. H. M. Kallen, « Democracy versus the Melting Pot », *Nation*, 25 février 1915 : 220. Cité dans Robert B. Westbrook, *John Dewey and American Democracy*, Cornell University Press, 1991, p. 213.

2. J. Dewey, « The Principle of Nationality » (1917), M.W 10 : 288-289; « Nationalizing education » (1916), M.W 10 : 204.

3. J. Dewey, Lettre à H. Kallen, 31 mars, 1915, Horace M. Kallen Papers, American Jewich Archives, Hebew Union Collège, Cincinnati, cité dans Robert B. Westbrook, *John Dewey and American Democracy*, *op. cit.*, p. 213-214.

4. H. M. Kallen, *Philosophiocal Review*, 1913, p. 156. Cité dans J. Wahl, *Les philosophies pluralistes d'Angleterre et d'Amérique*, *op. cit.*, p. 127.

> une république fédérative qui laisse à chacune de ses parties une grande part d'autonomie ; ce n'est pas une société monarchisée [1].

Durkheim a fort bien compris le lien qui existait entre le pragmatisme et le pluralisme. Car le pluralisme des pragmatistes s'oppose au monisme des rationalistes.

1. E. Durkheim, *Pragmatisme et sociologie*, *op. cit.*, p. 70.

CHAPITRE VIII

L'OPPOSITION AU MONISME ET LA QUESTION DES RELATIONS EXTERNES

Pris au début du XXe siècle, le terme – et le concept – de pluralisme est très récent dans la philosophie de langue anglaise. Son origine est de langue allemande. On le trouve déjà chez Wolff, qui l'oppose au solipsisme mais au sens qu'il va prendre dans la tradition américaine, « le mot « *pluralism* » semble venir directement de la métaphysique de Lotze ». « C'est un commentateur, un disciple, un ami de Lotze qui semble avoir introduit ce mot dans la langue anglaise. Bowne l'emploie dans sa *Metaphysics* de 1882 »[1]. Or, utilisé par Rudolf Hermann Lotze dans les années 1840, il caractérise en Allemagne une doctrine qui s'oppose à la philosophie de Hegel. En Amérique on traduit Lotze dès 1877. Dewey et James l'ont lu et y font de larges références. Quant à son expression française, elle est également importée de l'allemand pour désigner la pensée anti-moniste de Renouvier.

Ainsi, au tournant du XXe siècle en Amérique, le mot « pluralisme » désigne une doctrine selon laquelle les êtres qui composent le monde sont des individus eux-mêmes multiples qui entretiennent toutes sortes de relations mutuelles. Ces individus non seulement ne se réduisent pas à des affections ou des modes d'une quelconque substance unique, mais ils ne doivent pas être considérés comme des membres ou des phénomènes d'une réalité totale et englobante. Ainsi affirmé, comme s'opposant au monisme, le pluralisme est une position ontologique (d'inspiration nominaliste). Et « C'est en fait le pragmatiste William James qui la met en circulation dans

1. J. Wahl, *Les philosophes pluralistes d'Angleterre et d'Amérique*, *op. cit.*, Appendice 11, p. 353.

les dernières années du XIXe siècle (à partir de la *Volonté de croire*) en lui donnant toute son ampleur »[1].

Le pluralisme va alors désigner un anti-monisme et un anti-monadisme.

Un philosophe est l'objet explicite des critiques de William James: Francis H. Bradley. Comme il est aussi la visée, chez Bertrand Russell, d'objections radicales. Dans *Appareance and Reality* (1893) Bradley affirme que « l'illusion qui consiste à distinguer les choses en relations et en qualités est la source de toutes les autres illusions; c'est elle qui nous rend la réalité inintelligible». Et il ajoute: «La qualité apparaît à la fois comme une condition et comme un résultat des relations, et cette double affirmation est contradictoire»[2]. Il n'est pas question pour Bradley de récuser la valeur des apparences; toutefois, l'apparence « appartient » à la réalité. Et la pensée relationnelle, pour avoir un intérêt pratique, ne saurait nous donner la vérité. Le monisme de Bradley, affirme ainsi que le réel est un, unique et total et que telle est la condition de possibilité de l'expérience et de la connaissance. « La Réalité est une. Elle doit être simple, parce que la pluralité, considérée comme réelle, est contradictoire en soi. La pluralité implique des relations et, à travers ses relations, elle ne cesse d'affirmer malgré elle une unité supérieure »[3].

L'affirmation centrale de ce monisme, à quoi vont précisément s'opposer James et Russell, tient à l'intériorité des relations. C'est son opposé, la doctrine des relations externes, qui ancre l'affirmation du pluralisme. Car c'est au monisme que s'oppose la position de l'externalisme.

Toutefois en partant d'un même noyau critique, Russell et James offrent des versions très différentes d'une vision pluraliste du monde.

UNE VERSION ATOMISTE DE LA DOCTRINE DES RELATIONS EXTERNES

Evoquant sa révolte, à la fin du XIXe siècle, contre l'idéalisme, Bertrand Russell rappelle à quel point il était alors occupé par le rejet du monisme lié à l'idéalisme, affirme-t-il, par «la doctrine des relations» que Bradley trouve chez Hegel. «Je l'appelais "la doctrine des relations internes", et

1. Pour tous ces développements voir J. Wahl, *Les philosophes pluralistes d'Angleterre et d'Amérique*, *op. cit.*, Appendice 2.

2. *Ibid.*, p. 28-29.

3. F. H. Bradley, *Appearance and reality* (1893), cité dans B. Russell « The Nature of Truth », *Proceedings of the Aristotelician Society*, trad. fr. « La Théorie moniste de la vérité », dans *Essais philosophiques*, Paris, P.U.F., 1997, p. 197.

j'appelais mes conceptions "la doctrine des relations externes"». Et il précise: «La doctrine des relations internes affirmait que toute relation entre deux termes exprime, en premier lieu, les propriétés intrinsèques des deux termes et, en dernière analyse, une propriété de l'ensemble qu'ils composent»[1].

Russell, de fait, s'est attaché à critiquer l'analyse logique traditionnelle, et a substitué la forme propositionnelle à la structure attributive du jugement. La critique de la doctrine des relations internes et, en conséquence, l'affirmation du pluralisme, est un effet de cette critique du discours logique. Elle tient chez Russell au refus, logique, de la structure prédicative à quoi équivaut pour lui «l'axiome des relations internes». La réduction de tout jugement de relation à la forme prédicative Sujet-copule-Prédicat, est pour Russell l'origine de l'erreur constitutive du monisme.

> Car une proposition qui affirme une relation doit toujours être réduite à une proposition de la forme sujet-prédicat relative au tout composé des termes de la relation. Progressant de la sorte de totalités en totalités toujours plus vastes, nous corrigeons par degrés nos premiers jugements grossiers et abstraits, et nous nous approchons peu à peu de la vérité unique sur le tout. La vérité unique, définitive et complète doit consister en une proposition qui a un sujet, à savoir le tout, et un seul prédicat[2].

Ainsi, dès lors que toute relation trouve sa raison et sa nature dans la nature des termes qu'elle met en relation, toute proposition relationnelle de type *a*R*b* est pensée concerner le tout formé par *a et b* (où *a* et *b* sont à entendre comme les termes, et R comme la relation).

Si l'on suit l'axiome des relations internes, il ne saurait donc y avoir de différence entre les relations et les attributs (les prédicats), de telle sorte que les premières sont en droit réductibles aux seconds. Dans ce cas, il n'est proprement de jugement qu'analytique: «le sujet se confond entièrement avec sa propre nature (...) et le prédicat fait partie de cette nature»[3]. Tel est, pour Russell, le lien entre le monisme – épistémologique et ontologique – et la doctrine des relations internes. Car cette réduction des relations aux prédicats, c'est-à-dire aux propriétés, constitutifs du Sujet, revient à nier proprement les relations, et à rendre par là impensable la diversité. Car s'il y a réellement deux choses A et B qui sont diverses, il est

1. B. Russell, *Histoire de mes idées philosophiques*, *op. cit.*, p. 67-68.

2. B. Russell, «The Nature of Truth», *Proceedings of the Aristotelician Society*, trad. fr. «La Théorie moniste de la vérité», *op. cit.*, p. 198. Voir aussi *Histoire de mes Idées philosophique*, *op. cit.*, p. 71-72.

3. B. Russell, *Essais Philosophiques*, *op. cit.*, p. 201; *Histoire de mes idées philosophiques*, *op. cit.*, p. 74-75.

impossible de réduire entièrement cette diversité aux attributs, prédicats de A et de B. Comme le résume Russell : « L'axiome des relations internes équivaut ainsi à l'hypothèse du monisme ontologique et au refus d'admettre qu'existe la moindre relation. » En effet, « partout où il semble que nous ayons affaire à une relation, il s'agit en réalité d'un adjectif du tout constitué des termes de la relation supposée » [1].

L'affirmation du pluralisme est ainsi liée à l'affirmation de l'extériorité des relations. Affirmer en effet que les relations sont extérieures, revient à affirmer qu'il y a plusieurs choses, irréductibles les unes aux autres, aux propriétés de l'une ou de l'autre, et irréductibles au tout dont elles ne seraient que des parties. Dès lors que les relations sont extérieures aux termes, les termes peuvent être associés et mis en relation sans être fusionnés en un tout global et dont l'unité garantirait l'existence.

Mais cette récusation du monisme vaut aussi pour le monadisme. Monisme et monadisme peuvent être analysés comme des expressions du même présupposé. Car en niant la réalité des relations, soit on se condamne à croire qu'il n'existe qu'une seule chose au monde, autrement dit que toute proposition consiste à prédiquer un attribut ou un mode de la substance alors unique et englobante; soit, et c'est là la position monadiste, on admet une infinité de substances individuelles mais en faisant de chaque monade une entité à part, indépendante de toute autre. Ce refus du monadisme a des conséquences considérables sur la conception de l'individualisme. Elle s'assortit d'un refus de l'individualisme strict, refus qui sera développé largement par Dewey.

Deux conséquences peuvent en être tirées.

1) D'une part, une fois l'axiome rejeté, « la connexité n'est plus une preuve de la complexité ». En effet, « une même relation peut exister entre de nombreuses différentes paires de termes, et un terme donné peut avoir de nombreuses relations différentes avec des termes différents » [2]. Autrement dit la complexité est liée à la pluralité. Le monde n'est pas cette unité totalité que supposent le monisme et la doctrine des relations internes. Le monde est « constitué de choses multiples et de relations » [3].

L'affirmation du pluralisme implique l'indépendance et l'existence des relations. Mais cela suppose chez Russell l'affirmation d'une dualité des particuliers et des universaux (au titre desquels les relations). Les relations sont ainsi des universaux en quelque manière pensables,

1. *Ibid.*, p. 198; *Histoire de mes idées philosophiques*, *op. cit.*, p. 71.
2. *Ibid.*, p. 202; *Ibid.*, p. 76.
3. *Ibid.*, p. 203; *Ibid.*, p. 76.

différant, en nature, avec les termes, qui sont empiriques. Dans la théorie de la connaissance que Russell développe en 1914 contre James, ces universaux sont objets d'une connaissance directe (connaissance par *acquaintance*), et le « pouvoir d'appréhender certains rapports entre les universaux » lui permet de justifier la possibilité d'une connaissance *a priori*. Alors même qu'il établira la pluralité de la chose, qu'il montrera que la chose est une construction logique, Russell conservera la dualité des particuliers et des universaux qui rendent cette construction possible. Et le nominalisme n'y fait rien : les mots eux mêmes sont des universaux et les mots-relations « sont les plus opiniâtres des mots dont la signification est dans un certain sens universelle »[1]. Bref, de manière explicite, la distinction d'avec James est posée : « M'étant pour finir fermement convaincu de la "réalité" des relations, je ne pouvais accepter ni la logique du sujet-prédicat ni la conception selon laquelle il n'y a que des particuliers »[2].

2) D'autre part, chez Russell, la doctrine des relations externes est un volet de son atomisme logique. « Dans un tel monde, tout ce qui est complexe est composé de choses simples en relation les unes avec les autres, et l'analyse ne se trouve plus placée, à chaque étape devant la perspective d'une régression à l'infini »[3]. Le processus de l'analyse a toujours été pour Russell le guide des recherches et de la philosophie. Mais c'est sous l'influence de Wittgenstein qu'au début de 1918, il choisit l'expression d'« atomisme logique » pour définir sa propre philosophie[4]. Il s'agit pour Russell de déterminer une doctrine qui, soucieuse des fondements, concerne l'ensemble de la connaissance. Le choix du terme « atomisme » est en rapport direct avec le type de logique qui sert de base : « la logique que je défendrai est atomiste, en tant qu'opposée à la logique moniste ». Et il précise : « Je veux dire que pour moi l'apparente multiplicité du monde n'exprime pas les phases et les divisions irréelles d'une réalité indivisible et singulière »[5]. Ainsi, la doctrine est atomiste en ce qu'il s'agit d'atteindre des éléments irréductibles, termes derniers de l'analyse, et prémisses d'une déduction opérable. Mais l'atomisme est logique en ce que les atomes sont, non pas physiques, mais les résidus derniers de l'analyse. Pour Russell donc, l'atomicité, qui affirme l'indépendance

1. B. Russell, *Histoire de mes idées philosophiques*, *op. cit.*, p. 215.

2. *Ibid.*, p. 195-196.

3. B. Russell, « La Théorie moniste de la vérité », *op. cit.*, p. 203. *Histoire de mes idées philosophiques*, *op cit.*, p. 76-77.

4. Voir B. Russell, *Histoire de mes idées philosophiques*, *op. cit.*, p. 140.

5. B. Russell, « The philosophy of LogicalAtomism », in *Logic and Knowledge, Essays 1901-1950*, R.C. Marsch (ed.), London, Allen & Unwin, 1956. Réed 1977, p. 179.

logique des propositions atomiques, permet de résoudre le statut de la vérité empirique. L'atomisme logique reste ainsi attaché à la recherche de quelque donné ultime de la connaissance, mais il pose que ce donné n'est ni causalement ni épistémologiquement antérieur à la connaissance, il est un élément isolé par analyse.

Pour résumer on pourrait ainsi dégager les déterminations du pluralisme chez Russell.

Son point d'ancrage et son origine sont logiques : la doctrine de l'extériorité des relations est posée comme conséquence de la substitution au jugement d'attribution, de la logique propositionnelle et du jugement de relation.

Sa préoccupation est épistémologique : il s'agit de fonder la connaissance empirique.

Il implique une ontologie : la dualité des particuliers et des relations universelles, de l'empirique et de l'*a priori*, ou pour le dire comme certains [1], du sensible et de l'intelligible. Il renforce une conviction gnoséologique : il prend parti pour le réalisme contre l'idéalisme.

UNE VERSION EMPIRISTE RADICALE DU PLURALISME

Le pluralisme de James comme celui de Russell repose sur l'affirmation de l'extériorité des relations, mais, à l'encontre de Russell, il refuse toute idée d'une dualité de nature entre les termes et les relations. Un univers pluraliste va de pair, chez James, avec une position radicalement empiriste. A cet égard il oriente sa critique du monisme et du rationalisme dans une direction très différente de celle de Russell : « Je donne à ma conception du monde le nom d'"empirisme radical" ». Et il précise le sens de cette expression : « Pour être radical un empirisme ne doit admettre dans ses constructions aucun élément dont on ne fait pas directement l'expérience, et n'en exclure aucun élément dont on fait directement l'expérience ». La conséquence est importante pour la définition des relations.

> Pour une telle philosophie, les relations qui relient les expériences doivent elles-mêmes être des relations dont on fait l'expérience, et toute relation, de quelque type qu'elle soit, dont on fait l'expérience, doit être considérée comme aussi "réelle" que n'importe quoi d'autre dans le système [2].

1. S. Maldelrieux, « Pluralisme anglais et pluralisme américain : Bertrand Russell et William James », *Archives de Philosophie*, 2006/3, t. 69, p. 375-393, p. 384.
2. W. James, *Essais d'empirisme radical*, *op. cit.*, p. 58-59.

Cet empirisme radical est étroitement lié à l'hypothèse que nous avons évoquée dans la partie précédente, l'hypothèse du monisme neutre. Il est étroitement lié à l'élimination de la dualité du sujet et de l'objet. De la sorte, ce n'est pas seulement l'empirisme qui est radical mais, ce faisant, c'est la critique du monisme qui devient définitive. En affirmant en effet que les relations sont tout autant objet d'expérience que les termes, James refuse qu'il puisse y avoir une unité *de* l'expérience. Il lui substitue une unité *dans* l'expérience.

Deux traits vont alors constituer l'empirisme radical, qui font l'originalité du pluralisme de James :

D'une part l'expérience est un continuum qui nous conduit de parties en parties. Cette affirmation relève de la critique de la dualité entre sujet et objet de connaissance. Elle rencontre la critique de la conception représentationaliste, « spéculaire » du savoir. Durkheim note que James oppose souvent ce « caractère ambulatoire de la pensée au caractère saltatoire que suppose la conception discontinuiste » [1]. De fait, James entend rompre avec l'intentionnalité « conçue comme relation "saltatoire", impliquant une transcendance de l'objet au sujet ». Il entend « la replacer dans l'expérience et en faire une relation "ambulatoire" passant d'une expérience à une autre par l'intermédiaire d'une expérience définie » [2].

D'autre part l'unité de l'expérience n'est jamais ni donnée, ni achevée, ni complète. De la sorte, pour James, il ne saurait être question d'affirmer que toutes les relations sont extérieures. Certes, « interprété dans un sens pragmatique, le pluralisme ou la doctrine qui admet la multiplicité dans l'univers signifie simplement que les diverses parties de la réalité peuvent entretenir des relations extérieures » [3]. Mais cette possibilité même indique assez qu'il ne s'agit pas là d'un principe qui serait *a priori*, métaphysique. Ici encore, tout est question d'expérience et les relations sont prises elles mêmes dans un continuum qui, d'internes et en quelque manière analytiques, seront graduellement, selon leur fonction, plus ou moins extérieures.

A la différence de Russell, le pluralisme de James récuse toute dualité des relations et des termes, comme il refuse toute variation du dualisme du sujet et de l'objet. Et le pluralisme de James récuse tout « atomisme ».

1. E. Durkheim, *Pragmatisme et sociologie*, *op. cit.*, p. 107.

2. G. Garreta et M. Girel, Préface à la traduction française de W. James, *Essais d'empirisme radical*, *op. cit.*, p. 15.

3. W. James, *La philosophie de l'expérience*, série de conférences réunies dans la traduction française de E. Le Brun et M. Paris, Paris, Flammarion, 1914, p. 310.

On se rappelle que pour James « physique » et « mental » sont le résultat de combinaisons et d'associations. Ils ne sont pas ainsi le résultat d'une analyse qui ferait que le simple serait obtenu par simple décomposition ; ce qui importe c'est que cette décomposition, comme action, implique un quelque chose de plus. Décomposer ce n'est pas retrancher, soustraire pour parvenir à la contemplation d'un quelque chose qui était déjà là : mais, comme acte, c'est ajouter, et cette addition a pour résultat quelque chose de nouveau. Toute décomposition ne peut être que le résultat d'un acte supplémentaire, d'une opération mobilisant d'autres expériences.

Le pluralisme de James refuse donc l'atomisme, fût-il logique. Il récuse une conception de l'empirisme classique qui hache l'expérience et réduit l'expérience à des unités qui ne peuvent former un tout tant qu'un principe intellectuel n'est pas venu d'en haut les lier et les organiser. Bref, le pluralisme de James refuse l'indépendance primitive de l'élémentaire immédiat. L'« expérience pure » en effet, « n'est qu'un autre nom pour désigner le sentiment ou la sensation »[1]. L'"expérience pure" est, dit James, « le nom que j'ai donné au flux immédiat de la vie, lequel fournit la matière première de notre réflexion ultérieure avec ses catégories conceptuelles ». Quant à la nature de cette expérience pure, l'attribution en est pour le moins étrange :

> Il n'y a que les nouveaux-nés, ou les hommes plongés dans un demi-coma dû au sommeil, à des drogues, à des maladies ou à des coups, dont on peut supposer qu'ils ont une expérience pure au sens littéral d'un *cela* qui n'est encore aucun *quoi* défini, bien qu'il s'apprête à être toutes sortes de *quoi*, riche aussi bien d'unité que de pluralité mais dans des rapports non apparents, changeant au fur et à mesure mais de façon si confuse que ses phases s'interpénètrent et que l'on ne peut discerner aucun point, qu'il soit de distinction ou d'identité[2].

C'est bien alors parce qu'elle relève du sentiment ou de la sensation non verbalisée que ces états peuvent répondre à une désignation de l'expérience pure ; « sa pureté n'est qu'un terme relatif, désignant la proportion de sensation non verbalisée qu'elle renferme encore »[3].

L'expérience pure est donc, « inversement proportionnelle à la façon dont l'expérience a été conceptualisée, ciblée d'adjectifs, de prépositions et de conjonctions »[4].

1. W. James, *La philosophie de l'expérience*, *op. cit.*, p. 329.
2. W. James, *Essais d'empirisme radical*, *op. cit.*, p. 90. Souligné par James.
3. *Ibid.*
4. G. Garreta et M. Girel, Préface à James, *Essais d'empirisme radical*, *op. cit.*, p. 14.

Ainsi, « en fait, il n'est pas une seule chose qui ne figure dans les données immédiates de nos sensations, comme étant simultanément toutes les choses différentes qu'elle se trouve être simultanément dans la réalité, à quelque degré que ce soit »[1]. Une chose est de façon non contradictoire, parce qu'engagée dans des associations diverses « avant C et après A » « loin de vous et près de moi »; « simultanément une chose active et une chose passive », « un ensemble de parties et une partie d'un tout supérieur », « physique et mentale »; et « elle est tout cela d'une manière absolument indivise, sans se trouver en conflit avec elle-même comme sans avoir le besoin de se dédoubler »[2].

La relation est ainsi condition de possibilité de la connaissance. La prise de cet indéterminé, de la pure présence du sentiment et de la sensation, n'est pas pour James un acte proprement cognitif. Pour que la cognition puisse intervenir, il faut qu'il y ait relation entre cette partie « indivise » de l'expérience pure, ce « cela » et le reste de l'expérience. Sans mise en contexte, sans arrangement, sans associations et combinaisons, il ne peut y avoir de connaissance possible. La connaissance est indissociable des relations, et celles-ci doivent être elles-mêmes expérimentées. Toutes les relations font partie intégrante du flux des sensations. « Les parties de l'expérience se tiennent ensemble de proche en proche par des relations qui sont elles-mêmes des parties de l'expérience »[3].

Répétons-le, la conception que défend ici James est une conception non spéculaire : la connaissance n'est pas un acte qui met en relation un sujet et un objet, un connaissant et un connu, du mental et du physique, elle est une façon dont une sensation/sentiment, une expérience conduit à une autre, quand, dans ce flux continu qu'est l'expérience, une expérience mène à une autre, aboutit à une autre. Ainsi en est-il de la conception pragmatiste de la vérité. « La vérité d'une idée n'est pas une propriété stable qui lui est inhérente. La vérité *vient* à l'idée. Celle-ci *devient* vraie, les événements la rendent vraie. Sa vérité est en fait un événement, un processus »[4]. De la sorte, dire que nos idées sont « en accord » avec la réalité, veut dire « qu'elles nous mènent, par les actes et les idées qu'elles suscitent, dans, jusqu'à ou vers d'autres parties de l'expérience avec lesquelles nous sentons tout du long (...) que nos idées originelles restent en accord »[5].

1. W. James, *La philosophie de l'expérience*, *op. cit.*, p. 261.
2. *Ibid.*
3. W. James, *Meaning of Truth*, *La signification de la vérité, une suite du pragmatisme*, Lausanne, Éditions Antipodes, 1998, p. 25.
4. W. James, *Le pragmatisme*, *op. cit.*, p. 226. Souligné par James.
5. *Ibid.*, p. 27.

Ainsi le pluralisme tient en effet à ce que la définition de la vérité est une définition de vérités au pluriel. Contre les rationalistes qui proclament l'éternité, l'absoluité et l'unicité de la vérité, le pragmatisme affirme que la vérité *se fait*, et se fait au fil de l'expérience, qui nous guide de façon « payante » car elle permet un processus du type de la vérification.

Mais en plus, le pluralisme tient au changement. Ainsi, la vérité vit « la plupart du temps à crédit. Nos pensées et nos croyances « circulent » aussi longtemps qu'on ne les remet pas en question » [1].

LE PLURALISME ET LE PRAGMATISME

De ces traits une conséquence est fondamentale, qui transforme le pluralisme. Le pluralisme tient non pas seulement à l'espace mais au temps. Et là est proprement l'apport du pragmatisme qui lie le pluralisme à l'action, et la relation à l'adjonction d'une opération. Le pluralisme pour les pragmatistes est une conséquence du caractère indéterminé du monde de l'action; il est lié à la liberté et à l'avenir. Monisme et pluralisme s'opposent, nous dit James, comme l'importance du « tout » contraste avec celle du « chaque ». Mais plus radicalement :

> La doctrine sur laquelle les absolutistes insistent le plus est celle du caractère "intemporel" de l'absolu. D'un autre côté pour les pluralistes, le temps demeure aussi réel que tout autre chose, et rien dans l'univers n'est assez grand, assez statique ou éternel pour n'avoir pas d'histoire [2].

On peut ainsi distinguer deux déterminations ou deux acceptions du pluralisme.

La première affirme une multiplicité d'éléments distincts qui peuvent, sans constituer un tout englobant, avoir des relations, être reliés les uns aux autres. Représentation d'un ensemble qui fait totalité par la combinaison ou l'association de ses éléments: telle est la manière ordinaire de se représenter le pluralisme. Et telle est la représentation qui organise la vision ordinaire de la démocratie.

Une seconde version du pluralisme, que l'on trouve précisément chez James, est non plus d'ordre spatiale mais temporelle. « Sa formule n'est plus tant: "il y a du multiple", mais "il y a du nouveau" » [3]. Là serait l'opposition radicale entre monisme et pluralisme que le premier

1. W. James, *Le pragmatisme*, *op. cit.*, p. 231.

2. W. James, *Philosophie de l'expérience*, nouv. trad. S. Galetic, Paris, Les Empêcheurs de penser en rond, 2007, p. 40 et p. 43.

3. S. Madelrieux, « Pluralisme anglais et pluralisme américain », *op. cit.*, p. 386.

affirmerait l'immuable quand le pluralisme tiendrait pour le changement et la nouveauté.

Il peut apparaître alors que cette compréhension temporalisée de l'extériorité des relations est la forme qui relève le plus proprement de l'idéal démocratique, anti-absolutiste. Dès lors en effet que l'extériorité des relations tient à l'addition et à la nouveauté, ce qui importe c'est l'ordre du possible et du contingent qui peut survenir de cette mise en relation. Mais aussi, et c'est là un élément capital pour qui entend penser l'importance de l'éducation, la contingence du futur auquel en effet on est conduit d'expérience en expérience, doit être rattachée à la suite des événements passés.

On peut mesurer ici toute la différence propre au pragmatisme. Car, comme le souligne Stéphane Madelrieux, s'il tient à la relation et à l'extériorité des relations, le pluralisme tient à l'importance de ce « et » qui fait relation entre des termes. Or il convient de distinguer entre deux ET. Le ET qui signifie "entre", « s'oppose au verbe être, comme les jugements de relations (sRy) s'opposent aux jugements d'attribution (S est P) ». Ce ET compris comme "entre" « signifie que les relations viennent du dehors entre des termes donnés : elles ne sont pas au même niveau, elles sont, dans "l'intervalle" ». De ce sens, il convient de distinguer un autre ET, que James précisément met en œuvre, un ET de l'addition qui signifie « plus ». « La place de ce ET est à la fin de la série : il ouvre la phrase sur un futur indéterminé ». Ce n'est pas alors le ET de l'intervalle « mais le ET de la marge, de la frange indéterminée, du possible. C'est un ET qui attend son deuxième terme encore à venir »[1].

Le pluralisme alors, inspiré chez James par Renouvier, est affirmation de l'indétermination, de la contingence et donc de la liberté. Et c'est bien par quoi le pragmatisme fait une différence : refusant toute séparation entre le monde de la réflexion et le monde de l'action, il signifie le lien entre la reconnaissance de la liberté des individus, l'action des sujets, et les changements réels dans un univers indéterminé. « Ce n'est pas seulement un monde multiple qu'exige le pragmatiste, c'est un monde incomplet »[2] qui affirme la réalité du temps, du changement et du développement.

Le pluralisme chez Russell est d'origine logique, et se développe en une conception ontologique de la structure du réel pour mieux assurer la possibilité d'une objectivité de notre connaissance. La préoccupation de Russell est nettement de théorie de la connaissance.

1. *Ibid.*, p. 389-390.
2. J. Wahl, *Les philosophes pluralistes d'Angleterre et d'Amérique*, *op. cit.*, p. 136.

Le pluralisme de James se centre sur la mobilité et la fluidité de l'expérience, il substitue à l'absolu statique et éternel des monistes, la nouveauté de l'activité, elle-même indéterminée, de la connaissance. La perspective est ontologique mais la visée est morale et politique.

Pour reprendre la typologie des tempéraments à laquelle nous invitait James, nous avons affaire ici à la vision d'un pluralisme sceptique et optimiste.

CHAPITRE IX

L'OPPOSITION AU DÉSIR D'UNITÉ : LE PLURALISME ET LA LUTTE CONTRE L'ABSOLUTISME

Le pluralisme des pragmatistes récuse à la fois l'unité, la totalité, et le dualisme.

Il combat la conception d'un univers qui serait une totalité englobante qui tiendrait son ordre d'un principe *un*, et qui séparerait ainsi le principe extérieur fondateur de la réalité qu'il permet d'organiser. Il pense le réel comme expérience, et l'expérience comme un mouvement, un flux d'expériences finies mais lui-même sans fin.

L'affirmation de l'incomplétude du réel et de la connaissance apparaît ainsi comme la forme ultime de l'engagement pour une sécularisation effective de notre univers.

> Le monde occidental est passé peu à peu du culte de Dieu à celui de la raison et de la science. Pour l'heure il évolue vers un stade où il n'adorera plus rien. A ce stade là on cessera de voir dans la "vérité" un principe d'émancipation ou une source de pouvoir qui, lorsque nous l'aurons atteinte nous apportera le salut [1].

La thèse de Richard Rorty est claire: la quête d'une unité qui serait comme un principe extérieur et supérieur fondant nos propositions et nos décisions, va de pair avec une justification de la soumission des individus à une autorité absolue. Bref, quête d'une unité fondatrice de notre savoir et souci d'un quelque chose à quoi il s'agirait de se soumettre pour assurer les conditions de possibilité d'une communauté, constituent un même ensemble. Rien ne peut être tenu pour englobant ou pour principe d'une

1. R. Rorty, Préface à l'édition française *Science et solidarité La vérité sans le pouvoir*, Combas, Éditions de l'Éclat, 1990, p. 11.

totalité inclusive ou compréhensive, car rien de réel n'est absolument simple.

Le pluralisme dont on a examiné les déterminations épistémiques ne saurait échapper à la politique. Il en est de l'universalité humaine et de la proclamation des droits de l'homme comme de l'aspiration à l'absolu d'une vérité immuable et neutre. La critique de la notion de représentation et d'une conception « spéculaire » dont on a précisé la portée dans la récusation du dualisme, se retrouve dans le refus des pragmatistes d'une conception absolutiste des relations politiques. Plus encore, pour Rorty, il convient de donner priorité à la solidarité sur l'objectivité, autrement dit le processus d'élaboration des propositions scientifiques elles-mêmes, comme accord ouvert et sans contrainte est pour lui précisément ce qui fait la valeur exemplaire de l'activité scientifique. On comprend ainsi que l'organisation de la communauté apparaisse comme une question décisive à la fois pour le politique mais aussi pour le savoir. A cet égard aussi l'affirmation du pluralisme est en question. A une conception moniste répond une vision monarchiste du politique et téléocratique de l'organisation sociale. Le problème est plus complexe lorsqu'il s'agit de penser une vision qui puisse être démocratique et rende compte de la possibilité d'un accord sans contrainte.

EXPÉRIENCE PLURALISTE *VS* MONISME TÉLÉOCRATIQUE

Richard Rorty reprend à Michaël Oakeshott, comme dans une incidente, une distinction héritée de la scolastique, et reprise dans la pensée de la Renaissance, entre deux modes d'organisation socio-politique. Oakeshott distingue en effet entre *universitas* et *societas*. « L'*universitas* (...) consiste en personnes associées de sorte à composer une personne distincte; une association mutuelle de personnes qui est elle-même une Personne[1] ». Par contraste,

> l'idée de *societas* est celle d'agents qui, par choix ou du fait des circonstances sont reliés entre eux de sorte à composer une association identifiable d'une certaine espèce. Le lien qui les lie, et en fonction duquel chacun se reconnaît un *socius* (associé, membre d'une *societas*), n'est pas le lien d'un engagement à poursuivre un but commun (...) ni celui de promouvoir un intérêt commun, mais celui de la loyauté mutuelle, dont les

1. M. Oakeschott, *On Humanconduct*, Oxford University Press, 1975, trad. fr. *De la Conduite humaine*, Paris, P.U.F., 1995, p. 204.

conditions peuvent constituer le caractère formel désigné par le mot apparenté de "légalité" »[1].

Ce que vise Oakeshott n'est pas proprement la cible des pragmatistes tels Dewey ou même Rorty. Son opposition s'exerce à l'encontre du rationalisme et des formes les plus radicales de la modernité. L'important ici est que, pour Rorty, la distinction entre *universitas* et *societas*, dans laquelle se distribuent deux types de rapports que les individus ont à la société, explique la tension entre théorie de la connaissance et herméneutique. On ne saurait mieux dire l'articulation forte entre le champ du savoir et le domaine du pouvoir. Ainsi, pose Rorty : « La théorie de la connaissance considère les participants comme unis au sein de ce qu'Oakeshott appelle une *universitas* – un groupe qu'unissent des intérêts mutuels et une fin commune ». Toute différente, l'herméneutique considère, qu'ils sont unis « par ce qu'il appelle une *societas* – à savoir un certain nombre de personnes réunies par leurs chemins existentiels et unies non par un but commun (encore moins par un terrain d'entente) mais par la courtoisie »[2].

Telle peut être présentée une opposition entre deux rôles.

Au théoricien de la connaissance, le rôle « de contremaître de la culture, de qui sait le lieu où s'ancrent les discours de chacun ». On retrouve encore le philosophe-roi platonicien « qui sait en quoi consiste réellement la pratique des autres, qu'ils le sachent ou pas, parce qu'il sait dans quel contexte ultime (…) ils opèrent ».

L'herméneute, le *socius* de la *societas*, tient quant à lui le rôle « du dilettante bien informé, de l'intermédiaire polypragmatique et socratique, zigzaguant entre les discours »[3].

En un certain sens, la distinction entre « téléocratie » et juxtaposition horizontale donnerait spontanément l'opposition entre monisme et pluralisme.

Mais cette forme de pluralisme ne saurait épuiser le pluralisme du pragmatisme. Dans le cadre du pragmatisme, en effet, le pluralisme ne se limite pas à l'organisation, spatiale, des différences et des libertés. Le pluralisme du pragmatisme ne s'épuise pas dans l'horizontalité.

En cela la comparaison est utile. L'analyse des textes de Louis Dumont qui fait également usage de cette distinction permet de comprendre la spécificité de l'approche pragmatiste. Dans une première approche, que Dumont dit « holiste », où le tout prime sur les parties, on trouve dans

1. *Ibid.*, p. 203.
2. R. Rorty, *L'homme spéculaire*, *op. cit.*, p. 352-353.
3. *Ibid.*, p. 352.

l'extériorité d'une loi commune de quoi fonder le lien social. Les relations impliquées sont ainsi celles d'une communauté unie par une fin ou un principe extérieur et supérieur à chacun de ses membres comme tel. On reconnaît aisément ici le souci de penser une unité, et de la comprendre comme totalité englobante. On peut à cet égard considérer que des formes d'organisation de communautés telles les communautés religieuses, d'unité, et plus d'identité, nationales, de ré-publique au sens littéral de ce terme, relèvent de la forme *universitas* en ce qu'elles se constituent par la reconnaissance et la soumission à quelque principe extérieur englobant. Par contraste, la *societas*, sans doute plus contingente en son principe, pose que l'union des membres du groupe, plus exactement leur association, tient aux chemins existentiels, au hasard des rencontres et aux engagements ponctuels et limités des individus qui la constituent. C'est bien là ce qu'explicite et développe Louis Dumont qui distingue en effet « *universitas* ou unité organique (*corporate*), et *societas*, ou association (*partnership*) dans laquelle les membres restent distincts en dépit de leur relation et où l'unité est ainsi "collective" et non organique (*corporate*) ». Il y a là quelque chose qui peut rappeler la distinction chère à Rousseau dans *Du contrat social* entre « association » et « agrégation », distinction qui justifiait la pertinence de la notion de volonté générale. Car si l'agrégation n'est que le groupement d'une multitude où chacun reste distinct dans sa volonté et son intérêt, l'association se constitue par la fin que tous poursuivent en commun. Et Louis Dumont de préciser : *Societas* renvoie à une conception « qui considère la société comme consistant en individus » lesquels « sont premiers par rapport aux groupes ou relations qu'ils constituent ou "produisent" entre eux plus ou moins volontairement ». Et d'opposer :

> Le mot par lequel les scholastiques désignaient la société ou les personnes morales en général, *universitas*, "tout", conviendrait bien mieux que "société" à la vue opposée qui est la mienne, selon laquelle la société avec ses institutions, valeurs, concepts, langue est sociologiquement première par rapport à ses membres particuliers, qui ne deviennent des hommes que par l'éducation et l'adaptation à une société déterminée [1].

Il y a là certes quelques traits d'analyse que partage la pensée de Rorty et des pragmatistes. L'important en effet est de souligner que dans la *societas*, ce qui constitue la relation socio-politique ce n'est pas une entente préalable fondée sur des valeurs extérieures, transcendantes à la

1. L. Dumont, *Essais sur l'individualisme*, Paris, Seuil, 1991, p. 98-99.

communauté comme telle. Ce serait la discussion, l'échange et la circulation des intérêts, des convergences et des divergences des individus. Pour le dire comme Rorty, la *societas* serait « une société conçue comme une bande d'excentriques qui collaborent à des fins de protection mutuelle »[1]. Car les pragmatistes, en s'opposant à toute tentative d'assigner un fondement au savoir et au pouvoir, récusent toute imposition d'une vérité sur l'activité et, pour le dire comme Rorty, d'une priorité accordée à l'objectivité sur la solidarité. Car ce n'est pas proprement l'entente, le consensus, le lien social que rejette un pragmatiste tel Rorty, mais le présupposé que quelque cadre ou principe immuable et en quelque manière transcendantal, qu'il soit extérieur ou interne, qu'il soit de l'ordre des choses ou d'une nature humaine universelle, vienne fonder et déterminer l'accord. Le lien ne tient pas ainsi au résultat, non plus qu'à la finalité, mais au processus.

On retrouve ici deux orientations fortes de la définition de la communauté et de l'éducation civique. L'*incorporation*, qui, relevant de l'*universitas*, demande à chacun de reconnaître son appartenance au tout dont il est membre, à quoi il doit en effet se conformer, et dont il doit intérioriser les normes, se les approprier comme intériorisation de quelque chose d'extérieur. La *participation* est au contraire une exigence d'expression de chacun sans qu'il y ait en effet de présupposition ni surtout de préexistence absolue de ce que doit être le tout ni le principe auquel il s'agit de participer.

C'est bien alors que l'on retrouve l'affirmation de l'expérience chère au pragmatisme. L'empirisme, pour James en particulier, tient à « une philosophie de la mosaïque, une philosophie des faits au pluriel ». C'est dire que loin d'expliquer les parties par le tout auquel il se rapporte « l'empirisme tend à expliquer le tout par les parties; il voit l'univers distributivement et non pas collectivement »[2]. L'expérience de l'activité de connaissance ne saurait dissocier un objet et un sujet, elle est expérience « expériencée » et expérimentant ou « expériençant ». L'empirisme des pragmatistes, et singulièrement l'empirisme radical de James, se définit par la continuité, par le flux qui conduit d'expérience en expérience, empirisme de l'ambulatoire avons-nous dit. L'idée d'enquête chez Dewey renvoie à la même conception puisqu'elle est le processus même de l'expérience de la connaissance. Dans une même approche, la conception politique des pragmatistes refuse tout déterminisme, et fait de la

1. R. Rorty, *Contingence, ironie et solidarité*, *op. cit.*, p. 94.
2. J. Wahl, *Les philosophes pluralistes d'Angleterre et d'Amérique*, *op. cit.*, p. 172.

communication et de la circulation des idées et des différences, de quoi permettre l'exercice de la démocratie.

Dès lors en faisant de la conversation et du maintien de la conversation la clef de l'intelligibilité et de ce qui peut être appelé alors « rationalité », on affirme que c'est la solidarité qui fait l'objectivité, et que l'accord entre les discours ne saurait relever de quelque contrainte extérieure, non plus d'ailleurs que l'accord ne peut être comme tel exigé. Et c'est bien en quoi l'activité scientifique peut être tenue pour exemplaire car les institutions scientifiques donnent un exemple fort de ce que peut être un accord sans contrainte : « elles étoffent l'idée d'un débat libre et ouvert (...) où la meilleure façon de savoir ce qu'il y a lieu de croire est de se montrer attentif au plus grand nombre de propositions et d'arguments possible »[1].

Vision d'une prolifération plutôt que d'une convergence de l'extérieur. Il en est de l'activité scientifique comme de l'activité démocratique et de la réalité : elles sont pluralistes, *multifarious*, ouvertes et proprement toujours incomplètes et à perpétuellement construire. « Comme les conditions d'action, d'enquête et de connaissance sont sans cesse changeantes, l'expérimentation doit toujours être reprise; l'État doit toujours être redécouvert »[2].

PLURALISME POLITIQUE *VS* ATOMISME INDIVIDUALISTE

Mais anti-absolutistes, les pragmatistes sont aussi anti-atomistes. Cela est clair dès que l'on s'attache à récuser toute volonté de fondement ou d'élément ultime du monde. Nous l'avons vu, les pragmatistes se donnent, comme Russell, pour des défenseurs de la doctrine des relations extérieures. Mais ils récusent toute analyse qui chercherait quelque élément qui, irréductible et isolé par abstraction des réseaux de relations qui font son existence, arrimerait la certitude et l'objectivité de notre connaissance. Il en est en matière de relations sociales comme de ce qui regarde l'activité de connaissance. Le pragmatisme récuse tout en soi des états de choses; il refuse pour les mêmes raisons l'individualisme. Car l'individualisme témoigne de cette tendance effectivement métaphysique à hypostasier une forme qui ne relève de fait que de la contingence et de la factualité de l'histoire, à savoir les revendications modernes de libération vis-à-vis de l'oppression et de la tradition. « Ainsi naquit "l'individualisme", remarque

1. R. Rorty, « La science comme solidarité », in *Science et solidarité, la vérité sans le pouvoir*, *op. cit.*, p. 55.

2. J. Dewey, *Le public et ses problèmes*, *op. cit.*, p. 75.

Dewey, une théorie qui dotait les personnes singulières isolées de toute association (...) de droits naturels et innés». Et Dewey de rappeler le contexte et les conditions : « La révolte contre les associations anciennes et restrictives fut convertie intellectuellement en doctrine de l'indépendance de n'importe quelle association et de toutes». Le reste suit, et l'individualisme alors trouve tous ses droits : « A partir de ces prémisses il n'y eut plus qu'un petit pas à faire pour conclure que l'unique finalité du gouvernement était la protection des individus et des droits qu'ils possèdent par nature »[1].

Pour les pragmatistes c'est pour les mêmes raisons que l'on peut refuser l'affirmation en théorie de la connaissance, d'un *ego*, d'un soi, d'une conscience personnelle, autre nom pour l'esprit d'une part et, d'autre part « l'appel en théorie politique à un individu considéré comme un recours ultime »[2]. Un procédé commun explique cette substantialisation, procédé d'abstraction qui entend aboutir à la vision d'un noyau « dur » : la conscience comme condition de possibilité de l'unité des représentations; l'homme centre anhistorique fondement de la légitimité politique. Pour reprendre les expressions de Richard Rorty :

> La notion d'une nature humaine comme une structure intérieure qui conduit tous les membres de l'espèce à converger vers le même point, à reconnaître les mêmes théories, les mêmes vertus et les mêmes œuvres d'art comme dignes d'honneur (...) nous assure que "l'homme l'emportera" et que quelque chose de raisonnable comme notre vision du monde, nos vertus, notre art surgira (...) pour peu que les êtres humains aient la possibilité de cultiver librement leur nature intime[3].

L'individualisme, comme revendication, a été utile dans la lutte contre l'absolutisme. Cette théorie sert encore à critiquer la soumission de l'éducation aux États nationaux. Mais on peut rejeter cette idée « d'un individu naturel doté par lui-même de besoins pleinement formés, d'énergies pouvant être déployées suivant ses propres volontés et d'une faculté toute faite pour prévoir et se livrer à de prudents calculs». Cette idée, affirme Dewey, est « autant une fiction en psychologie que ne l'est en politique la doctrine selon laquelle l'individu possède des droits politiques antécédents »[4].

1. *Ibid.*, p. 112-113.
2. *Ibid.* p. 114.
3. R. Rorty, « Solidarité et objectivité » in *Objectivisme, relativisme et vérité*, *op. cit.*, p. 51.
4. J. Dewey, *Le public et ses problèmes*, *op. cit.*, p. 123.

L'individu n'apparaît pas nu dans le monde. Il n'est pas cette sorte d'être complet placé en face d'une société qui serait l'autre pôle, l'autre terme de la relation. Ici encore il faut comprendre l'importance de l'extériorité des relations et la dynamique relationnelle. Car c'est dans l'interrelation, mieux encore, l'interactivité qui est proprement l'expérience, que chacun de ces termes prend sens et trouve ses conditions d'existence. L'individu est multiple. Dépourvu, quand il est pensé comme isolé, de toute réalité autre que métaphysique, l'individu est pris dans les relations qui le constituent, dans les transactions avec son environnement social.

La société est association. Autrement dit, elle est le produit d'échanges et d'interactions des groupes et des individus qui agissent. De la sorte, même si la diversité des groupes ne suffit pas à faire société, et même si « dans le groupe le plus social, il y a de nombreuses relations qui ne sont pas encore sociales »[1], le pluralisme social est objet d'expérience : « les hommes s'associent de différentes manières et pour toutes sortes de raisons. Un homme entre donc dans une multitude de groupes divers où ses associés peuvent être tout-à-fait différents les uns des autres »[2]. Une société ne saurait se faire par la reconnaissance de quelque objectif qui serait, en quelque manière que ce soit, extérieur : ce serait là priver les individus de leur libre développement. Mais réciproquement « les individus ne deviennent pas une société du fait qu'ils vivent les uns à côté des autres, pas plus qu'un homme ne cesse de subir l'influence de la société parce qu'il est séparé de ses semblables de quelques mètres ou kilomètres »[3]. La société tient à la communication, à l'échange des expériences des individus. En cela le pluralisme qui joue comme porteur de tolérance est au cœur du processus social, car les interactions qui s'expérimentent dans la communication et les échanges sont le moyen, pour l'individu, de réfléchir sur sa propre expérience et de l'enrichir. Les transactions avec le social sont au principe de l'individuation par elle-même, laquelle est nécessairement plurielle dès lors que l'on expérimente que les formes d'associations sont diverses.

Joëlle Zask met l'accent sur l'importance de cette activité relationnelle pour définir l'expérience et distingue ainsi entre « interaction » et « transaction », différence qui porte l'attention sur le fait qu'une transaction ne concerne pas seulement la relation comme telle, mais regarde les termes mêmes de la relation, la nature des entités elles-mêmes : « Dewey a

1. J. Dewey, *Démocratie et Éducation*, nouv. éd., *op. cit.*, p. 83.
2. *Ibid.*, p. 163.
3. *Ibid.*, p. 83.

d'abord appelé "interaction" cette forme d'interférence transformatrice entre l'intérieur et l'extérieur, entre l'organisme et l'environnement – entre l'individu et la société, dont le dualisme est tout à fait supprimé »[1]. Il adopte plus tard le terme de « transaction » « en regrettant de ne pas l'avoir fait plus tôt ».

C'est en ce sens que, pour avoir manqué l'importance de la transaction, le libéralisme radical des libertariens contemporains manque paradoxalement d'être une pensée proprement individualiste. Dewey y insiste, qui critique le *rugged individualism* défendu par Herbert Hoover et le parti républicain des années 1920[2]. Ce *rugged individualism* que Hoover revendique comme américain, glorifie l'initiative privée et réclame une intervention de l'État la plus faible possible. Il s'oppose à ce qui deviendra dans la vieille Europe, l'État-providence. Comme le libéralisme classique cet individualisme *rugged*, brut et farouche, repose sur l'affirmation du *self-government*, et le libre développement pour chacun de sa puissance. Or, affirme Dewey, il n'est paradoxalement pas assez individualiste. Car il isole l'individu des activités collectives et tend par là à réduire le développement de sa liberté en le coupant de tout échange effectif.[3] Dans cet individualisme-là on a peur de l'intervention de l'État comme on a peur de tout ce qui est collectif. On se contente d'une conception négative de la liberté. Ce libéralisme individualiste fait des libertés quelque chose qu'il s'agirait de défendre et de protéger. Dans les descriptions de l'individualisme contemporain, on peut aussi remarquer à quel point l'égocentrisme de l'individu s'accompagne de la peur des autres et du sentiment permanent de l'insécurité.[4] Décidément James avait raison qui proclamait que le pragmatisme nous libère de la peur.

Cette analyse de l'individualisme du libéralisme des républicains américain des années 1920 et du libéralisme contemporain, met en avant l'articulation très forte qui existe pour le pragmatisme entre la critique du dualisme et l'affirmation du pluralisme. Car cet individualisme-là insisterait sur le caractère divisé de la vie, prise entre l'économique et le politique, entre les échanges et l'intimité du sujet. Vision d'un individu

1. J. Zask, Préface à J. Dewey, *Le public et ses problèmes*, *op. cit.*, p. 17.

2. Voir le discours de clôture de la campagne présidentielle de Herbert Hoover le 22 octobre 1928, *Rugged individualisme speech*.

3. Voir Dewey, *Liberalism and social action*, *op. cit.*, p. 40-50.

4. Voir M. Gauchet, *La démocratie contre elle-même*. Je renvoie également à B. Frelat-Kahn, *L'école en France et la pensée libérale*, *op. cit.*; « Le renversement des liens entre violence et école : de la politique à la police » chapitre 2 de A. Sirota (coord), *Violence à l'école. Des violences vécues aux violences agies*, Paris, Bréal, 2009.

coupé, écartelé entre des intérêts économiques et des aspirations à la liberté. Vision d'un libéralisme paralysé dans ses efforts par cette idée « que la liberté et le développement de l'individualité comme fins exclut l'usage de l'effort de l'organisation sociale comme moyens ». Il importe donc, pour Dewey de changer de perspective : « Le libéralisme d'avant considérait que l'action économique des individus séparés et compétitifs était le moyen, du bien-être social comme fin ». Il s'agit désormais de « voir que l'économie socialisée est le moyen du libre développement de l'individu comme fin »[1].

Le nouvel individualisme conserve une vision statique du sujet et de l'environnement. Il traite l'individu comme s'il s'agissait de quelque chose de permanent, fixe, au contenu uniforme. C'est au contraire une conception dynamique qui peut rendre compte du processus même d'individuation. Les républicains « néo-libéraux » sont prisonniers de l'image d'une essence de l'homme atomisée. De la sorte, le collectif n'est que juxtaposition et fragmentation, et la relation ne peut être que conflictuelle. Dans cette distribution mécanique des forces, le collectif est toujours une menace. Mais « des individus qui n'ont aucun lien d'association, qu'elle soit domestique, économique, religieuse, artistique ou éducative, sont des monstruosités », remarque Dewey. « Il est absurde de supposer que les liens qui les tiennent ensemble sont purement extérieurs et qu'il ne réagissent pas sur leur mentalité et leur caractère, produisant ainsi le cadre de leur disposition personnelle »[2].

La thèse est claire : individu et collectif loin de s'opposer comme deux termes d'une relation, sont en interactions constantes et changeantes, car le principe de ces transactions est l'adaptation. L'environnement est certes un milieu, il est la réalité. Mais il n'est environnement que relativement aux usages, aux échanges, aux activités que l'on peut y développer. Il n'est donc jamais ni *un* ni stable. Il n'est pas *en soi*, en face ou à côté d'individus ; il est le résultat des changements que produisent nos activités, lesquels produisent à leur tour des changements dans nos croyances et nos conduites.

Le modèle est ici explicitement biologique. Les pragmatistes se soucient de la vie et pensent la continuité. *Democratie et éducation* s'ouvre sur ce titre de première partie : « l'éducation, nécessité biologique ». C'est que l'éducation est le moyen de la continuité sociale de la vie, une « vie

1. J. Dewey, *Liberalism and social action*, Kennedy, 1950, rééd. London, Collector's Édition, 2010, p. 90.

2. J. Dewey, *Individualism old and new*, Kennedy, 1950, rééd. London, Collector's Édition, 2010, p. 40-41.

qu'il s'agit d'entendre comme "s'appliquant" à l'expérience vécue dans sa totalité individuelle et raciale »[1]. La référence à Darwin est forte, du moins dans cette affirmation de l'évolution : la continuité de la vie est assurée par la complexification progressive par sélection en fonction de l'adaptation. « Alors que certaines espèces disparaissent on voit naître des formes mieux adaptées à tirer profit des obstacles contre lesquels les premières avaient lutté en vain »[2]. Or ce processus d'auto-renouvellement indéfini « signifie la réadaptation continue de l'environnement aux besoins des organismes vivants »[3]. Dans cette perspective, l'opposition de l'individu et du collectif est dépourvue de sens, tout autant que la tension entre naturel physique et social. « Seul, l'individu ne peut pas grand chose, ou il ne peut rien. Il devient la proie de la toile d'erreurs qu'il a lui-même tissée ». De là, la nécessité « d'une organisation de la recherche fondée sur la coopération, permettant aux individus de s'attaquer collectivement à la nature, et au travail d'enquête de se poursuivre de génération en génération »[4].

Rien de stable, pas d'essence ni d'en soi, pas de centre an-historique qui viendrait enraciner la diversité des pensées et des conduites, pas d'unité ni d'objectivité qui seraient autant de données. Le pluralisme des pragmatistes s'oppose au monisme, au dualisme et à l'atomisme parce qu'il pense l'ordre du temps et qu'il conçoit la force du temps dans la nouveauté des conséquences futures de nos actes.

On peut comprendre de la sorte que le pragmatisme ait pu apparaître pour certains comme relativiste. Et si tel est bien le cas on a du mal à comprendre comment des philosophes pragmatistes, Dewey tout particulièrement, peuvent accorder autant d'importance à l'éducation. Rien de plus contraire, en effet, au projet même d'éducation que le relativisme. Celui-ci serait d'emblée frappé d'inconséquence pratique, car on ne saurait concevoir une éducation sans proposition d'une norme, voire d'une normativité, du moins, sans un quelque chose sur quoi régler son action et son autorité. Mais la thèse est plus complexe, qui entend se débarrasser de tout ce qui resterait aujourd'hui de la pensée de Platon.

Une philosophie nourrie au platonisme ne saurait accepter le désordre, l'anarchie d'un réel multiforme et en perpétuelle recréation et réadaptation. Difficile alors pour cette même tradition philosophique de comprendre que l'on puisse d'un côté rejeter la question des fondements, critiquer

1. J. Dewey, *Démocratie et éducation*, nouv. éd., *op. cit.*, p. 80.
2. *Ibid.*
3. *Ibid.*
4. J. Dewey, *Reconstruction en philosophie*, *op. cit.*, p. 60.

toute tendance métaphysique à l'essentialisation, et surtout proclamer l'importance décisive du temps et de la nouveauté pour assurer la continuité du flux de ce qui est, et pourtant, d'un autre côté, malgré ou grâce à tout cela, grâce à toutes ces récusations, affirmer la possibilité d'une certaine normativité. C'est sans aucun doute qu'il y a là quelque malentendu ou quelque mauvaise foi.

CHAPITRE X

PRAGMATISME ET DÉMOCRATIE

PLURALISME, PRAGMATISME ET RELATIVISME

On pourrait dire du relativisme et pour les mêmes raisons ce que l'on dit du libéralisme : le relativisme n'existe pas, seules existent des positions relativistes. Et il y a de multiples raisons d'être relativiste, et, en conséquence, de multiples sens que l'on peut accorder à cette désignation.

Il n'empêche : comme le remarque Jean-Pierre Cometti, en matière d'histoire de la philosophie, « le relativiste est quelqu'un qui a fondamentalement tort ». De telle sorte que la question ne porte pas sur le relativisme lui-même non plus que sur le point de « statuer sur la pertinence de ce qu'on lui oppose, logiquement et philosophiquement, mais de savoir qui est relativiste »[1].

En ce sens alors, à condition que l'on accepte un tel axiome, la question serait de savoir si le pragmatisme est un relativisme et le jugement pourrait trancher : le pragmatisme serait non seulement une erreur mais ce serait une faute morale.

Prenant à la lettre une telle moralisation du rapport à la vérité d'une théorie, la question peut se retourner contre l'axiome qui en motive l'établissement. Car, après tout, le pragmatisme est lui-même ce parti pris qui entend juger, non d'après quelque principe *a priori*, mais en dégageant les conséquences de l'activité et des actes. Dès lors, on comprend que la question « le pragmatisme est-il un relativisme ? », ou plus précisément pour nous ici « James, Dewey et Rorty sont-ils relativistes ? », puisse n'avoir pas de sens. Par contraste, parce que l'on peut juger d'une théorie

1. J.-P. Cometti, *Qu'est-ce que le pragmatisme*, *op. cit.*, p. 167.

par les conséquences qu'elle risque de produire, la question « le relativisme du pragmatisme de James, Dewey, Rorty est-il résistible? » trouve une entière pertinence. A cet égard, Rorty prenait acte de ce que Putnam reconnût qu'en devenant rortyen on puisse devenir plus tolérants, plus armés contre le fanatisme religieux ou le totalitarisme. « C'est exactement le genre de possibilités que j'ai à l'esprit. C'est aussi, si je lis Dewey correctement, la justification pragmatique du pragmatisme » [1].

Ainsi, concernant cette « accusation » de relativisme, des pragmatistes, tel Rorty, répondent que la question en quelque sorte n'est pas intéressante, et que l'on peut changer de sujet. Non pas qu'il faille se dérober, mais tout simplement, l'objection est impertinente car elle repose sur les présupposés mêmes que le pragmatisme s'attache à dénoncer. La critique n'est donc pas proprement embarrassante : elle est hors sujet. Elle relève d'une pétition de principe.

> Nous autres anti-platonistes, nous ne devons pas permettre qu'on nous appelle "relativistes", car cette description élude la question centrale, celle de l'utilité du vocabulaire que nous avons hérité de Platon et Aristote (...). Pour résumer : nous autres pragmatistes, nous ignorons les accusations selon lesquelles nous serions "relativistes" ou "irrationalistes" en disant que ces accusations présupposent précisément les distinctions que nous rejetons [2].

Dès lors que l'on examine la question de la résistibilité du relativisme des pragmatistes, le problème, ainsi déplacé, fait du relativisme quelque chose qu'il s'agit de prendre au sérieux. Le relativisme serait l'expression d'une vague de fond qui emporte le processus de sécularisation de la culture, et non pas simplement une doctrine particulière de la philosophie.

S'interrogeant sur l'ébranlement de la philosophie des sciences apporté par l'œuvre de Thomas Kuhn, Maurice Clavelin et Raymond Boudon, précisaient, dans les années 1990, les termes du débat : soit le constat de l'extension du relativisme qui n'est plus cantonné au domaine de la sociologie des sciences mais apparaît « comme une pente de la philosophie ordinaire de notre temps ». Il en serait ainsi du sociologisme de cette fin du XXe siècle comme de l'historicisme du XIXe siècle : « Le second est né d'une impression forte : les grands bouleversements de la fin du

1. R. Rorty, « Réponse à Hilary Putnam. Putnam et la menace relativiste », dans J.-P. Cometti (éd.), *Lire Rorty*, Combas, Les édition de l'Éclat, 1992, p. 244.

2. R. Rorty, *Philosophy and Social Hope*, Penguin Books, London, 1999, p. XIX, cité dans J.-P. Cometti, « Le pluralisme pragmatiste et la question du relativisme », *Archives de philosophie*, 2001/1, t. 64, p. 23.

XVIIIe siècle suggéraient irrésistiblement que toute vérité est inscrite dans le temps ». Le sociologisme se fonderait « sur la fin du rêve de l'unité de l'humanité et sur l'impression que la vérité, même scientifique, est "culturelle" et se réduit à un ensemble de points de vue incommensurables » [1].

Quiconque, en effet, s'intéresse aux sciences sociales, et particulièrement à la question de l'éducation, peut constater que nous avons assisté sinon au passage de l'historicisme au sociologisme, du moins à la montée considérable du poids de la sociologie. Et cela vaut aussi pour l'importance accordée, dans l'analyse de la connaissance, à la sociologie des sciences. Si on prend alors au sérieux une interrogation sur la « résistibilité » du ou au relativisme, ce qui apparaîtrait comme dangereux ou condamnable sous la désignation de relativisme, serait au fond le courant qui répondrait au processus ultime d'une sécularisation démocratique. Ce que l'on dénoncerait sous le relativisme, ce serait la reconnaissance du primat de l'éthique et du politique sur le gnoséologique. Du coup, l'examen de la résistibilité du relativisme se porterait de l'épistémologique vers le politique. Telle est en effet la démarche des pragmatistes.

> En bref, dit Rorty, ma stratégie pour échapper aux difficultés autoréférentielles dans lesquelles le "relativiste" se maintient lui-même, consiste à déplacer toute chose de l'épistémologie et de la métaphysique vers la politique, en passant d'affirmations concernant la connaissance à des suggestions sur ce que nous devrions essayer.

Et il ajoute : « Il me semble qu'il s'agit exactement de la stratégie que nous devrions adopter si l'on est un pragmatiste en un sens contextuellement défini » [2].

Or, en ce sens, il est possible de reconnaître qu'il y a quelque chose du relativisme dans le pragmatisme. Tout dépend de ce qu'on entend par ce qualificatif. Il en est du relativisme comme du scepticisme : ils ne sont possibles qu'à cette condition d'être « raisonnables », modérés. Être un philosophe sceptique sans oublier d'être un homme, disait Hume. Il en est de même du relativisme : il doit être « résistible ». Mais cela signifie qu'il peut être « raisonnable ». Tel est cet engagement des pragmatistes, engagement, dès lors, éthique. Ils récusent tout fondement transcendantal ; ils refusent tout postulat d'un point de vue unique organisateur et totalisant ; ils affirment l'importance des relations et leur extériorité, ils insistent sur

1. M. Clavelin et R. Boudon (dir.), *Le Relativisme est-il résistible ? Regards sur la sociologie des sciences*, Paris, P.U.F., 1994, p. 10-11.

2. R. Rorty « Réponse à Hilary Putnam. Putnam et la menace relativiste », in *Lire Rorty*, *op. cit.*, p. 243.

les interactions. Bref, le pragmatisme récuse à la fois le fondamentalisme et le totalitarisme. Il affirme la contingence de tous nos points de départ et l'importance d'un futur indéterminé. Mais cela ne suffit pas à déraisonner, et à penser, sous prétexte que tout est possible, que pour nous tout se vaut. Une telle acception du relativisme est proprement intenable, autrement dit, personne ne peut, en ce sens, être relativiste. Une autre acception au contraire est non seulement possible mais peut être tenue pour la seule position acceptable. Une telle acception insiste sur le pluralisme et l'importance des relations. Elle « signifie admettre ou affirmer » trois propositions. D'abord tout objet possible de la pensée est de nature relationnelle et « tombe sous une description ». Deuxième proposition : « il n'existe pas de description unique ou de description de toutes les descriptions ». Troisième proposition : il n'existe aucune possibilité de les hiérarchiser en dehors de « nos besoins et de nos préférences ». Dans cette acception, pose J.-P. Cometti, « il devient difficile de ne pas être relativiste »[1].

Décidément donc, c'est pragmatiquement qu'il s'agit de juger de la valeur du relativisme pragmatiste.

LA QUESTION DE LA COMMENSURABILITÉ

En refusant toute question du fondement, en établissant une critique forte de la commensurabilité, le pragmatisme affirme en effet que tout est possible, et que rien ne peut, avec certitude ni nécessité, établir ou justifier ce qui est ou ce que nous devons faire. Mais cela ne signifie pas pour autant que nous faisons n'importe quoi. La contingence de nos points de départ, l'absence de procédure fixe et unique qui nous permettrait de fonder nos jugements, la pluralité du réel à laquelle nous avons affaire et à quoi nous contribuons : tout cela renforce l'importance qu'il y a à rejeter tout absolutisme de l'unité, de la totalité et de la nécessité. Le pragmatisme « naturalise », « désidéalise » la croyance. Devenue « habitude d'action », elle échappe à l'affirmation d'un monde séparé de la conscience et des idées. A la vision, le pragmatisme substitue la recherche. L'enquête, en particulier pour Dewey, définit le processus de l'expérience de la connaissance ; elle répond sur le plan de l'activité du sujet à la critique de l'extériorité d'un objet vrai. L'importance tient à la recherche, à l'enquête (*inquiry*) qui substitue une conception ouverte de la rationalité à l'image d'une raison fixe, stable, entée sur des principes intemporels. Le primat de l'expérience

1. J.-P. Cometti, *Qu'est-ce que le pragmatisme*, *op. cit.*, p. 170-171 ; « Le pluralisme pragmatiste et la question du relativisme », art. cit., p. 25-26.

et de l'inter-action, bref, « les leçons du darwinisme », conduisent le pragmatisme « à opter pour une vision pluraliste, opposée aux conceptions pour lesquelles le réel est indépendant des descriptions que nous en donnons, et au regard desquelles il ne peut exister qu'une seule description vraie »[1].

Nous avons amplement exposé, dans la seconde partie de cet ouvrage, cette idée, développée par Rorty, que le principe de commensurabilité serait le postulat central d'une conception spéculaire de la connaissance. Or, si le pragmatisme est accusé de relativisme, c'est parce que précisément, il renonce à toute entreprise de commensuration complète.

Cela tient, avons-nous vu, à ce que la commensuration, en étant tenue pour l'indice de l'universalité, peut être considérée comme le paradigme de la rationalité. Théorie de la connaissance et philosophie politique trouveraient ainsi dans l'affirmation d'une communauté de méthode d'ordonnance à un vrai unique, l'activité effective d'une commune nature humaine. « L'homme aurait une essence – nommément celle de découvreur d'essences »[2]. En insistant sur le pluralisme et le relationnel, en mettant l'accent sur l'extériorité de relations temporelles, le pragmatisme remet en effet en question les conditions d'un terrain d'entente préalable. Il fait de la mobilité et du flux des expériences qui, toutes, s'appuient les unes sur les autres, la seule demeure à quoi nous avons affaire.

> « Pour les rationalistes, ironise James, cela évoque un monde errant et vagabond, à la dérive dans l'espace sans éléphant ni tortue sur lesquels prendre appui ». Et pourtant, remarque-t-il, dans d'autres sphères on se contente aisément d'une relative insécurité. « L'autorité de "l'État" comme celle d'une "loi morale" absolue se réduisent aujourd'hui à des expédients, tandis que la sainte Église s'est transformée en "lieux de réunion" ». Toutefois « un monde comme celui-là ne serait pas respectable philosophiquement »[3].

Reste alors le formidable espoir de la confiance en la solidarité proprement sécularisée. Tel est l'enjeu de la proclamation rortyenne de l'espoir au lieu du savoir, ou d'une priorité de la solidarité sur l'objectivité. Cela tient à ce que la dimension sociale et politique est pensée comme constitutive d'une compréhension du discours de la science. Pour Thomas

1. J.-P. Cometti, *Qu'est-ce que le pragmatisme*, *op. cit.*, p. 170; « Le pluralisme pragmatiste et la question du relativisme », art. cit., p. 25.
2. R. Rorty, *L'homme spéculaire*, *op. cit.*, p. 351.
3. W. James, *Le pragmatisme*, *op. cit.*, p. 272-273.

Kuhn, en effet, ce n'est pas tant la soumission à une vérité qui explique l'accord des esprits, mais bien plutôt l'accord entre les scientifiques qui rend compte de l'affirmation de l'objectivité. Pour Rorty, on peut garder quelque chose de la commensurabilité en s'affranchissant de la métaphysique et du poids de toute contrainte extérieure. Il y a quelque chose de la « normalité » dans la commensurabilité acceptable. Il s'agit simplement alors d'interpréter ce qui distingue entre les discours qu'on peut rendre commensurables et ceux qui ne peuvent pas l'être, comme étant ce qui permet de distinguer les discours « normaux » des discours « anormaux ». Pas question ici de critère de démarcation, pas de perspective fondatrice : il s'agit simplement d'une différence de familiarité : question proprement pratique.

En faisant de la conversation et du maintien de la conversation la clef de l'intelligibilité et de ce qu'on peut nommer alors « rationalité », on affirme que c'est la solidarité qui fait l'objectivité et que l'accord entre les discours ne saurait relever d'une quelconque contrainte extérieure. Dans le même sens, notons de plus que l'accord ne peut être comme tel exigé. Et c'est bien pourquoi, pour Rorty, l'activité scientifique peut être tenue pour exemplaire. « Elles étoffent l'idée d'un "débat libre et ouvert" »[1]. L'exemplarité de la science ne tient pas ainsi à l'objectivité et à l'universalité de vérités inscrites dans l'intemporalité des faits qui feraient nécessité et nous obligeraient. Elle tient à ce que la science est une activité humaine et que, comme telle, elle est mise en relations, exercice d'une solidarité en acte. Bref, si la science a quelque chose d'exemplaire c'est pour des raisons éthiques plus que proprement épistémologiques.

Le pragmatisme ne saurait donc être réduit à un strict relativisme. C'est que les relativistes sont des individualistes radicaux et sont offerts aux mêmes objections que l'individualisme radical, *rugged*. « Le monde relativiste est un monde nu et vierge où s'exprimeraient des individus produits simultanément ». Pour un pragmatiste on ne saurait concevoir une telle dualité entre l'individu et le social. « De fait, nous sommes nés dans une société dans laquelle les *ideals* sont déjà largement organisés »[2]. Nos croyances sont liées les unes aux autres et sont liées aux croyances qui existaient avant nous et qui constituent ainsi un milieu, un environnement dans lequel nous sommes plongés. De la sorte, temporellement inscrite, et contextuellement établie, notre connaissance est faite de croyances

1. R. Rorty, « La science comme solidarité », in *Science et solidarité. La vérité sans le pouvoir*, *op. cit.*, p. 55.

2. W. James, *La volonté de croire*, trad. fr. L. Moulin, Paris, Les Empêcheurs de penser en rond, 2005.

elles-mêmes « résistibles ». « Pour le pragmatiste, la "connaissance" tout comme la "vérité" n'est qu'un compliment adressé aux croyances que nous tenons pour si bien justifiées que, dans l'état actuel des choses, aucune justification complémentaire n'est nécessaire »[1].

Rationalisme fondamentationaliste et relativisme sont ainsi renvoyés dos à dos en ce qu'ils partagent le même présupposé : celui d'une dualité entre le sujet et l'objet, entre l'individu et le social, entre les faits et les valeurs. Il prétend dépasser le particularisme par l'universalisme et nous libérer des déterminations locales qui nous habitent pour mieux nous subordonner réellement à la nécessité d'une unité de surplomb. Le pragmatisme entend au contraire réhabiliter l'importance de ce qui *nous* fait, la réalité concrète des catégories et des croyances qui *nous* sont transmises. C'est bien en ce sens qu'il convient d'interpréter cette affirmation de Rorty d'un ethnocentrisme assumé.

En ce sens donc, en ce qu'il affirme l'importance des relations, et qu'il récuse tout procédé d'analyse qui chercherait le noyau dur et pur à partir duquel tout pourrait être fondé et reconstruit, il y a quelque chose de relativiste c'est-à-dire d'antiabsolutiste dans le pragmatisme. Il y a quelque chose de relativiste dans l'acceptation de la contingence et de la temporalité. Il y a quelque chose de relativiste à accepter l'incomplétude. Ainsi convient-il de préciser en quel sens le pragmatiste peut être relativiste. Car, affirme, Rorty, le relativisme peut renvoyer à trois conceptions différentes.

> La première considère que toute croyance a autant de valeur que n'importe quelle autre. Pour la seconde, "vrai" est un terme équivoque, ayant autant de sens qu'il y a de procédures de justification. Le troisième fait valoir que si l'on met de côté les descriptions des procédures de justifications familières qu'une société donnée – *la nôtre* – utilise dans tel ou tel domaine de recherche, il n'y a rien à ajouter sur la vérité ou la rationalité.

Et de poser :

> Le pragmatiste souscrit à la troisième conception, la conception ethnocentriste. Mais il ne souscrit pas à la première qui est autoréfutante, ni à la seconde et à ce qu'elle présente de singulier[2].

On peut être surpris de ce qualificatif adopté par Rorty d'« ethnocentrisme », mais il a en commun avec Dewey d'insister sur ce fait que nous ne naissons pas dans un univers vide : notre expérience, plurielle et

1. R. Rorty, « Solidarité ou objectivité », in *Objectivisme relativisme et vérité*, *op. cit.*, p. 40.

2. *Ibid.*, p. 39.

multiple, est aussi le moment temporaire du flux d'expériences déjà expérimentées. La contingence n'exclut pas, en conséquence, bien au contraire, la motivation. Et la transmission est ici capitale pour comprendre la possibilité d'une hiérarchisation. Le pragmatisme refuse tout absolutisme, mais il ne saurait contester l'existence de normes qui, entre deux conceptions, ou entre deux décisions, nous permettent de choisir, de décider et d'agir.

Car pour les pragmatistes il existe un critère qui nous permet de justifier l'usage d'un « nous » et de nous assurer de la résistibilité à la fois de l'importance de l'activité scientifique et de la force de la démocratie : c'est la participation et le partage. Pour James, on l'a vu, les expériences réelles se séparent des expériences imaginaires, car nous voyons de fait que les premières sont suivies d'effets à la différence des autres. Ainsi un feu réel se distingue d'un feu imaginaire physique : nous voyons que l'un brûlera un bout de bois, ce que ne fera jamais l'autre. L'un des critères pertinents du réel tient ainsi à ses conséquences. On retrouve la même inspiration chez Dewey dans la définition qu'il donne du public. La distinction entre le public et le privé ne tient pas à une différence de nature mais à l'importance des conséquences : « la ligne qui sépare le public du privé doit être tracée sur la base de l'étendue et de la portée des conséquences d'actes qui sont si importantes qu'elles nécessitent un contrôle, soit par prohibition, soit par promotion »[1]. Il y a donc bien quelque chose qui relève de la communauté, d'un « nous » et qui joue dans le choix et la normativité de nos jugements et de nos décisions. Il tient aux conséquences et a donc affaire au temps, au futur. Il n'est pas strictement déterminé, il n'est en rien fondé, il est de l'ordre de l'effectivité. Contingent il n'en demeure pas moins puissant et opératoire. C'est donc ainsi pragmatiquement qu'il s'agit de comprendre que nous pouvons hiérarchiser et trier parmi les croyances et les conceptions.

En ce sens donc le pragmatisme est un rationalisme. A cette condition, certes, que l'on admette qu'il s'agit d'une conception « faible » de la rationalité, qui écarte « l'idée d'une vertu particulière attachée à la connaissance préalable de critères que l'on est en voie de satisfaire ou à la possession de normes susceptibles de mesurer le progrès »[2]. C'est qu'il y a deux sens à la notion de rationalité. Le premier « équivaut à méthodique » et suppose une capacité d'établir par avance des critères qui seraient ordonnés au vrai et/ou au bien. Or, remarque Rorty, un tel sens est

1. J. Dewey, *Le public et ses problèmes*, *op. cit.*, p. 63.
2. R. Rorty, « La science comme solidarité » in *Science et solidarité*, *op. cit.*, p. 49.

incompatible avec des sociétés démocratiques et pluralistes qui ont pour caractéristique « de continuellement redéfinir les buts qu'elles se proposent ». Dans un second sens, rationnel va signifier « quelque chose comme "sain" ou "raisonnable" ». D'épistémologique, la signification se fait éthique : « rationnel » renvoie à des vertus : de tolérance, d'écoute et d'ouverture plutôt que de dogmatisme, de force, d'exclusion. Bref, « rationnel » signifie cette qualité qui rend acceptable civilisé et policé, condition de la distance critique et ironique[1].

Deux conséquences sont alors capitales.

La première prend à la lettre le renversement de perspective opéré par le pragmatisme. S'il faut prendre au sérieux cette idée qu'il s'agit de déplacer les problèmes du métaphysique et de l'épistémologique vers l'éthique et le politique, alors la question du relativisme se centre sur la question de la pertinence du multiculturalisme et du libéralisme /relativisme moral.

La seconde conséquence est, pour notre préoccupation, essentielle, puisqu'elle regarde le caractère décisif de la transmission et de l'éducation. Car dans le pluralisme pragmatiste, que l'on envisage le « nous » de nos points de départs comme « ethnocentrisme » ou comme ce qui fait notre environnement, un environnement construit de générations en générations ; dans les deux cas c'est bien l'éducation qui est envisagée comme le processus même de la production des conditions d'un partage.

PRAGMATISME ET PLURALISME CULTUREL

C'est parce qu'il refuse un individualisme strict, que le pragmatisme échappe au relativisme moral et culturel. Les univers moraux ne sont pas équivalents. Les univers culturels ne sont pas indifférents. Au fond, pour un pragmatiste, la revendication à une stricte cohabitation horizontale des cultures relève de l'essentialisation des différences. Dès lors que l'on est effectivement et pratiquement pluraliste, il n'est pas possible d'envisager ni un individu isolé, ni une société autarcique. Toute expérience est plurielle, rien de réel n'est absolument simple. Et si cela paraît tel, c'est que nous ne considérons que le résultat temporaire d'une activité complexe de mises en relations plurielles. C'est que nous n'envisageons un état de choses que par le biais d'une seule fonction.

On comprend alors que si Dewey, comme tous les pragmatistes, accepte et défend le pluralisme politique et les revendications de chacun à pouvoir exprimer ses projets et ses convictions, il récuse qu'un individu

1. Voir *ibid.*, p. 48-49.

puisse être réduit à un seul caractère, celui-ci fût-il l'objet de son choix. Le mot « individu » recouvre une très grande variété de traits, de capacités, d'habitudes, de réactions qui sont suscités et renforcés par la vie sociale. On ne saurait donc rapporter un individu à un seul de ces facteurs. *A fortiori* on ne saurait penser la société, fût-elle micro-société, « groupe » ou « minorité » comme l'extension pour plusieurs individus d'une qualité ainsi hypostasiée et réifiée.

Une fois encore le multiculturalisme strict et le relativisme moral tiennent à ce que l'on envisage les libertés, les individualités et les univers moraux, spatialement. Ils sont jugés comme équivalents parce qu'ils sont pensés d'abord comme coexistants sur un plan strictement horizontal.

Mais c'est au contraire dynamiquement qu'il s'agit de comprendre les choses. Les univers moraux ont des conséquences les uns sur les autres. Ils ne peuvent exister qu'en conflit ou en concurrence, faute de quoi aucune délibération, aucun choix n'est possible. Dans ce conflit, le principe qui joue est un principe économique de compréhension, principe du moindre sacrifice des choix des uns et des autres. Dans ce conflit éthique, les pragmatistes tiennent que, puisqu'il faut décider, puisqu'il faut en quelque manière qu'il y ait un vainqueur et un vaincu, ce que nous pouvons souhaiter est la victoire du plus compréhensif. Autrement dit, ce qui importe est que celui qui triomphe prenne en compte les intérêts du vaincu. Telle est la position de Dewey par rapport aux revendications de Horace Kallen. Dewey voit dans l'effort américain pour construire une démocratie ethniquement et racialement pluraliste un modèle pour la politique internationale. Mais il est très critique à l'égard des programmes d'« américanisation ». Le nationalisme américain doit être international et interracial, affirme Dewey. Peu importe les raisons et les modalités par lesquelles on se réclame américain, dès lors que l'on ne concède aucune valeur de modèle à quelque culture que ce soit en invoquant la race, ou la durée d'installation sur le territoire, etc. « Notre unité ne peut pas avoir l'homogénéité des divers États d'Europe d'où vient notre population ; ce doit être une unité qui se crée et se construit en un tout par l'apport et la composition de ce que chaque peuple ou chaque race a de meilleur à offrir »[1]. De la sorte, en situation de paix, on peut reconnaître des droits culturels et des différences de chaque nationalité, un droit pour chacun à sa propre langue, à sa propre littérature, à ses propres idéaux et ses propres visions morales et

1. J. Dewey, *The Principle of Nationality* (1917), M.W 10 : 288-289 ; « Nationalizing Éducation » (1916) M.W. 204 cité dans Robert B. Westbrook, *John Dewey and American Democracy*, *op. cit.*, p. 213 (traduit par nous BFK).

spirituelles du monde, une entière liberté religieuse et autant d'autonomie politique que cela est compatible avec le maintien d'une unité sociale générale[1]. Telle serait la Grande société qui permettrait par delà l'expression des diverses associations, la participation des divers États-nations.

Plusieurs éléments sont ici à relever :

1) Le pragmatisme échappe dans un même mouvement à un cosmopolitisme conçu comme universalisme abstrait et à un relativisme culturel et moral fondé sur l'affirmation de l'identité stricte des individus. Bref, entre universalisme abstrait et individualisme strict, le présupposé est commun, qui renvoie le réel à une essence. Nous y avons insisté, l'individu tient à un processus d'individuation continue. Il est l'état à un moment donné des relations et des interactions, des transactions qu'il noue avec d'autres individus et avec son environnement social. Ainsi, la revendication d'un multiculturalisme strict tente de concilier deux déterminations difficilement compatibles : d'une part le pluralisme; d'autre part l'identité. Mais l'identité de l'individu ne saurait être pensable autrement qu'en contexte de pluralité d'interactions.

2) Surtout, cosmopolitisme abstrait et revendication multiculturaliste font comme si les cultures étaient en quelque manière des *en soi*. Le premier idéal exige qu'on renonce à sa différence en raison précisément de la force supposée de chaque détermination culturelle, et en raison du risque conséquent de leur confrontation. Le second idéal, multiculturaliste, fait comme si les cultures, dans le trait d'union de la Nation, étaient des termes juxtaposés, des points d'ancrage fixes et stables, non seulement antérieurs et supérieurs aux individus qui les portent, mais antérieurs à l'exercice de leur liberté comme telle. Il fait de ces « cultures », des termes, sorte de propriétés qui sont indépendantes des relations interindividuelles, intra-individuelles et sociales. Bref, la revendication multiculturaliste entre en contradiction avec le principe même qui soutient le pluralisme, à savoir l'extériorité des relations, qui implique que non seulement les relations ne sont pas propriétés des termes qu'elles mettent en rapport, mais que les relations priment sur les termes et affectent la nature des termes ainsi en transaction.

En un sens très fort donc, s'il est renvoyé à la libre expression de la liberté individuelle, le pur multiculturalisme est un individualisme strict. Comme tel, il est comme le relativisme, non résistible.

3) La question n'est donc pas du multiculturalisme. Elle est celle des conditions de possibilité effective d'un respect d'une pluralité des cultures,

1. Cf. *Ibid.*

des langues, des religions dans le cadre où ce qui se donne est effectivement la pluralité et la diversité de l'environnement social dans lequel ces langues, ces cultures, ces religions, doivent trouver leur expression. Autrement dit, le problème est de comprendre, d'une part, comment dans cette pluralité même, il est possible de se comprendre ; et d'autre part, de comprendre que l'on puisse avoir des différences et des différends.

INDIVIDUATION ET MULTICULTURALISME

Deux points sont ici importants pour résoudre cette question :

1) D'une part la communication sociale est un fait. Une fois encore, sans association avec l'autre, l'individu n'est rien. Et la socialisation est la seule modalité possible de l'universalisation. « Société est synonyme d'association, de rencontres interactives tournées vers l'action afin de mieux réaliser toutes les formes d'expériences qui prennent toute leur dimension lorsqu'elle sont partagées »[1]. Et, à cet égard, la question est la même qu'il s'agisse de la communication au sein d'une association particulière ou qu'il soit question d'une diversité posée comme culturelle. Pour reprendre Rorty : « l'argument quinien qui permet de se débarrasser de la distinction positiviste entre vérité analytique et vérité synthétique permet aussi de se débarrasser de la distinction des anthropologues entre l'interculturel et l'intraculturel ». En ce sens « les Aborigènes tasmaniens et les colons britanniques avaient des difficultés à communiquer mais ces difficultés ne différaient qu'en degrés des difficultés vécues par Gladstone et Disraeli »[2]. Le trait est poussé, mais il insiste sur la question de savoir comment il est possible, en présence d'un différend inévitable, de « recomposer nos croyances de telle manière que puissent s'accorder le différend comme tel et les croyances qui sont par ailleurs les nôtres »[3]. Une fois encore, il en est du processus de socialisation comme du processus d'individuation : ils sont dynamiques, motivés non par un souci d'objectivité mais par un intérêt de solidarité. Et la question n'est pas de savoir qui a raison et qui a tort, en vertu d'on ne sait quelle raison objective. Elle est de préférer les modalités d'organisation et les conceptions les plus ouvertes qui permettent le développement de chacun. En clair, la question est de savoir si une société libérale, ouverte et démocratique vaut mieux qu'une

1. J. Dewey, *Reconstruction en philosophie*, *op. cit.*, p. 168.

2. R. Rorty, « Solidarité ou objectivité », in *Objectivisme, relativisme et vérité*, *op. cit.*, p. 44.

3. *Ibid.*

société totalitaire ou qu'une organisation fanatique. Le critère est alors pragmatique, il tient non aux principes d'une conviction, mais à ses conséquences, et, à cet égard, on pourra toujours préférer une société inclusive, compréhensive, à une société exclusiviste. En effet on apprend vite combien il est difficile de situer les cultures, comme les personnes d'ailleurs, sur une échelle de valeurs. Reste que cela ne nous empêche pas de penser que « nous nous porterions mieux » si nous étions débarrassés de nombre d'entre elles. « Le fait de dire qu'il n'existe pas de telle échelle, et que nous ne sommes que des animaux intelligents qui s'efforcent d'augmenter leurs chances de bonheur en se réinventant continuellement, n'entraîne pas de conséquences relativistes ». De la sorte, conclut Rorty, « La différence entre le pluralisme et le relativisme culturel, c'est la différence qu'il y a entre la tolérance pragmatiquement justifiée et l'irresponsabilité imbécile »[1].

2) Mais ce qui fait le dynamisme tient à la temporalité. Car la communication tient à la transmission, comme l'adaptation tient au développement. Passé et avenir encadrent ainsi l'expérience, et viennent motiver les préférences. L'individu non seulement seul, isolé n'est rien, mais il n'arrive pas vierge et nu dans le monde. Pas question ici de principes *a priori* ou de valeurs qui viendraient de l'extérieur constituer la société et nos préférences éthiques et culturelles. Ici encore prévalent l'expérience et l'action à fonction d'adaptation. « L'expérience porte en elle des principes de connexion et d'organisation. Plus que des principes épistémologiques, ce sont des principes de vie, des principes pratiques ». Or, social et biologique jouent dans la formation de l'expérience. De la sorte, « Les idées qui ont socialement cours et qui comptent, deviennent des principes d'interprétation et d'estimation de l'enfant bien avant qu'il ne soit en mesure de maîtriser sa propre conduite ». Autrement dit, « les choses ne lui arrivent pas dans un état de nudité originelle, mais habillées de langage, et cette enveloppe communicationnelle fait de lui le membre d'une communauté de croyances »[2].

Mais le passé n'oblige pas, contingent par lui-même il ne détermine pas. Une fois encore c'est l'expérience et la raison expérimentale qui « proposent la vision d'un avenir meilleur » en élaborant des projets, des programmes d'action lesquels ne sont, insiste Dewey, que des hypothèses nécessairement souples[3].

1. R. Rorty, *Philosophy and Social Hope*, *op. cit.*, p. 276.
2. J. Dewey, *Reconstruction en philosophie*, *op. cit.*, p. 95-96.
3. Cf. *ibid.*, p. 99.

C'est bien ainsi parce que l'intelligence est expérimentale et modulable qu'on ne saurait accepter le rationalisme « spéculaire » qui enferme la culture dans l'absolutisme. Mais, pour les mêmes raisons, on ne saurait que se défier d'une communication et d'une transmission qui se transforment en tradition rigidifiée, en doctrine fermée. « La communauté élabore sa vision du monde et s'appuie sur l'éducation pour y gagner des individus ; inconsciemment mais aussi de façon délibérée, sous la pression du social, les souvenirs individuels sont assimilés par la mémoire ou la tradition du groupe et les pensées individuelles sont adaptées au corps de croyances propre à la communauté »[1]. Or, précisément, l'expérience est active et constructive, auto-créatrice et auto-régulatrice. De la sorte, en se développant, et en développant son action et sa puissance d'adaptation, l'expérience nous libère du passé. « Nous utilisons nos expériences passées pour en construire de nouvelles et de meilleures à l'avenir »[2].

Il reste que ce « méliorisme » n'est pas à confondre avec un « perfectionnisme ». Le mieux dont il s'agit ici est un mieux relatif, il ne tient pas à quelque bien qui subsisterait à l'extérieur même du processus de croissance et de développement. Le mieux n'est pas un bien qui serait comme une fin visée par développement, il est processus de développement lui-même. En cela, en effet, il n'y a pas de hiérarchie des cultures qui renverrait à un degré de civilisation préétabli. « Aucun individu, aucun groupe ne saurait être jugé en fonction de résultats fixés à l'avance qu'il atteindra ou non, mais en fonction de la direction qu'il se choisit ». De la même manière « il serait absurde d'appliquer le même critère de jugement moral à des peuplades sauvages, nous dit Dewey, et à des peuples civilisés »[3].

C'est donc bien le processus de croissance, de développement lui-même, qui importe, et non le résultat, la fin. Le développement, comme transformation de la situation existante pour une adaptation et une puissance plus grande, est ainsi à lui-même sa propre fin. Indéterminé, il est illimité. Dès lors, l'éducation est au cœur de la socialité humaine. « Processus éducatif et processus éthique ne font qu'un. Ce dernier n'est en effet qu'un processus d'amélioration dans l'expérience ». Dès lors, éduquer « c'est tirer du présent tout ce qui sert à la croissance. Il s'agit d'une fonction constante qui n'a rien à voir avec l'âge »[4].

1. J. Dewey, *Reconstruction en philosophie*, *op. cit.*, p. 43.
2. *Ibid.*, p. 98.
3. *Ibid.* p. 148.
4. *Ibid.*, p. 153-154.

ÉDUCATION ET DÉMOCRATIE

L'éducation est ainsi au cœur même du processus de croissance et de développement. L'individu se réalise en développant ses capacités et ses talents pour contribuer au développement de la communauté. Mais il ne saurait exister indépendamment des transactions qu'il a avec les autres et avec son environnement social, sur la base d'une réorganisation continue des croyances et des habitudes d'action qui le font individu dans un environnement social sur lequel il agit et réagit. De la sorte, l'éducation ne saurait, pour Dewey, être limitée à un âge, non plus qu'elle ne pourrait être cantonnée au rôle d'une institution – l'école ou la famille. L'éducation concerne l'ensemble de la vie sociale, elle regarde en particulier toutes les institutions. Car toute institution sociale, qu'elle soit « politique, économique, artistique et religieuse, a un sens et un but », à savoir l'émancipation de l'individu et le développement de ses capacités. En ce sens toute institution trouve sa valeur dans sa contribution à l'éducation de l'individu et à l'actualisation de ses potentialités. Dès lors il existe plusieurs façons de définir la démocratie, « mais du point de vue moral, l'exigence démocratique consiste à juger institutions politiques et organisations industrielles en fonction de leur contribution au développement général de chacun des membres de la société » [1].

On comprend ainsi que l'éducation ait constitué pour Dewey un objet de préoccupation central, bien au delà d'ailleurs du travail et de l'œuvre qu'il a pu accomplir dans le champ de la pédagogie. L'éducation, pour être pensée comme démocratique, doit être le centre d'une réflexion épistémologique sur l'expérience et la méthode de l'enquête qui en est le processus actif. Mais la préoccupation de l'éducation concerne aussi, et fortement, le politique, et, tout particulièrement, elle rencontre une réflexion sur le « commun » et le « public ». Bref, l'éducation excède très largement l'éducation formelle pour atteindre de manière forte et générale le processus même de l'expérience politique partagée.

C'est dire que, même si elle se réduit au secteur formel, ce qui intéresse Dewey, ce n'est pas du tout cette idée que l'école préparerait à la démocratie. Ce n'est pas tant non plus que l'école serait démocratique. Mais c'est surtout que le fonctionnement même de l'éducation et de ses institutions soient effectivement et pratiquement démocratiques. De la sorte, la réflexion de Dewey sur l'institution scolaire concerne non seulement les contenus, non seulement les modalités pédagogiques, non seulement la

1. *Ibid.*, p. 154-155.

forme de l'institution, mais elle regarde aussi l'organisation et la formation des enseignants.

On le sait, la création de l'école expérimentale de l'université de Chicago tient à la volonté de Dewey de penser l'articulation entre travail théorique et exigences de la pratique. École « expérimentale » au sens fort que ce terme peut avoir dans le pragmatisme de Dewey. Jamais le slogan cher à la formation des maîtres en France « articulation de la théorie et de la pratique » n'aura eu plus de pertinence et de résonance que dans cette expérience de l'école que Dewey ouvre en 1896 et qu'il va diriger jusqu'en 1903. Certes, le public de cette école n'est pas proprement le plus concerné par les problèmes qui motivent l'engagement de Dewey. Comme le remarque Gérard Deledalle, le Chicago de la fin du XIXe siècle, est un pays en pleine et profonde transformation. Un essor économique et une forte industrialisation moderne drainent une population de migrants et d'immigrants venus de pays différents, aux cultures multiples et aux langues diverses, rarement anglaises; mobilité et promotion sociale perturbent la stabilité de la simple reproduction des classes. Bref, alors que, jusqu'alors, l'éducation jouait sur la transmission des conditions d'une reproduction des milieux libéraux du commerce et des professions libérales qui constituent le fonds de la Nouvelle Angleterre, il s'agissait désormais « pour l'Amérique et ses théoriciens de l'éducation, de former les enfants sans passé, d'un siècle nouveau, pour un monde dont on ne savait rien puisqu'il était entièrement à faire par eux » [1]. Certes, les élèves qui s'inscriront à l'école expérimentale de Chicago, ne sont pas issus de ces milieux. Ils sont bien souvent davantage des fils de collègues et d'intellectuels que des enfants d'étrangers frais immigrés. Mais l'inspiration de la pensée de Dewey n'en demeure pas moins ce décor social. L'ensemble de l'esprit qui préside à ses conceptions s'y retrouve : école tournée vers l'avenir, permettant à l'enfant de vivre démocratiquement, de développer ses capacités et d'être proprement autonome, acteur des transformations de sa situation, en s'interrogeant sur les préoccupations sociales, en s'exerçant sur des « occupations », réalisant son individuation par des projets conçus et réalisés en coopération.

On ne saurait décrire ici par le menu le fonctionnement de l'école expérimentale de Chicago. Nous n'en retiendrons pour notre propos que quelques traits centraux.

1. G. Deledalle, Présentation à *Démocratie et éducation*, *op. cit.*, p. 44.

La question des programmes

Le premier point tient au refus chez Dewey d'opposer l'intérêt de l'enfant et les programmes. C'est que la croissance, le développement tiennent à un double rapport au temps. Rapport au passé : il n'y a pas de survie sans transmission : « La société existe grâce à un processus de transmission tout à fait semblable à celui de la vie biologique : les membres plus âgés de la société communiquent aux plus jeunes leurs façons de faire, de penser, de sentir ». Et de poursuivre : « Sans cette communication des idéaux, des espoirs, des attentes, des critères, des opinions des membres de la société qui sont sur le point de quitter la vie du groupe à ceux qui y entrent, la vie sociale ne pourrait pas survivre »[1].

On le voit, il n'y a pas si loin de Dewey à Hannah Arendt qui fait de l'éducation l'accueil des nouveaux venus dans un monde que porte la génération adulte. Sans doute la différence tient-elle à l'obligation morale, à la pesanteur d'une détermination idéale extérieure. Pas loin non plus de Dewey à la vision socialisatrice et intégratrice de l'éducation chez Durkheim. Toute la différence, et elle n'est pas mince, tient à ce que chez Durkheim domine une vision holiste de l'éducation et de la socialisation.

Mais à l'autre bout, pour Dewey, c'est à chaque génération qu'il s'agit de faire renaître la démocratie, et c'est à l'avenir de faire la différence.

Ainsi repensée à l'intérieur même du fonctionnement de l'école, si effectivement la vie à l'école s'organise sur « l'occupation », c'est-à-dire « un mode d'activité de la part de l'enfant, qui reproduit un type de travail exercé dans la vie sociale ou lui est parallèle »[2], cela ne s'oppose en rien à la transmissions de savoirs de la part des adultes et des maîtres.

L'enfant vient en classe pour faire des choses : cuisiner, coudre, travailler le bois et utiliser des outils pour des actes de construction simples ; et c'est dans le contexte et à l'occasion de ces actes que s'ordonnent les études, que se mettent en place le développement des aptitudes et des compétences et que les savoirs prennent sens. Mais c'est à condition que l'enfant ne soit pas divisé.

En cela, rien de plus éloigné de la pensée de Dewey que cette idée que la pédagogie serait centrée sur l'enfant. Si cela signifie qu'il s'agit de prendre l'enfant comme acteur de son propre développement : soit. S'il s'agit d'insister sur l'exigence d'une formation à l'enquête et à l'importance de l'ouverture expérimentale : soit. Mais cela ne signifie en aucune façon que Dewey aurait quelque chose à voir avec cet idéal d'une innocence d'un

1. J. Dewey, *Démocratie et éducation*, *op. cit.*, p. 81.
2. J. Dewey, *École et Société*, *op. cit.*, p. 92.

enfant qui serait à l'origine de tout, qui serait découvreur autonome de ses propres ressources. Bien au contraire, répétons-le, la transmission est indispensable, et elle est un fait d'expérience. Il n'y a donc pas plus d'opposition entre l'expérience de l'enfant et l'expérience de la vie sociale qu'il n'y en a entre l'école et la vie. L'expérience de l'enfant, nous l'avons dit, est expérience partagée, transmise par l'environnement social, transmission sans laquelle il faudrait concevoir l'enfant comme l'individu isolé et nu, lequel s'il n'est pas une fiction, est une monstruosité. De même l'école n'est pas séparée de la vie. L'école n'est pas préparation à la vie. Elle est vie; elle est le lieu de la croissance et du développement des capacités de chacun par la transaction avec l'autre et avec l'environnement social.

Quant à la sanctuarisation de l'école, sa clôture : elle est aussi abstraite que peut l'être l'innocence de l'enfant. Les enfants arrivent à l'école avec les préoccupations, les intérêts, les activités, les visions du monde de leur famille, du milieu où ils vivent. La seule façon d'assurer à l'enfant la continuité de son développement, la seule façon d'asseoir sur un fond d'expériences passées les idées nouvelles reçues à l'école consiste à exploiter ces ressources, à adopter à leur égard cette démarche d'enquête qui, en les interrogeant, leur donnera sens pour mieux à la fois s'y adapter et les transformer.

Dewey ne rejette donc pas toute idée de programmes d'études. Bien au contraire, on ne saurait penser l'éducation sans ce suivi d'un cours de la croissance des capacités, et de l'ouverture de l'élève à la diversité des savoirs. Ce que rejette Dewey, c'est cette idée que les programmes livreraient un contenu à apprendre, extérieur aux intérêts de l'enfant, extérieur à l'intelligence que le maître mobilise pour l'élaboration de l'environnement stimulant et incitatif de ses élèves. Les programmes, *a fortiori* lorsqu'ils sont posés comme des obligations nationales, concentrent tous les dualismes qu'il s'agit précisément de rejeter. Ils reposent sur une opposition entre le savoir et l'occupation, entre la vie et l'école, entre intérêt et désintéressement voire désincarnation, entre l'individuel et le social. Le programme se donne ainsi comme un objet extérieur aux maîtres et aux élèves. Il divise l'attention des élèves capables de réciter ce qu'ils ont appris en pensant à tout autre chose. Il nie la liberté pédagogique et récuse le libre développement des capacités de chacun. Le programme est une forme morte qui pose une absolue priorité du social sur l'individuel et empêche ainsi que s'effectue une véritable individuation.

Mais cela ne signifie nullement que l'on puisse se passer de contenus d'enseignement. Cela ne signifie nullement, non plus, que l'on puisse enseigner n'importe quoi. Ainsi la formation scientifique est essentielle, qui forme l'esprit à l'enquête. Ainsi encore l'histoire et la géographie sont capitales pour aider à une éducation ouverte à d'autres lieux et d'autres temps et pour faire prendre conscience de la contingence de nos points de départ. Ainsi encore, l'enseignement de la langue anglaise est le meilleur moyen pour constituer ce public susceptible de participer effectivement à l'organisation de la vie commune.

Par ailleurs, si l'enseignement doit retrouver la culture ce n'est pas tant que la culture vaut comme telle d'être transmise et enseignée. C'est qu'elle permet de réfléchir sur le dynamisme, sur la vie qui « fournit alors la signification de ce que nous trouvons quand nous cherchons »[1]. Il s'agit certes de prendre en compte le passé, mais non comme des objets en soi, des résultats statiques, des résultats en quelque sorte morts. Si la culture a de l'importance cela tient à ce qu'elle est porteuse de la vie : « L'étude des produits passés ne nous aidera pas à comprendre le présent, parce que le présent n'est pas le résultat de ces produits mais le résultat de la vie dont ils furent les produits ». En cela le matériel principal de l'éducation ne peut tenir dans les traces du passé, car « ce faisant on coupe le lien vital qui unit le présent au passé ». Non pas pour Dewey qu'il faille rejeter le passé. « Le passé est une grande ressource pour l'imagination : il ajoute une nouvelle dimension à la vie, mais à condition qu'on le considère comme le passé du présent et non comme un autre monde séparé. »[2].

Deux écueils sont ainsi absolument à éviter. L'un, caractéristique de la pédagogie dite « traditionnelle », prescrit un savoir à l'enfant selon une progression qui prend en compte une classification et une décomposition abstraites d'un corpus de vérités. L'autre écueil consiste à se plier à la psychologie individuelle de l'enfant, postulant à la fois une soif naturelle de savoir et une conscience claire par l'enfant de ses intérêts et de ses motivations. « C'est ainsi, affirme Dewey, qu'on en vient à parler de l'enfant *versus* le programme, ou de la nature individuelle *versus* la culture sociale »[3]. Dewey entend éviter ces deux impasses : il s'agit de faire entrer la psychologie dans le programme en suscitant chez l'enfant un environnement qui fera que l'enfant, confronté à des problèmes, trouvera dans les contenus de savoirs, c'est-à-dire dans les expériences passées, de quoi développer ses propres capacités de compréhension et de résolution.

1. J. Dewey, *Démocratie et éducation*, *op. cit.*, p. 158.
2. *Ibid.*, p. 157.
3. J. Dewey, *L'École et l'enfant*, *op. cit.*, p. 60.

Démocratie et coopération

Mais cela implique que le fonctionnement même de l'école et de la pédagogie soit démocratique. Les élèves décident collectivement de leurs projets, comme les maîtres élaborent collégialement leurs programmes d'études. Autrement dit, Dewey insiste sur le caractère social de l'éducation, entendu comme travail coopératif. Nous l'avons dit, l'individu se réalise en développant ses capacités pour contribuer au bien être de la communauté. L'éducation est démocratique si elle aide l'enfant à s'individualiser, à se développer de cette manière. On trouve là le fond de la critique forte que Dewey adresse aux écoles de l'Amérique de son temps. Le monde de l'enfant « a l'unité et la complétude de sa propre vie ». Or, l'enfant va à l'école, « et voilà que les diverses disciplines divisent et fractionnement le monde pour lui »[1]. Mais il y a plus : l'école, alors même qu'elle entend le socialiser, le sépare des autres enfants; elle joue sans cesse sur l'opposition de l'un à l'autre. Paradoxalement, en faisant apprendre à tous les mêmes choses, dans le même moment, et de la même façon, l'école joue sur l'individualisme. Chacun est appelé à faire la preuve de soi, dans une compétition de fait avec tout autre. Une telle éducation, non seulement ne développe pas le sens social mais œuvre *contre* le sens social. « Le pire n'est pas que le sens social n'est pas cultivé, car des motifs, un idéal, de nature purement individualisé sont inculqués. Il devient alors nécessaire de trouver un stimulant extérieur pour que l'enfant s'attache à ses études »[2]. Ainsi l'affection pour l'enseignant qui conduit à l'égoïsme et à la jalousie; ainsi encore la peur, qu'elle soit crainte de la punition, ou crainte « morbide », dit Dewey, de ne pas être reconnu par autrui, crainte de l'échec. Sans compter que dans ce type d'éducation, « les enfants sont estimés d'après leur capacité à présenter extérieurement les mêmes ensembles extérieurs de faits et d'idées ». La conséquence de ce principe est que l'on classe les enfants en fonction d'un critère que l'on pose comme objectif. On distingue alors entre les faibles qui « perdent le sens de leurs capacités et acceptent une position d'infériorité prolongée et incurable » et les forts qui « sont tentés de se glorifier d'être les plus forts ». Tel est le dommage qu'on pousse prématurément l'enfant dans « des compétitions individualistes, et cela dans le domaine où une semblable lutte est le moins désirable, dans cette sphère intellectuelle et morale, dont les lois sont : coopération et participation »[3].

1. J. Dewey, *L'École et l'enfant*, *op. cit.*, p. 61.
2. *Ibid.*, p. 101.
3. *Ibid.*, p. 102.

C'est bien alors qu'il est indispensable de lier l'organisation démocratique de l'école, c'est-à-dire les conditions d'un fonctionnement organisationnel, administratif et pédagogique, coopératif et participatif, et une éducation apte à développer chez l'enfant un esprit démocratique. « Il ne saurait y avoir d'éducation véritable que si chacun peut être reconnu comme un acteur responsable » et participer « au sein des groupes sociaux auxquels il appartient » au processus d'élaboration des objectifs et des politiques à mettre en œuvre. « Ce n'est qu'à cette condition qu'on peut parler de démocratie. Elle ne peut être conçue comme une chose sectaire ou raciste, ni comme la consécration de quelque forme de gouvernement déjà paré de l'autorité d'une constitution »[1].

Le pragmatiste est donc bien d'un tempérament optimiste, qui croit non pas à l'innocence de la nature humaine, mais à ses capacités de croissance et de développement. Le pragmatisme est un humanisme qui a foi en la nature humaine et en la démocratie. Faire de l'éducation un processus coextensif à la démocratie, poser que la démocratie est par elle-même un processus éducatif régi par la participation, le partage des expériences, est bien ainsi un pari. Mais c'est un pari qui soutient notre action et notre coopération. C'est un pari payant.

> La démocratie est la conviction que même si les besoins, les fins et les conséquences diffèrent d'une personne à l'autre, l'habitude de la coopération amicale – qui n'exclut pas la rivalité et la compétition comme on en retrouve dans le sport – est en soi un ajout inestimable à la vie.

Tel est l'espoir démocratique qu'il entend : « soustraire autant que possible les inévitables conflits à un climat de force et de violence pour les placer dans un climat de discussion, sous le signe de l'intelligence ». Il se fait hospitalité car il cherche à traiter « ceux qui sont en désaccord avec nous – même profondément – comme des gens de qui nous pouvons apprendre et, par là même, comme des amis »[2].

Dans cette perspective, le pragmatisme est habité par la question éducative. Même si, seul, à proprement parler, Dewey s'est attaché à expliciter une philosophie de l'éducation, l'éducation est au cœur de la philosophie des pragmatistes. Dewey lui-même l'indique, qui abandonnera son œuvre et son action de pédagogue pour se concentrer sur l'engagement politique en général. Mais les réflexions qu'il conduit, sur la défi-

1. J. Dewey, *Reconstruction en philosophie*, *op. cit.*, p. 170.

2. J. Dewey, « Creative Democracy – The task before us » *in* D. Morris, I. Shapiro (dir.), *John Dewey, The PoliticalWritings*, Indianapolis et Cambridge, Hackett Publishing Company, 1993, p. 62.

nition du public en particulier, sont animées par les mêmes interrogations : comment penser les conditions d'une participation et d'une coopération qui permettent à la démocratie de se recréer sans cesse. Loin donc d'assurer l'idéologie des formes modernes du contrôle social, le pragmatisme peut apparaître comme ce qui rejette toute conception qui entérinerait et naturaliserait, sous couvert de l'ensemble des avatars du dualisme et de l'individualisme, la division et l'antagonisme des classes sociales. Car le principal obstacle à une éducation démocratique, a montré Dewey, est l'alliance forte de la classe des privilégiés avec les philosophies de l'éducation (qui commence à Platon) qui sépare nettement esprit et corps, théorie et pratique, culture et utilité. Et dans la plupart des cas, si l'on pose que des croyances ou des visions du monde sont incompatibles, « les deux produits mentaux sont maintenus séparés parce qu'ils deviennent l'apanage de classes sociales distinctes ». Ainsi, croyances religieuses, discursivités poétiques « contribuent au maintien d'une classe supérieure ». Tout au contraire, « Les ouvriers et artisans qui détiennent un savoir concret ont toutes les chances d'avoir un statut social inférieur et leur type de savoir est affecté de l'image négative dont pâtit l'ouvrier manuel » [1].

Récusation de toute forme de dualisme, affirmation du pluralisme qui sont au cœur de la pensée pragmatiste sont ainsi proclamation de la démocratie. On peut dire alors avec Rorty : « Ce qu'il y a de bon selon moi dans le pragmatisme américain, c'est qu'il contribue à des positions philosophiques modérées et fait ainsi du philosophe un meilleur citoyen, aussi bien dans la république des lettres que dans la société démocratique » [2].

1. J. Dewey, *Reconstruction en philosophie*, *op. cit.*, p. 46.
2. R. Rorty, *Science et solidarité*, *op. cit.*, Préface, p. 13.

CONCLUSION

LE PRAGMATISME : UNE PHILOSOPHIE DE LA DÉMOCRATIE

LE PLURALISME COMME FIGURE DE LA SOCIÉTÉ AMÉRICAINE

Lorsque Denis Meuret cherche à caractériser les politiques d'éducation d'aujourd'hui, il trouve dans la comparaison entre la France et les États-Unis d'Amérique deux modèles en concurrence, et il voit dans l'opposition entre Durkheim et Dewey l'incarnation de ces archétypes. Il nous livre même à cette occasion, un tableau qui compare point par point, *item* par *item* ces deux conceptions[1]. Buts; savoir et méthodes d'enseignement; école comme organisation sociale: autant de champs au sein desquels se distribuent des oppositions frontales entre une approche politique, celle de Dewey qui traite de « la société en train de se faire », et une vision sociologique, celle de Dukheim qui pense « une société qui change ».

Si cela est vrai, si Dewey et le pragmatisme incarnent les États-Unis, on peut s'interroger sur les raisons qui peuvent expliquer que ce courant ait aujourd'hui quelque importance en France.

On pourra toujours affirmer que l'intérêt pour le pragmatisme et pour la philosophie américaine, tient à l'hégémonie de fait économique – jusqu'à ces derniers temps –, en tout cas politique et culturelle des États-Unis. Pour aller bien vite, on verrait l'importance du pragmatisme croître à la mesure de l'extension de la globalisation. Et l'on supposerait alors que la globalisation signifie certes l'unification des conditions de vie et de pensée dans un univers de concurrence et de compétition, mais, aussi et surtout, la

1. D. Meuret, *Gouverner l'école, Une comparaison France/États-Unis*, Paris, P.U.F., 2007, p. 55.

domination pour cette uniformisation, d'un mode de vie, sorte d'avatar de l'impérialisme américain. Ce faisant, on le voit, on en reviendrait à cette idée déjà examinée que le pragmatisme représente l'esprit marchand propre à l'Amérique.

Une autre raison plus profonde peut être évoquée pour rendre compte du renouveau d'intérêt que connaît aujourd'hui le pragmatisme. C'est sa puissance critique, qui fait que le pragmatisme répond à la déconstruction profonde des cadres dans lesquels le monde de la vieille Europe organisait jusqu'alors son action et sa représentation. De la sorte, sans doute devons-nous prendre au sérieux cette importance du pragmatisme en France, si l'on tient précisément que le pragmatisme est une conception proprement américaine. Ce serait en effet l'indice d'un bouleversement très radical des cadres de notre culture. Telle est l'hypothèse que nous discuterons.

L'ironie quant à cette place du pragmatisme dans le concert de la globalisation, c'est que son origine tient à l'activité d'un club. En effet, le pragmatisme trouve son départ historique dans l'activité du *Metaphysical Club* de Cambridge dans le Massachussets dans les années 1870. William James et Charles S. Peirce sont membres de ce club d'intellectuels et sont ainsi aux commencements d'une inspiration qui va marquer les universités de leur pays. John Dewey qui assiste aux conférences données par Peirce à l'université John Hopkins (1879-1884), structure avec Georges H. Mead le mouvement à l'université de Chicago. Reste que c'est William James qui est au principe de l'influence de ce mouvement. Ajoutons que l'université de Chicago est une université nouvelle, et qu'elle ouvre des départements scientifiques naissants : la psychologie et la pédagogie. Temps de nouvelles découvertes en quelque manière, de nouveaux territoires intellectuels à explorer, en même temps que de nouveaux grands centres urbains à construire et de nouvelles universités à faire vivre.

Nombre de philosophes contemporains insistent sur le caractère proprement américain du pragmatisme. A commencer par Jean-Pierre Cometti qui affirme « De tous les courants d'idées qui ont vu le jour aux États-Unis et qui s'y sont diversement développés, le pragmatisme est celui qui est le plus solidement enraciné dans la culture américaine ». Et il poursuit : « Par ses origines d'abord, bien qu'il ne soit pas resté à l'écart de toute influence européenne, et par les traits qui en marquent les orientations essentielles »[1]. D'autres encore. Ainsi Howard Mounce montre que

1. J.-P. Cometti, *Qu'est-ce que le pragmatisme*, *op. cit.*, p. 43.

le pragmatisme est la première philosophie à délaisser les origines européennes pour se développer sur un terreau purement américain [1].

> Pragmatism arose in America itself and was the next ended to Europe. In that respect, it was genuinely American. Dewey's view of pragmatism however was also American in a some what different sense. It was explicitly designed to reflect and to promote the democratic values of American society [2].

Anti-cartésien, anti-dualiste, pluraliste, le pragmatisme répond à une vision du monde qui prend son autonomie en regard de la pensée de la vieille Europe. Et, sitôt que l'on insiste sur ces déterminations, on doit reconnaître l'opposition claire que cette conception peut avoir avec ce qui fait le fond de la pensée française : pensée cartésienne, éprise de dualisme et construite sur le désir d'unité. Car pris dans les déterminations que nous avons examinées, tout oppose le pragmatisme et l'esprit constitutif de la politique et de l'institution scolaire en France. La France est, selon le mot de Hayek « la patrie du rationalisme constructiviste » dont l'ambition est de faire la société à la manière de l'ingénieur dessinant les plans d'une fusée ou d'un pont [3]. Autrement dit, sous l'idéal de maîtrise politique et sociale, domine la nécessité de l'artifice et de l'arrachement à la nature. Rien d'étonnant alors à la visée démopédique de l'État dans la société française où l'excellence se donne avant tout comme scolaire, où le savoir scolaire se donne comme *un*, où l'éducation se donne comme nationale. Bref, l'école en France met en œuvre les déterminations du dualisme de la nature et de la culture/artifice, du fait et du droit, des faits et des valeurs, de l'effort et de l'intérêt, des activités théoriques et des activités pratiques, du privé et du public. Elle se construit sur l'hégémonie du principe de l'unité organisatrice et émancipatrice, et ne saurait tolérer l'expression de la différence plurielle. C'est bien pour tout cela qu'il convient de comprendre l'intérêt en France, aujourd'hui, pour le pragmatisme.

1. H. O. Mounce, *The TwoPragmatismsfrom Peirce to Rorty*, Londres, Routledge, 1997.

2. H. O. Mounce, « An outline of pragmatism », *Revue française d'études américaines* 2010/2 – n° 124, p 51. « Le pragmatisme est né en Amérique et s'est ensuite étendu en Europe. A cet égard il est originairement américain. La conception que Dewey propose du pragmatisme est toutefois américaine en un sens un peu différent. Le pragmatisme est explicitement désigné pour refléter et promouvoir les valeurs démocratiques de la société américaine ».

3. F.-A. Hayek, *Droit, législation et Liberté*, t. 1 : « Règles et ordre », chap. 1 : « Raison et évolution », Paris, P.U.F., 1995. *Cf.* J.-P. Dupuy, *Libéralisme et justice sociale*, Paris, Hachette, 1997, p. 12.

PLURALISME ET AMÉRICANISME

Concernant le pluralisme, on a vu combien il s'organisait sur une question que rencontre la société des États-Unis d'Amérique de la fin du XIXe siècle. Très distinct de la version pluraliste de notre conception contemporaine entée sur une revendication au droit à la différence porté par des minorités, le mouvement pluraliste américain trouve son ancrage dans les milieux les plus établis et les plus installés des États-Unis. Les pluralistes qui émergent au tout début du XXe siècle dans une société qui connaît une rapide industrialisation et de fortes inégalités sociales, sont des libéraux progressistes. « Le paradoxe, montre Olivier Zunz, est que les éléments d'une théorie du pluralisme n'ont vu le jour que lorsque la société pluraliste s'est vue menacée ». En effet, « Le pluralisme s'est intensifié au fur et à mesure que les processus politiques, économiques, sociaux et culturels ont contribué à homogénéiser » les États-Unis [1]. Ainsi le pragmatisme et le pluralisme, de William James en particulier, répondraient à une exigence sociale et politique. Ils viendraient asseoir l'affirmation d'une société pluraliste au moment même où la société américaine, de pluraliste de fait dans son fonctionnement quotidien, tend, après la guerre de Sécession, et avec l'arrivée massive d'immigrants venus d'une multitude de pays, à chercher une unité. De société de fait fragmentée et constituée de groupes quasi-autonomes ethniquement et territorialement organisés, la société américaine entend progressivement désenclaver, homogénéiser à mesure que s'effectue l'extension territoriale, et que s'impriment sur le tissu social les effets du développement scientifique, technique et économique. Face à la montée de l'américanisation, les groupes ethniques minoritaires se trouvent affaiblis et en difficultés pour affirmer l'écart entre leurs particularités culturelles et la culture américaine à laquelle ils devaient s'intégrer. « C'est alors que le pluralisme moderne trouve ses avocats non pas au sein des minorités, mais au cœur de l'Amérique ». Si les allemands, qui étaient les premiers à exprimer cette revendication, doivent pour raisons de première Guerre Mondiale, « abandonner toute prétention à une double allégeance », les Américains anglo-saxons, eux, sont libres, « et les observateurs les plus aigus du changement social posent alors les jalons de la théorie pluraliste moderne ». L'idéologie pluraliste a été formulée dans les milieux intellectuels anglo-saxons, autour de William James et de sa philosophie pragmatiste. « Tandis qu'est

1. O. Zunz « Génèse du pluralisme américain », *Annales. Economies, Sociétés, Civilisations*, « Les sociétés plurielles », 1987, Mars-avril, vol. 42, n°2, p. 430.

menacé le pluralisme *de facto*, un nouvel univers intellectuel se construit, univers fracturé, qui n'est plus sûr d'aucune vérité, et devient "pragmatique" »[1]. Et il est un fait que, parmi les élèves de James, Horace Kallen définira le pluralisme culturel, plus proche, comme nous l'avons vu, de ce qu'on entend aujourd'hui par « pluralisme », dans une acception plus ethnicisée et plus minoritaire.

Certes, la société française du tournant qui nous a conduit au XXIe siècle n'est pas la société américaine de la fin du XIXe. Et pourtant, la revendication au pluralisme qui apparaît ici comme quelque chose de nouveau, peut être éclairée par l'analyse et les positions qu'ont pu proposer en leur temps les philosophes pragmatistes. On laissera de côté l'importance qu'a prise, dans notre réflexion et dans notre action politiques, la pensée de John Rawls pour moduler très fortement notre amour de l'égalité. Prendre en compte les inégalités en les rattachant très largement à des différences non seulement socio-économiques, mais culturelles, va désormais de soi dans les politiques publiques en France. Plus encore, les politiques en Europe qui regardent l'éducation prioritaire ont, dans les années 1980, visé un public socialement et culturellement marqué, et territorialement fixé, nommément en France, les milieux dits populaires relevant de l'immigration de première et seconde générations. Elles concernent désormais, sous l'appellation de « publics à besoins particuliers », tout individu et toute différence, qu'elle soit handicap physique, inégalités sociales ou culturelles, ou, à l'autre bout de l'échelle scolaire, les enfants à haut potentiel intellectuel. Bref, la revendication est différencialiste et, sans aucun doute, ceux qui en sont porteurs sont ici davantage au centre de la société qu'à sa périphérie.

Dans un même esprit, les tendances vite désignées et dénoncées en France comme communautaristes, apparaissent à la fois comme l'aboutissement et comme une contestation des politiques effectives d'assimilation. Car c'est volontairement par exemple que les jeunes filles issues de la troisième génération d'immigration portent le *hidjeb*; c'est bien au nom des droits de l'individu à suivre le culte de son choix et à revendiquer l'appartenance religieuse et culturelle dans laquelle il pense construire son identité.

Le pluralisme apparaît en réaction contre la politique d'Américanisation avons-nous dit. Or, point n'est besoin d'insister sur le caractère assimilationniste de la conception française de la laïcité, comme de la définition et des conditions d'accès à la nationalité en France.

1. *Ibid.*, p. 434.

Remarquons simplement que cela implique la reconnaissance des individus et l'ignorance de tout intermédiaire entre l'individu et la communauté dont l'expression est la loi. Cela implique le déni politique de principe, par conséquent, du groupe minoritaire auquel cet individu appartient sur un plan pensé alors comme strictement privé. La formule de Clermont-Tonnerre résume cette position de principe, qui proclamait à l'appui de la politique d'émancipation des Juifs au moment de la Révolution française : « Il faut tout refuser aux Juifs comme nation et tout leur accorder comme individus ». Les choses restent identiques : il n'existe constitutionnellement qu'une seule communauté, un seul peuple, communauté nationale et communauté des citoyens ; il n'existe ni peuple corse ou breton, ni communauté juive ou musulmane. Seules des revendications individuelles peuvent alors être entendues, et toute attitude ou tout comportement qui relève d'une expression culturelle minoritaire dans l'espace public, est, tel le port du voile intégral, *Jilbab* ou *burka* ou *nikab*, susceptible d'inquiéter et est donc interdit.

Telle serait l'évolution de la société française. Pour les Juifs ashkénazes qui arrivaient en France, chassés par les pogroms ou la misère de l'humiliation, l'important était de s'intégrer à cette société d'accueil au point de se faire invisibles. Et les lieux communautaires comme lieux d'identité et d'entraide restaient privés. La particularité aujourd'hui se veut visible et se revendique comme manifestation des libertés individuelles.

Pour reprendre une formule de Marcel Gauchet, dans ces revendications se lit une prescription nouvelle : « vous avez à rejoindre intérieurement ce qu'il vous est donné d'être extérieurement »[1]. L'affichage d'identités dans les particularités revendiquées relève de la subjectivisation des droits et de la privatisation des libertés. « Appartenances et même inhérences deviennent constitutives de l'identité personnelle dans la mesure où elles se subjectivisent »[2]. Ainsi vont les choses. Comme le remarque Michael Walzer : « Plus que tout autre pays d'Europe, la France aura été une société d'immigration. Et cependant, elle n'est pas une société pluraliste – ou du moins ne se considère – ni n'est tenue – pour telle »[3]. Là se situe une ligne de partage forte entre la société américaine et la société française. La France serait l'archétype de l'État-Nation, quand les États-Unis d'Amérique représenteraient le modèle même des sociétés

1. M. Gauchet, *La Religion dans la démocratie, parcours d'une laïcité*, Paris, Gallimard, 1998, p. 91.

2. *Ibid.*

3. M. Walzer, *On toleration*, trad. fr. C. Hutner, *Traité sur la tolérance*, Paris, Gallimard, 1998, p. 62.

d'immigration. France et États-Unis renvoient ainsi à deux modalités fort différentes d'intégration des minorités : ils incarnent deux régimes distincts de tolérance. Or, remarque Walzer, « l'État-nation n'est ni historiquement, ni culturellement neutre : tout l'appareil politique est au service de la reproduction nationale ». L'État-nation suppose non pas une homogénéité effective d'une communauté, ethnique ou religieuse par exemple. Il implique un rapport de domination d'un groupe, avec sa culture et son histoire propres et son projet de voir « se poursuivre cette histoire, se pérenniser cette culture ». Une éducation nationale est dans cette perspective tout à fait essentielle : « Ce projet détermine dès lors les orientations de l'Éducation nationale, les symboles et cérémonies de la vie publique, l'organisation du calendrier officiel et le choix des jours fériés »[1].

Et Walzer remarque que quiconque s'est penché sur les critères de naturalisation en France sait que « l'étranger était bienvenu pourvu qu'il apprît la langue française, qu'il s'engageât pour la République, qu'il confiât ses enfants à l'école publique et qu'il célébrât le jour de la prise de la Bastille »[2].

La complexité de la société française d'aujourd'hui tiendrait à ce qu'elle devient une société d'immigration. Non pas, répétons-le, que le phénomène de l'immigration soit nouveau. Mais, alors même que les flux migratoires peuvent être moins importants qu'ils ont pu l'être tout au long du XXe siècle, l'immigration vient ébranler la représentation que la société française a d'elle même.

C'est sans doute que la puissance déclinante de la Nation vient fragiliser la domination du modèle. Or, comme le remarque Rorty, « l'orgueil national est au pays ce que l'estime de soi est aux individus : une condition nécessaire pour aller de l'avant »[3]. Difficile pour une situation française qui prête davantage à un discours déploratoire du déclin, de s'affirmer et d'aller de l'avant dans ce qui la constitue en propre. Là encore Rorty peut exprimer cette attitude, qui critique le devenir de la gauche américaine. Il voit dans la gauche américaine l'esprit de l'Amérique, et proclame : « Whitman et Dewey (...) ont proposé une nouvelle conception de ce qu'était l'Amérique, dans l'espoir de mobiliser les Américains pour

1. *Ibid.*, p. 44.

2. *Ibid.*, p. 63.

3. R. Rorty, *Acheiving Our Country : LeftistThought in Twentieth Century America*, Harvard University Press, 1998, trad.fr. D. Machu, *L'Amérique : un projet inachevé. La pensée de gauche dans l'Amérique du vingtième siècle*, Pau, Publications de l'université de Pau, 2001, p. 15.

en faire des agents politiques». Mais la gauche actuelle cesse d'être une gauche car elle « devient spectatrice et évoque le passé » [1].

Cette situation n'est pas, pour le coup, proprement le fait de l'Amérique contemporaine.

Un autre facteur tient aussi à ce que les immigrés d'aujourd'hui ont à composer avec une histoire qui écartèle leurs intérêts et leurs identifications. Les germano-américains du temps de la première Guerre Mondiale, avaient quelque mal à faire admettre leur double allégeance. En un même sens et pour les mêmes raisons, sinon qu'elles tiennent au passé, les petits enfants des anciens sujets colonisés et surtout les enfants et petits enfants des combattants de l'indépendance de pays tels l'Algérie en particulier, ont quelque mal à réconcilier en eux-mêmes les deux romans historiques.

Ajoutons que la fragmentation sociale et territoriale de sa composition et de la distribution de ses inégalités sociales, vient mettre en question la proclamation de l'unité. La «ghettoïsation» sociale, de riches d'abord, pour finir dans les «quartiers» relégués où l'on vit quand on n'a plus de plus pauvres à fuir ou à éviter[2], structure la visibilité d'une pluralité de conditions de vie sur fond d'égalité des conditions. Bref, la société française qui affiche constitutionnellement l'unité de sa communauté, se trouve confrontée à l'éclatement des groupes qui la constituent, dans un moment même où elle se trouve idéologiquement et symboliquement fragilisée.

Certes la situation n'est pas celle de l'Amérique. La France s'est construite avec une diversité sur fond d'homogénéité sociologique. Les États-Unis d'Amérique se sont construits par l'unification progressive sur fond de pluralité et de différences culturelles et religieuses. Mais dans les deux cas, il s'agit de concilier la revendication au pluralisme sans pour autant faire éclater l'unité nationale. A cet égard, nous l'avons vu, le pragmatisme et les positions de Dewey en particulier, permettent, à l'encontre du pluralisme culturel de Kallen, et du multiculturalisme, de poser le problème, et d'esquisser une hypothèse de résolution. La société est tel un orchestre où chacun joue sa partition, mais il est indispensable, pour qu'il y ait exécution musicale, qu'un chef d'orchestre puisse réguler le jeu de chacun. On peut certes tenir qu'il n'y a pas de partition écrite à l'avance et qui déterminerait entièrement le jeu de chacun, mais l'espace des libertés est à ce prix que chacun puisse, dans les effets mêmes qu'il produit, prendre

1. R. Rorty, *L'Amérique : un projet inachevé*, *op. cit.*, p. 23-24.

2. Voir M. Pinçon-Charlot et M. Pincon, *Les Ghettos du Gotha. Comment la bourgeoisie défend ses espaces*, Paris, Seuil, 2007. Voir aussi E. Morin, *Le Ghetto français. Enquête sur le séparatisme social*, Paris, Seuil, 2004.

en compte le jeu de l'autre. Communication, échange, interaction et organisation administrative publique du jeu des expressions et des productions, sont alors les conditions mêmes de l'expression plurielle. L'éducation et l'organisation d'un public sont alors les réquisits d'une démocratie effective parce que toujours à construire.

UNE PHILOSOPHIE AMÉRICAINE

Défense de la démocratie : sans aucun doute le pragmatisme est résolument démocrate et voit dans les États-Unis l'expression de l'esprit démocratique.

Mais qu'est-ce qu'être américain ? C'est Rorty qui le définit le plus clairement. Rorty qui se réclame et se proclame américain *et* pragmatiste, et qui affirme que le pragmatisme est américain. « Des étiquettes et des slogans variés sont associés à ce mouvement anti-essentialiste et anti-métaphysique qui traverse les diverses traditions occidentales ». Et de préciser : « Le terme auquel je préfère personnellement recourir, peut-être *pour des raisons purement patriotiques* est celui de pragmatisme »[1]. Comme Dewey, Rorty lie le pragmatisme à la démocratie et à la démocratie américaine. Cela tient, note-t-il, à ce que « ce pays et ses philosophes les plus distingués, nous suggèrent que nous pouvons en politique, mettre l'espoir à la place de cette connaissance tout-à-fait spécifique que les philosophes ont coutume d'essayer d'atteindre ». Tel serait ainsi le trait distinctif de l'Amérique, qu'il réfère moins à l'espace qu'au temps, et qu'il s'inscrit non pas dans le regard nostalgique vers le passé, mais vers l'avenir et l'indétermination de l'avenir. En résumé, « L'Amérique a toujours été un pays orienté vers le futur, un pays qui se réjouit toujours de s'être inventé lui-même dans un passé relativement récent »[2]. Là serait sans doute le clivage entre l'Amérique et le vieux continent : distinction entre passé et futur. Pays du *self government*, qui vit de la confiance que chacun a en ses propres capacités, il est aussi le pays de la conquête et de la frontière. La question n'est pas ainsi le repli et la clôture de sociétés et d'États-nations qui s'édifient dans le conflit et dans la distinction à l'égard du voisin. Les États-Unis d'Amérique sont construits sur l'extension d'un territoire à conquérir, d'un espace ouvert à déterminer. Au lieu que l'avenir de soi trouve sa possibilité dans la différenciation avec l'histoire de l'autre,

1. R. Rorty, *L'espoir au lieu du savoir : introduction au pragmatisme*, trad. fr. et éd. C. Cowan et J. Poulain, Paris, Albin Michel, 1995, p. 58. Souligné par nous.

2. *Ibid.*, p. 13.

l'Amérique doit construire son identité par la reconnaissance de ce que chacun peut apporter. De la sorte « l'Amérique confie pratiquement au seul futur sa justification et son succès », et le pragmatisme peut être affirmé comme « une apothéose du futur »[1].

L'avenir en regard du passé, la politique à la place de la philosophie substantialiste, tels sont les traits saillants du pragmatisme et de l'esprit américain. En cela James et Dewey sont proprement américains, et Rorty qui s'en réclame, pour qui ils sont comme des maîtres, peut s'affirmer philosophe américain. « James et Dewey, proclame-t-il, ont délibérément établi un lien entre leurs doctrines philosophiques et le pays dont ils étaient d'éminents citoyens ». Ainsi prirent-ils « l'Amérique au sérieux : tous deux réfléchirent sur la signification de leur pays pour l'histoire du monde »[2].

Il n'est pour cela que de rappeler l'engagement politique de Dewey et l'impact qu'il a eu dans les divers pays où il a séjourné, et où il a contribué aux transformations demandées.

On peut comprendre ainsi qu'au moment où il s'agit pour les pays de la vieille Europe de construire leur union dans le dépassement des antagonismes et des conflits d'une longue histoire partagée, l'avenir peut apparaître comme l'horizon d'une puissance à retrouver. Ce n'est pas ainsi le modèle américain qui, de l'extérieur, s'imposerait. Ce sont les exigences internes à la dynamique d'une survie des pays de l'Europe, qui leur impose de quitter l'obsession du passé pour élaborer les conditions d'une coopération. Sorte de « grande société » comme le disait Dewey, l'organisation de l'union européenne entend faire s'échanger, communiquer et coopérer l'ensemble des États-nations, comme autant de groupes ou d'associations d'une société pluraliste. L'idée d'Europe est bien ainsi, comme la démocratie, une expérience. Elle est perpétuellement à construire. L'éducation à l'Europe va ainsi de pair avec l'éducation à la démocratie, c'est-à-dire l'éducation à la recherche expérimentale, à l'enquête qui toujours implique échange, transaction et coopération. C'est, alors, affirme Dewey, qu'une reconstruction philosophique « permettrait la coopération de ceux qui respectent le passé et ce que les institutions garantissent, avec ceux qui souhaitent travailler à l'avènement d'un avenir meilleur, plus libre »[3].

1. R. Rorty, *L'espoir au lieu du savoir : introduction au pragmatisme*, *op. cit.*, p. 21 et p. 23.

2. *Ibid.*, p. 18.

3. J. Dewey, *Reconstruction en philosophie*, *op. cit.*, p. 102.

LE PRAGMATISME ET SES DÉTERMINATIONS

Rorty nous précise ainsi ce que le pragmatisme veut dire. Il en énonce des déterminations qui se répondent les unes aux autres.

La première tient au refus du substantialisme. Le pragmatisme, reprenant en cela les exigences du rasoir d'Occam, s'attache, selon une formule de Quine, à « nettoyer les bidonvilles ontologiques ». Il débarrasse la pensée des entités métaphysiques superflues. « Ma première caractérisation du pragmatisme, affirme Rorty, voit en lui un anti-essentialisme (…). Il n'y a d'essences nulle part qui permette de critiquer le cours de la recherche ou de lui apporter une garantie » [1].

La seconde détermination coule alors de source, poussée jusqu'à ses conséquences ultimes dans l'empirisme radical de James et l'affirmation d'une hypothèse : le monisme neutre. Elle est refus, réfutation de toute forme de dualisme de nature, qu'elle soit ontologique, gnoséologique, politique ou éthique. On se rappelle ce que disait Dewey de ce moment où « la science sera pleinement consciente de la valeur de l'homme », alors « le dualisme qui constitue aujourd'hui le plus lourd fardeau que l'humanité ait à porter c'est-à-dire le divorce entre le registre de l'idéal et de la morale d'une part, celui du matériel, du mécanique et du scientifique d'autre part, sera aboli » [2].

Rorty insiste, qui fait de cette abolition une caractérisation, la seconde, du pragmatisme :

> il n'existe pas de différence gnoséologique entre la vérité sur ce qui doit être et la vérité sur ce qui est, ni de différence métaphysique entre les faits et les valeurs, pas plus qu'une différence de méthode entre la moralité et la science [3].

Dewey n'a eu de cesse de montrer que tous les dualismes empêchaient une pensée effective, de récuser l'opposition entre individu et social, entre théorique et pratique, entre croyance et savoir, entre idée et action. C'est bien alors que l'on peut comprendre que l'on puisse défendre une conception d'un savoir libéré du pouvoir, et que l'on puisse proclamer la priorité de la solidarité sur l'objectivité. Le pragmatisme, très explicitement celui de Dewey et de Rorty, affiche le rejet d'une théorie contemplative, spéculaire de la connaissance. Tous deux refusent ce modèle platonicien

1. Pour cette caractérisation voir R. Rorty, « Pragmatisme, relativisme et irrationalisme », dans *Conséquences du pragmatisme*, *op. cit.*, p. 301-310.

2. J. Dewey, *Reconstruction en philosophie*, *op. cit.*, p. 147.

3. R. Rorty, « Pragmatisme, relativisme et irrationalisme », *op. cit.*, p. 304.

qui cherche l'exactitude de la représentation, qui fait de la pensée la découverte d'un déjà-là au lieu de s'attacher à une enquête productrice et créatrice de nouveaux rapports de connaissance et de nouvelles conditions de transformation des états de choses.

La troisième caractérisation du pragmatisme est ainsi forte et elle alimente les objections de relativisme qu'on lui oppose. Elle est marquée par le refus de toute contrainte extérieure et transcendante. Le pragmatisme est affirmation de la contingence de tous nos points de départ. Le politique prend le pas sur l'épistémologique. La solidarité prime sur l'objectivité. C'est que l'important pour élaborer nos croyances, n'est pas une pseudo adéquation avec des faits qui seraient extérieurs et contraignants. L'essentiel tient à la communication et à son maintien pour décider des différends et des accords.

> Le pragmatisme est la doctrine pour laquelle la recherche n'est soumise à aucune contrainte, sinon celle de la conversation – aucune contrainte globale, issue de la nature des objets, de l'esprit ou du langage, mais uniquement des contraintes de détail qui émanent des remarques de nos interlocuteurs dans la recherche [1].

Et c'est là, précise-t-il, la caractérisation qu'il préfère. Elle témoigne d'un choix fondamental entre le fait d'accepter le caractère contingent de nos points de départ, ou au contraire, soucieux de sécurité, tenter coûte que coûte d'échapper à cette contingence. Le pragmatisme décide pour la première proposition. Or, « Accepter la contingence des points de départ, cela revient à accepter que notre seul guide réside dans ce que nous devons aux autres hommes et à notre conversation avec eux » [2].

On peut voir ici l'importance de l'éducation dans la constitution de la solidarité, et en conséquence de l'assertabilité de nos croyances. Répétons-le, loin d'être un individualisme brut, *rugged*, et de partager avec le relativisme ce postulat « monstrueux » d'une nudité absolue de l'individu, le pragmatisme met ses espoirs dans la continuité des générations, et dans l'éducation comme moyen de transmettre pour mieux s'adapter aux possibles contingents, pour construire et transformer. Il fait de l'éducation le corrélat ou le moyen propre de la démocratie.

Bref, ce qui compte pour les pragmatistes « ce n'est pas notre espoir de voir les choses de manière juste, mais notre loyauté à l'égard des autres êtres humains unis contre les ténèbres ». L'honneur pour un pragmatiste ne consiste pas « dans notre obéissance à des contraintes permanentes

1. R. Rorty, « Pragmatisme, relativisme et irrationalisme », *op. cit.*, p. 307.
2. *Ibid.*, p. 308.

étrangères à l'homme». Il réside au contraire «dans la contribution que nous apportons à des projets humains faillibles et transitoires»[1]. Le pragmatisme, comme l'esprit américain, affirme l'importance du développement pour chacun de ses capacités pour l'amélioration générale de l'humanité. Le méliorisme, à la différence d'un perfectionnisme qui suppose que l'on vise une essence déjà là, se contente d'affirmer la continuité de l'ordre des possibles pour une adaptation optimale relative. Le perfectionnisme suppose une distance entre la fin et les moyens, comme il postule un écart entre ce qui est et ce qui doit être. Le méliorisme, fidèle en cela à la récusation de la dichotomie des faits et des valeurs, se contente d'affirmer le caractère expérimental de ce que nous vivons, et suivant les processus vitaux eux-mêmes, se contente d'affirmer la continuité du développement de ce qui est, pour assurer les conditions d'une adaptation aussi optimale que possible, celle-ci produisant, par les transactions avec l'environnement, réformes et transformations. «Le processus de croissance, d'amélioration et de progrès et non l'issue et le résultat statique devient l'élément important». Dès lors, «La fin n'est plus un terme ou une limite à atteindre; c'est le processus actif de transformation de la situation existante»[2].

Le pragmatisme et la démocratie américaine sont bien ainsi liés. Désenchantement du monde et sécularisation radicale de la culture se combinent avec l'affirmation d'une priorité de la politique sur la philosophie. Tel est en tout cas l'enjeu de l'héritage de Dewey pour qui «le désenchantement commun et public est le prix à payer pour la libération individuelle et privée, le genre de libération dont Emerson pensait qu'elle caractérisait l'Amérique». Car Emerson «admirait l'habitude américaine qui consiste à accorder à la démocratie la priorité sur la philosophie»[3].

Reste que l'invitation de Rorty et des pragmatistes pour s'attacher à la liberté individuelle n'est pas confortable. En refusant toute métaphysique, elle fait de la démocratie une expérience. L'espoir au lieu de l'idéal de savoir, «utopie ironiste» dit Rorty, en décalage, en non assurance d'elle-même, toujours en recherche et toujours arrimée sur des bases contingentes : tel est le programme auquel nous sommes conviés. La démocratie, comme l'Amérique est une expérience : elle peut échouer, il peut ne rien rester des acquis des révolutions démocratiques. Peu importe dit Rorty, il nous suffit de penser que nos descendants garderont cette confiance dans les institutions démocratiques en les vivant comme «des expériences de

1. *Ibid.*, p. 308-309.
2. J. Dewey, *Reconstruction en philosophie*, *op. cit.*, p. 149.
3. R. Rorty, «La priorité de la démocratie sur la philosophie», *op. cit.*, p. 220.

coopération », et en abandonnant cette illusion qu'elles puissent incarner « un ordre universel et indépendant de l'histoire » [1].

Nous voilà donc bien perturbés, nous Français plus encore qu'Européens, qui sommes attachés à une république qui, se faisant idéal incarné, prétend réaliser l'universel humain. Nous voilà bien chargés de cette école, institution sociale certes, qui a pour mission de faire accéder les individus à leur émancipation humaine, conférant du même coup à la souveraineté du peuple sa matière et sa légitimité. Nous voilà bien perplexes devant cette langue qui, langue de la déclaration des droits et des droits de l'homme, inscrirait une nature de la liberté et une proclamation universelle de l'égalité des droits. Nous voici secoués, nous qui en proclamant la toute puissance de la rationalité, faisons de l'unicité du pôle d'excellence l'un des *credo* de notre éducation scolaire. Les pragmatistes américains viennent perturber les assises même de ce que nous pensons être notre culture, l'horizon de nos discours, les motivations de notre praxis.

Et pourtant, à bien y regarder c'est l'ensemble de ces traits qui semblent ne plus fonctionner pratiquement. Tout particulièrement, longtemps posée comme moyen privilégié de l'émancipation des individus, l'institution scolaire se trouve aujourd'hui confrontée à une coexistence, à une tension entre deux formes d'organisation socio-politique. L'une donne priorité à l'incorporation dans une totalité en quelque manière transcendante et vise au bout du compte à la réalisation d'une unité, à cette condition pour l'individu de faire abstraction de ce qui le particularise et de ce qui le singularise. L'autre mode d'organisation socio-politique s'attache à l'expression plurielle des individualités, fait de l'organisation sociale le résultat des transactions et des participations. En outre, par sa forme d'institution, et par la structure effective qui la gouverne et qui l'organise, l'école, particulièrement en France, proclame et revendique la république. Mais quant à l'effectivité de ce qui se passe et de ce qui se fait à l'école, on peut observer que ses agents et ses usagers prennent de fait en compte les tendances lourdes d'une démocratie des individus. L'école participe à cette expression des aspirations et des libertés privées qui, selon ses cadres institutionnels-mêmes devraient être rejetés hors de son espace. Ainsi l'école et les enseignants sont-ils en France aujourd'hui, offerts à deux ordres d'exigence difficilement conciliables. Mission de fonctionnaire et devoir de diligence d'un côté; efficacité et responsabilité de l'autre; culture de l'inspection *versus* logique de l'évaluation; unité de

1. R. Rorty, « La priorité de la démocratie sur la philosophie », *op. cit.*, p. 222.

programmes nationaux *versus* décentralisation, et autonomie des établissements *versus* la construction par l'élève de son parcours et de son curriculum. C'est peut-être pour manquer cet ensemble de tensions que les réformes successives du système éducatif rencontrent des résistances et semblent être vouées à l'échec.

Mais c'est sans doute pour surmonter et dépasser ces tensions que le pragmatisme fait apparaître son utilité. Car le pragmatisme substitue l'expérience aux principes *a priori* : « La raison est une intelligence expérimentale ». Ce faisant le pragmatisme nous invite à cultiver la raison et à former l'intelligence. Car la raison qui soumet toujours ainsi ce qu'elle produit à l'expérience, « libère l'homme des liens du passé tissé à force d'ignorance et de hasards érigés en coutumes. Elle propose la vision d'un avenir meilleur et aide l'homme à le construire ». Les projets humains qui peuvent être définis comme des hypothèses à mettre en pratique, hypothèses qui peuvent être désignées comme « programmes d'action dans la mesure où elles sont destinées à rendre nos actes futurs moins aveugles, plus délibérés, mais elles sont nécessairement souples ». La conséquence, on le voit, est que la raison, comme intelligence expérimentale, ne saurait être achevée : elle est en perpétuels changement, adaptation et révision. Elle se forme et se construit sans cesse. L'intelligence

> est constamment en formation et la retenir demande une attention permanente aux conséquences de l'action. Elle demande aussi une ouverture d'esprit nécessaire pour apprendre, et du courage pour apporter les changements nécessaires [1].

Tel est l'horizon du programme pragmatiste qui nous permet de dépasser à la fois l'absolutisme et l'individualisme strict. Le pragmatisme incarne en quelque manière le processus effectif de la sécularisation de la culture. « Le désenchantement commun et public est le prix à payer pour la libération individuelle et privée » [2]. Proclamant la contingence de nos points de départ et la priorité de la coopération et de la solidarité sur l'objectivité, il nous demande « d'expérimenter ce que Sartre appelait un "athéisme conséquent", c'est-à-dire une image de nous-mêmes comme aussi locaux et transitoires que n'importe quelle autre espèce animale, sans être pire pour cela » [3]. Bien au contraire pourrions-nous dire, car, contrairement à cette proclamation d'une raison universelle « absolutiste »,

1. J. Dewey, *Reconstruction en philosophie*, *op. cit.*, p. 99.
2. R. Rorty, « La priorité de la démocratie sur la philosophie », *op. cit.*, p. 220.
3. R. Rorty, « Réponse de Hilary Putnam », dans J.-P. Cometti (éd.), *Lire Rorty, Le pragmatisme et ses conséquences*, *op. cit.*, p. 168.

la formation d'une « intelligence expérimentale et modulable » nous rend responsables. Le rationalisme historique

> a créé un climat intellectuel d'irresponsabilité et de négligence. Irresponsabilité parce que le rationalisme tient pour acquis que les concepts de la raison se suffisent à eux-mêmes et dépassent l'expérience au point que toute confirmation de l'expérience est aussi inutile qu'impossible. Négligence parce que ce même présupposé rend les hommes désinvoltes en matière d'observations et d'expériences concrètes [1].

Loin d'émanciper les individus, une telle conception provoque une « curieuse surestimation des systèmes de l'ordre » [2]. Tout au contraire on peut valoriser le pragmatisme en ce qu'il « considère les êtres humains principalement comme des créateurs d'eux-mêmes » [3].

1. J. Dewey, *Reconstruction en philosophie*, *op. cit.*, p. 99.
2. J. Dewey, *Reconstruction en philosophie*, *op. cit.*, p. 100.
3. R. Rorty, « Réponse à Vincent Descombes », dans J.-P. Cometti (éd.), *Lire Rorty*, *op. cit.*, p. 168.

BIBLIOGRAPHIE

BELLAVAL Y., *Les philosophes et leur langage*, Paris, Gallimard, 1952.

BOUDON R et CLAVELIN M. (dir.), *Le Relativisme est-il résistible ? Regards sur la sociologie des sciences*, Paris, P.U.F., 1994.

BOUTAN P. et SOREL E. (dir.), *Le plan Langevin-Wallon*, Paris, P.U.F., 1998.

CHANGEUX J-P., *L'Homme neuronal*, Paris, Fayard, 1983.

CHING-SZE WANG J., *John Dewey in China, To teach and to learn*, Albany, State University of New York Press, 2007.

CLAPAREDE É., « La pédagogie de M. John Dewey », Introduction à John Dewey, *L'École et l'Enfant*, Neuchâtel, Delachaux & Niestlé, 5ᵉ édition, 1953.

CLAVELIN M. et BOUDON R. (dir.), *Le Relativisme est-il résistible ? Regards sur la sociologie des sciences*, Paris, P.U.F., 1994.

COMETTI J.-P. (dir.), *Lire Rorty, Le pragmatisme et ses conséquences*, Combas, Éditions de l'Éclat, 1992.

– « Le pluralisme pragmatiste et la question du relativisme », *Archives de philosophie*, 2001/1, Tome 64, p. 21-39.

– *Qu'est-ce que le Pragmatisme*, Paris, Folio-Gallimard, 2010.

DELEDALLE G., *Histoire de la philosophie américaine*, Paris, P.U.F., 1954.

– *La Pédagogie de John Dewey*, Paris, Édition du Scarabée, 1965.

– *L'Idée d'expérience dans la philosophie de John Dewey*, Paris, P.U.F., 1967.

– *Le Pragmatisme. Textes choisis*, Paris, Bordas, 1971.

– « Les pragmatistes et la nature du pragmatisme », *Revue philosophique de Louvain*, 4ᵉ série 1979, t. 77, n° 36.

– *Charles S. Pierce, phénoménologue et sémioticien*, Amsterdam, Benjamins, 1987.

– *Introduction et traduction de* l'École et l'enfant *de J. Dewey*, Paris, Fabert, 2004.

DEWEY J., *L'École et l'enfant*, recueil d'essais traduits par L.S. Pidoux avec une introduction d'É. Claparède, Neuchâtel, Delachaux et Niestlé, 1913, édition revue et augmentée par G. Deledalle, Paris, Fabert, 2004.

– *My Pedagogic Creed*, New York, Kallog & Co., trad. fr. Ou Tsuin-Chen, dans Ou Tsuin-Chen, *La Doctrine pédagogique de John Dewey*, Paris, Vrin, 1958, p. 255-272.

– *How we think*, Boston, D.C. Reath & Co., (1910-1933), trad. fr. O. Decroly, *Comment nous pensons*, Paris, Flammarion, 1925, rééd., Paris, Seuil-Les Empêcheurs de Penser en rond, 2004.

– *Democracy and Education. An Introduction to the Philosohy of Education*, New York, Macmillan Publishing Co., 1916, rééd., *John Dewey Middles Works (1899-1924)*, vol. 9, J.A. Boydston (éd.), Carbondale, Southern Illinois University Press, 1977, *Démocratie et éducation. Introduction à la philosophie de l'éducation*, trad. fr. G. Deledalle, Paris, Colin, 1975, rééd. 2011.

– *Reconstruction in philosophy* (1920), *Reconstruction en philosophie*, trad. fr. de P. Di Mascio, avec une Préface de R. Rorty, Pau, Publications de l'université de Pau-Farrago-Editions Léo Scheer, 2003.

– « Le développement du pragmatisme américain », *Revue de métaphysique et de morale*, oct. 1922.

– *The Public and its Problems*, New York, Henry Holt & Co., 1927, trad. fr. J. Zask, *Le public et ses problèmes*, Pau, Publications de l'université de Pau-Farrago-Editions Léo Scheer, 2003.

– *Logic : The theory of Enquiry*, Henry Holt ans Cie, 1938, trad. fr. G. Deledalle, *Logique. La théorie de l'enquête*, Paris, P.U.F., 1967 ; 2006.

– *Liberalism and social action*, Kennedy, 1950, rééd. London, Collector's Edition, 2010.

– *Individualismold and new*, Kennedy, 1950, rééd. London, Collector's Edition, 2010.

DUHEM P., *La théorie physique. Son objet, sa structure* (1906), Paris, Vrin, 2007.

DUMONT L., *Essais sur l'individualisme*, Paris, Seuil, 1983, rééd. Points, 1991.

DURKHEIM E., *Pragmatisme et sociologie*, Paris, Vrin, 1955.

FABRE M., *Philosophie et pédagogie du problème*, Paris, Vrin, 2009.

– *Eduquer pour un monde problématique. La carte et la boussole*, Paris, P.U.F., 2011.

FRELAT-KAHN B., *L'École en France et la pensée libérale*, Paris, Ellipses, 1999.

– « Lecture d'un américain : Richard Rorty », *Le Télémaque* n°20, Caen, P.U.C., 2001, p. 39-51.

– « Nous sommes tous américains : une solidarité sans communauté », dans H. Vincent (dir.), *Citoyen du monde, Enjeux, responsabilités, concepts*, Paris, L'Harmattan, p. 131-143.

– « La philosophie de Rorty : un paradigme de la pensée américaine », *Revue Recherches en éducation* n°5. *Pragmatisme et éducation*, Nantes, Cren, Nantes-net, 2008, p. 59-71.

– « Le relativisme : un malentendu culturel ? » dans A-M. Drouin-Hans (dir.), *Relativisme et éducation*, Paris, L'Harmattan, 2008, p. 37-49.

– « Le renversement des liens entre violence et école : de la politique à la police » dans A. Sirota (coord.), *Violence à l'école. Des violences vécues aux violences agies*, Paris, Bréal, 2009, p. 27-53.

GARRETA G., « Dewey et la pensée de James », *Philosophie* n°64, décembre 1999.

– « Le sujet comme "point de fuite". Dewey et la psychologie de James », *Philosophie* n° 64, décembre 1999.

– « L'école en révolution. L'application des méthodes deweyiennes en Russie soviétique », dans F. Jacquet-Francillon et D. Kambouchner (dir.), *La Crise de la culture scolaire*, Paris, P.U.F., 2005.

– et GIREL M., « Empirisme version radicale ». Préface à la traduction française des *Essays on radical empiricism*, *Essais d'empirisme radical*, Paris, Champs-Flammarion, 2005.

GAUCHET M., *La Religion dans la démocratie, parcours d'une laïcité*, Paris, Gallimard, 1998.

GIREL M. et GARRETA G., « Empirisme version radicale », Préface à la traduction française *des Essays on radical empiricism*, *Essais d'empirisme radical*, Paris, Champs-Flammarion, 2005.

GUTIERREZ L., « L'Oiseau bleu : histoire d'une revue rédigée par des enfants pour des enfants : 1922-1929 », *Le Télémaque*, n°32, Caen, P.U.C., 2007.

HAMELINE D., « Adolphe Ferrière (1879-1960), *Perspectives : revue trimestrielle d'éducation comparée*, Paris, UNESCO : Bureau international d'éducation, vol. XXIII, n° 1-2, mars-juin 1993.

JAMES W., *Essais in radical Empiricism (1884-1907)*, édition posthume 1912, trad. fr. G. Garreta et M. Girel, *Essais d'empirisme radical*, Paris, Champs-Flammarion, 2005.

– *A Pluralistic Universe, Hibbert Lectures at Manchester College on the Present Situation in Philosohy*, London, Bombay and Calcutta, Longmans, Green & Co., 1909, trad. fr. E. Le Brun et M. Paris, *La Philosophie de l'expérience*, Paris, Flammarion, 1914, nouv. trad. fr. S. Galetic, *Philosophie de l'expérience. Un univers pluraliste*, Paris, Les Empêcheurs de Penser en rond, 2007.

– *Pragmatism, a New Name for Some Old Ways of Thinking. Popular Lectures on Philosophy*, New York, Longmans, Green & Co., 1907, trad. fr E. Le Brun, *Le Pragmatisme*, Paris, Flammarion, 1968, nouv. trad. fr. de N. Ferron, Paris, Champs-Flammarion, 2007.

– *The will to believe*, trad. fr. de L. Moulin, Paris, Flammarion, 1916, rééd. Paris, Les Empêcheurs de Penser en rond, 2005.

– *The Meaning of Truth, A Sequel to "Pragmatism"*, New York, Longmans & Green, 1909, trad. fr. *La signification de la vérité. Une suite du pragmatisme*, Lausanne, Editions Antipodes, 1998.

JOAS H., « Durkheim et le Pragmatisme. La psychologie de la conscience et la constitution sociale des catégories », *Revue française de sociologie*, n°25-4, 1984.

LATOUR B., *Nous n'avons jamais été modernes. Essai d'anthropologie symétrique*, Paris, La Découverte, 1991, nouv. éd., 1997.

LEGRAND L., « L'Éducation nouvelle et ses ambiguïtés », *Revue française de pédagogie*, vol. 11, 1970.

LENINE V. I. OULIANOV (dit), *Matérialisme et empiriocriticisme « Notes critiques sur une philosophie réactionnaire »* (1909). La première édition française sous la traduction de Victor Serge est parue en 1928, rééd. Moscou, Editions du Progrès, Paris, Editions Sociales, 1973.

MADELRIEUX S., Préface W. James, *Le Pragmatisme*, Paris, Champs-Flammarion, 2007.

MADELRIEUX S., « Pluralisme anglais et pluralisme américain : Bertrand Russell et William James », *Archives de Philosophie*, 2006/3, t. 69, p. 375-393.

MEURET D., *Gouverner l'école, Une comparaison France/États-Unis*, Paris, P.U.F., 2007.

MORIN E., *Le Ghetto français. Enquête sur le séparatisme social*, Paris, Seuil, 2004.

MOUNCE H. O., *The Two Pragmatisms from Peirce to Rorty*, London, Routledge, 1997.

– « An outline of pragmatism », *Revue française d'études américaines* 2010/2, n° 124.

NUBIOLA J., « The reception of William James in continental Europe », *European Journal of Pragmatism and American Philosophy*, 2011, III-1.

OAKESCHOTT M., *On Human Conduct*, Oxford University Press, 1975, *De la Conduite humaine*, trad. fr. O. Sedeyn, Paris, P.U.F., 1995.

OTTAVI D. et GUTIERREZ L. (textes choisis et présentés par), *Roger Cousinet : un philosophe à l'épreuve de la pédagogie*, Lyon, INRP, Bibliothèque philosophique de l'éducation, 2007.

OU TSUIN-CHEN, *La Doctrine pédagogique de John Dewey*, Paris, Vrin, 1958.

PALLUAU N., « Les conditions d'émergence d'une élite : diffuser la réforme sociale par les Eclaireurs de France dans la décennie 1920 », *Le Télémaque* n°39, Caen, P.U.C., 2011.

PIERCE C. S, *Pragmatism and Pragmaticism*, 1934, trad. fr. C. Tiercelin et P. Thibaud (dir.), *Œuvres philosophiques I, Pragmatisme et pragmaticisme*, Paris, Cerf, 2002.

PINÇON-CHARLOT M. et PINÇON M., *Les Ghettos du Gotha. Comment la bourgeoisie défend ses espaces*, Paris, Seuil, 2007.

PUDAL R., « Pour une analyse comparée de l'engagement politique des intellectuels en France et aux États-Unis lors des procès de Moscou de 1936-1938 », *Sociétés contemporaines*, n° 64, 2006.

QUINE W. V. O., « Two Dogmas of Empiricism », 1951, in *From a Logical Point of View*, Cambridge, Harvard University Press, 1961.

– *Word and Object*, The MIT Press, 1960, trad. fr. J. Dopp et P. Gochet, *Le mot et la chose*, Paris, Flammarion, 1978.

– *Ontological Relativity and Others Essays*, New York, Columbia University Press, 1969, trad. fr. J. Largeault, *Relativité de l'ontologie et autres essais*, Paris, Aubier, 1977.

– *The Pragmatists'place in Empiricism*, *in* R. J. Mulvaney, P. M. Zeltner (eds.), *Pragmatism, its sources and Prospects*, Columbia, University of South Carolina Press, 1981, p. 21-39.

– *Pursuit of Truth*, (1990), *La Poursuite de la vérité*, trad. fr. M. Clavelin, Paris, Seuil, 1993.

RORTY R., *Philosophy and the Mirror of Nature*, Princeton University Press, 1979, trad. fr. T. Marchaisse, *L'Homme spéculaire*, Paris, Seuil, 1990.

– *Consequences of Pragmatism. Essays 1972-1980*, Minneapolis, University of Minnesota Press, 1982, trad. fr. J.-P. Cometti, *Conséquences du pragmatisme, Essais 1972-1980*, Paris, Seuil, 1993.

– *Contingency, Irony and Solidarity*, Cambridge, Cambridge University Press, 1989, trad. fr. P.-E. Dauzat, *Contingence, Ironie et solidarité*, Paris, Colin, 1993.

– *Science et solidarité, la vérité sans le pouvoir*, trad. fr. J.-P. Cometti, Combas, Éditions de l'Éclat, 1990.

– *Objectivity, Relativism and Truth, Philosophical Papers I*, Cambridge University Press, 1991, trad. fr. J.-P. Cometti, *Objectivisme, relativisme et vérité*, Paris, P.U.F., 1994.

– *Réponses à J. Bouveresse, V. Descombes, T. McCarthy, A. Nehamas, H. Putnam* dans J.-P. Cometti (éd.), *Lire Rorty, Le pragmatisme et ses conséquences*, Combas, Editions de l'Éclat, 1992.

– *L'espoir au lieu du savoir*, éd. établie par C. Cowan et J. Poulain, Paris, Albin Michel, 1995.

– *Acheiving Our Country : Left ist Thought in Twentieth Century America*, Harvard University Press, 1998, trad. fr. D. Machu, *L'Amérique : un projet inachevé. La pensée de gauche dans l'Amérique du vingtième siècle*, Pau, Publications de l'université de Pau, 2001.

– *Philosophy and Social Hope*, London, Penguin Books, 2006.

RUSSELL B., *Philosophical Essays*, London, Allen & Unwin, 1910, trad. fr. F. Clementz et J.-P. Cometti, *Essais philosophiques*, Paris, P.U.F., 1997.

– *Our Knowledge of External World*, London, Routledge, 1914, trad. fr. Ph. Devaux, *La Méthode scientifique en philosophie*, Paris, Vrin, 1929, rééd. Paris, Payot, 1971, rééd. 2002.

– *Logic and Knowledge, Essays 1901-1950*, R.C. Marsch (éd), London, Allen & Unwin, 1956, rééd. 1977.

– *Mysticism and Logic*, London, Allen & Unwin, 1917, rééd. 1976 trad. fr. D. Vernant (dir.), *Mysticisme et logique*, Paris, Vrin, 2007.

– *Écrits de Logique philosophique*, Paris, P.U.F., 1989. Ouvrage comportant la traduction française par J.-M. Roy de divers essais : et en particulier *The Philosophy of Logical Atomism* selon le recueil de R.C. Marsch, London, Allen and Unwin, 1956.

– *An Inquiry into Meaning and Truth*, 1940, trad. fr. Ph. Devaux, *Signification et vérité*, Paris, Flammarion, 1969.

– *My Philosophical Development*, London, Allen & Unwin, trad. fr. G. Auclair, *Histoire de mes idées philosophiques*, Paris, Gallimard, 1961, réimp. Tel-Gallimard, 1989.

SAVOYE A., « Le mythe de l'éducation moderne au XXIe siècle : la part de Makarenko », *Le Télémaque*, n°40, Caen, P.U.C., 2011, p. 63-74.

SCHNEIDER J. H., « John Dewey in France », *Studies in Philosophy and Education*, 19, 2000.

SEARLE J., « Langage, conscience, rationalité : une philosophie naturelle, entretien avec John Searle », *Le Débat*, n° 109, mars-avril 2000.

SENNET R., *The Fall of the Public Man*, New York, Alfred A. Knopf Inc, 1974, trad. fr. A. Berman, R. Folkman, *Les Tyrannies de l'intimité*, Paris, Seuil, 1979.

SNYDERS G., *Où vont les pédagogies non directives ?* Paris, P.U.F., 1973, éd. revue et aug., 1975.

TROCHU T., Préface à la réédition de J. Wahl, *Les philosophes pluralistes d'Angleterre et d'Amérique*, Paris, Les Empêcheurs de Penser en rond, 2005, p. 9-22.

VINCENT J.-D., *La Chair et le diable*, Paris, Odile Jacob, 2000.

VYGOTSKI L., *Pensée et langage*, trad. fr. F. Sève, Paris, Messidor-Editions sociales, 1985.

WAHL J., *Les Philosophes pluralistes d'Angleterre et d'Amérique*, Paris, Felix Alcan, 1920, rééd., Paris, Les Empêcheurs de Penser en rond, 2005.

WALZER M., *On toleration* (1997), *Traité sur la tolérance*, trad. fr. C. Hutner, Paris, Gallimard, 1998.

WEISBLATT K., « La prise en charge des *bezprizorniki* en URSS », *Matériaux pour l'histoire de notre temps*, n°25, 1991.

WESTBROOK R. B., *John Dewey and American Democracy*, Ithaca, Cornell University Press, 1991.

ZASK J., Préface à la traduction française de J. Dewey, *Le public et ses problèmes*, Pau, Publications de l'université de Pau-Farrago-Editions Léo Scheer, 2003.

– « Situation ou contexte? Une lecture de Dewey » in *John Dewey, Revue Internationale de philosophie*, Brussels, N° 3, septembre 2008.

ZUNZ O., « Génèse du pluralisme américain », Les sociétés plurielles, *Annales. Economies, Sociétés, Civilisations*, 1987, Mars-avril, vol. 42, n°2, p. 429-444.

INDEX NOMINUM

INDEX RERUM

TABLE DES MATIÈRES

Imprimé sur les presses de Jouve - Mayenne
2102103Y - dépôt légal : juin 2013 - date d'impression : juin 2013